Millay Hyatt
**Ungestillte
Sehnsucht**

Millay Hyatt

Ungestillte Sehnsucht

Wenn der Kinderwunsch uns umtreibt

Ch. Links Verlag, Berlin

Editorische Notiz
Dort, wo es sich angeboten hat, habe ich geschlechtsneutral formuliert. Sonst habe ich mehrheitlich die weibliche Form benutzt. Damit sind selbstverständlich durchweg beide Geschlechter gemeint.

Die Deutsche Nationalbibliothek verzeichnet diese Publikation
in der Deutschen Nationalbibliografie;
detaillierte bibliografische Daten sind im Internet
über www.dnb.de abrufbar.

1. Auflage, Juni 2012
© Christoph Links Verlag GmbH
Schönhauser Allee 36, 10435 Berlin, Tel. (030) 44 02 32-0
www.christoph-links-verlag.de
mail@christoph-links-verlag.de
Titelgestaltung und Titelillustration:
Burkhard Neie, www.blackpen.xix-berlin.de
Satz: Marina Siegemund, Berlin
Druck und Bindung: Druckerei F. Pustet, Regensburg

ISBN 978-3-86153-665-9

Inhalt

Wir sind viele	9
Die natürlichste Sache der Welt	14
Wie ein Kinderwunsch entsteht	17
Jemand ist gestorben	22
Warum wollen wir überhaupt Kinder?	26
Meine Wut und meine Trauer	32
Zwischen Wahn und Euphorie	35
Macht ein unerfüllter Kinderwunsch hysterisch?	41
Kinder. Wunsch. Behandlung.	49
Das Gesetz im Widerstreit mit den technischen Möglichkeiten	56
In der Maschinerie der Reproduktionsmedizin	59
Mehr Beratung, mehr Sensibilität in den Kinderwunschkliniken	65
Letzte Station Eizellspende	69
Zwischen Kinderwunsch und Kindeswohl	82
Vom Umgang mit Enttäuschungen	89
Allein geht es nicht	98
Kinderwunsch ohne Partner	98
Partner ohne Kinderwunsch	105
Wie gemeinsam ist der gemeinsame Wunsch nach einem Kind?	109
Wenn die Lust abhanden kommt	124

Homosexuelle mit Kinderwunsch   127
Mit dünner Haut auf Mitgefühl hoffen   133
Alles andere als eine Privatsache   145

Warum adoptiert ihr nicht einfach?   152
Vom Kinderwunsch zum Adoptivkinderwunsch   157
Abenteuer Auslandsadoption   171

Weil wir uns einen Menschen wünschen   194

Anhang
Literaturverzeichnis   214
Hilfreiche Internetseiten   219
Zur Autorin   221

I greet you from the other side
Of sorrow and despair
With a love so vast and shattered
It will reach you everywhere

And I sing this for the captain
Whose ship has not been built
For the mother in confusion
Her cradle still unfilled

Leonard Cohen
»Heart with no Companion«

Für J. und für meine Familie

Wir sind viele

Andrea und Thomas sind ein Paar, seitdem sie 19 ist und er 23. Sie kommt aus einer großen Familie und hat schon immer gewusst, dass sie einmal Kinder haben möchte. Thomas entdeckte seinen Kinderwunsch, als er sich in seine Frau verliebt hat. Nach nur zwei Jahren nimmt das Paar es mit der Verhütung nicht mehr so genau, fünf Jahre später, nach der Hochzeit, wird sie ganz weg gelassen. Langsam rückt das Thema aus den Hinterköpfen in den Vordergrund, dann geht es gezielt darum, schwanger zu werden. Und irgendwann überwiegt die Sorge, dass noch immer nichts geschehen ist.

Anja ging lange mit aller Selbstverständlichkeit davon aus, dass sie spätestens mit Anfang 30 Mutter sein würde. In ihren Zwanzigern mit Ausbildung, Reisen und Kunst beschäftigt, erhält der Wunsch tatsächlich mit ihrem 30. Geburtstag eine akute Bedeutung. Doch bisher hat sich in ihrem Leben keine Beziehung ergeben, die Kinder tragen könnte. Mit den verstreichenden Jahren wächst die Dringlichkeit.

Frieda, Mitte 40, und Tom, Mitte 50, sind glücklich mit ihrem Sohn. Aber die Familie ist noch nicht komplett. Das zweite Kind lässt auf sich warten, und es ist klar, dass es ohne Nachhilfe nicht kommen wird. Das Paar nimmt die vorhandenen Angebote an und begibt sich damit auf einen verschlungenen Weg, der sie vor Herausforderungen stellt, auf die sie kaum vorbereitet sind.

Ich bin jetzt 39 Jahre alt. Seit fast einem Jahrzehnt weiß ich, dass ich ein Kind haben will. Mein Mann ist 45 und trägt diesen Wunsch schon in sich, seitdem er ein kleiner Junge ist. Wie Andrea, Thomas, Anja, Frieda und Tom können auch wir unsere Kinderlosigkeit nicht einfach hinnehmen. Im Gegenteil: In den vergangenen Jahren haben wir alles Erdenkliche unternommen, um ein Kind in unser Leben zu bringen. Bis heute ist das nicht geschehen. Dass die Umsetzung unseres Kinderwunsches inzwischen zu einer Lebensaufgabe geworden ist, erstaunt uns immer wieder. Dieser unerfüllte Wunsch hat uns auseinander genommen, uns mit uns selbst konfrontiert wie sonst nichts.

Wir unfreiwillig Kinderlosen haben keine Plattform, um über unseren Wunsch zu sprechen und unseren Verlust zu betrauern. Auch privat treffen wir oft auf Unverständnis. Viele unserer Freundinnen – die, die Kinder haben, und die, die keine wollen – halten uns für übergeschnappt, wenn sie sehen, wie sehr uns unser Wunsch beschäftigt und wie weit wir gehen, um ihn zu erfüllen: Wie wir uns Kinderwunschbehandlung nach Kinderwunschbehandlung antun, uns für eine Auslandsadoption verschulden, uns den nächstbesten, zeugungsfähigen Partner vorknöpfen... Wenn diese Freundinnen es überhaupt mitbekommen. Denn viele von uns reden nur in einem sehr kleinen Kreis über unsere Sehnsucht und unsere Strategien, und manches verheimlichen wir vor allen: die psychischen Krisen, die gepfuschten Papiere beim Leihmuttergeschäft im Ausland, das Loch im Kondom. Auch wenn es die meisten nicht bis zur Leihmutter oder zum vorsätzlich geschädigten Präservativ bringen – mit solchen oder ähnlichen Gedanken haben viele von uns schon gespielt. Aber es braucht nicht einmal eine tatsächliche Überschreitung des Gesetzes oder der eigenen moralischen Vorstellungen, damit wir die Vehemenz unseres eigenen Wunsches für uns behalten. Vielen erscheint schon eine über Jahre anhaltende Sehnsucht unvereinbar mit gängigen Vorstellungen darüber, was wichtig sein sollte, und damit Grund genug, nicht darüber zu sprechen.

Denn die Debatte über den Geburtenrückgang, die seit Jahren in vielen Industrieländern entbrannt ist, konzentriert sich auf dessen gesellschaftliche Auswirkungen, vor allem für Länder mit einer vergleichsweise niedrigen Einwanderungsrate wie Deutschland. Die Problemlage ist wohlbekannt: Weniger Kinder bedeuten eine schwere Belastung für die Rentenkassen und für nachkommende Generationen, die immer mehr Alte finanzieren müssen. In dieser Diskussion wird die Kinderlosigkeit vor allem als eine mehr oder weniger bewusste Entscheidung behandelt und auf die Verfügbarkeit von Verhütungsmitteln, die Emanzipation der Frauen, den steigenden Druck auf private Haushalte und Ähnliches zurückgeführt. Die Politik versucht der Situation beizukommen, indem sie Familien mit Kindern steuerlich entlastet, das Elterngeld einführt, Ganztagsschulen fördert, neue Kitaplätze schafft. Diese Maßnahmen folgen der Annahme, dass sich die meisten Kinderlosen mit Absicht gegen eine Familiengründung (oder weitere Kinder) entscheiden. Oft müssen sie, vor allem Frauen in festen Partnerschaften, ihre Entscheidung gegen Kinder sogar rechtfertigen. Diese Annahme entspricht jedoch nicht der Realität.

Eine repräsentative Umfrage des Instituts für Demoskopie Allensbach aus dem Jahr 2007 zeigte, dass in Deutschland 12,8 Millionen Menschen zwischen 25 und 59 Jahren einen offenen Kinderwunsch haben oder gern (mehr) Kinder bekommen hätten. Das stellt mehr als ein Drittel dieser Altersgruppe dar. Trotzdem spielen diese Menschen so gut wie keine Rolle in der Diskussion, wie sie derzeit geführt wird. Es gibt eine beträchtliche Zahl Menschen, die morgen ein Kind zeugen oder zu sich nehmen würden, wenn sie den richtigen Partner hätten, nicht unfruchtbar (oder noch fruchtbar) wären, wenn sie ein Adoptivkind vermittelt bekämen. Was das für jeden Einzelnen bedeutet, ist in der Öffentlichkeit bisher weitgehend unsichtbar.

Ich gehöre zu der Gruppe der noch aktiv Wünschenden und Hoffenden. Immer wieder habe ich mich über die Jahre nicht wahrgenommen und missverstanden gefühlt, sowohl innerhalb der öffentlichen Diskussion als auch im Privaten. Gleichzeitig bin ich, sobald ich von meiner Situation erzählt habe, aus allen Richtungen angesprochen worden von Menschen, die gesagt haben: Ich auch. Oder: Ich habe eine Freundin, die hat auch so eine Geschichte. Kratzt man einmal ein bisschen an der Oberfläche, quellen sie nur so hervor, die unerfüllten Kinderwünsche. Zahlreiche Menschen tragen traurige, komplizierte und hanebüchene Geschichten mit sich herum, in dem irrsinnigen Glauben, sie seien die Einzigen, denen es so geht. Oder sie betrachten ihre Situation als ausschließlich private Angelegenheit und ärgern sich höchstens darüber, dass sie für die niedrige Geburtenrate mitverantwortlich gemacht werden – aber sehen keine weitere gesellschaftliche Relevanz ihrer ungewollten Kinderlosigkeit. Dabei ist das, was uns widerfährt und was wir erleben, durchsetzt von kulturellen und gesellschaftlichen Codes. Spätestens wenn wir versuchen, einen nicht ohne Weiteres erfüllbaren Kinderwunsch umzusetzen, begeben wir uns in ein wirres Dickicht aus moralischen, politischen und rechtlichen Vorgaben und Vorstellungen und verheddern uns dort oft heillos. Aber auch das streng genommen Private daran findet in einem gesellschaftlichen Kontext statt und spiegelt sich in den vielfältigen Erfahrungen anderer wieder und widerlegt somit das oft empfundene Gefühl des Alleinseins. So tief der Abgrund eines unerfüllten Kinderwunsches auch sein mag: Unzählige andere Betroffene halten sich auch dort auf.

Aus diesen Beobachtungen und meinen persönlichen Erfahrungen heraus entstand die Idee, einige dieser Schicksale in einem Buch festzuhalten und anhand dieser Erzählungen das Phänomen des unerfüllten Kinderwunschs näher zu betrachten. Ist der Kinderwunsch ein Wunsch wie jeder andere? Ist er »natürlich«? Warum treibt der Versuch, ihn über Umwege zu erfüllen, manche Betroffene weit über die eigenen Grenzen hinaus? Warum ist es vielen peinlich, darüber zu sprechen? Anhand dieser Fragen begebe ich mich in die Tiefen und Weiten meiner eigenen Geschichte und die meiner Interviewpartnerinnen. Insgesamt habe ich dreizehn ausführliche Interviews mit Betroffenen (neun Frauen und vier Männer) geführt, hinzu kommen noch einige Protagonistinnen, mit denen kürzere Gespräche stattfanden. Sie alle stammen aus meinem Bekanntenkreis, aus einschlägigen Internetforen oder sind mir empfohlen worden. Mehr Frauen als Männer antworteten positiv auf meine Anfrage und erzählten in der Regel auch ausführlicher. Das bedeutet keinesfalls, dass der unerfüllte Kinderwunsch in erster Linie ein Frauenthema ist. Aber Frauen erleben ungewollte Kinderlosigkeit oft anders als Männer. Das hat kulturelle Gründe, aber auch biologische: Ein unerfüllter Kinderwunsch ist für viele Frauen eng verknüpft mit dem Wunsch, schwanger zu sein. Trotzdem wird ungewollte

Kinderlosigkeit von Männern oft genauso als Lebenskrise erlebt wie von Frauen. Gleichzeitig ist unbestreitbar, dass in unserer Gesellschaft unter Frauen eine andere Kultur des Sprechens über »intime« Dinge wie den Kinderwunsch herrscht als unter Männern. Ich habe mehrere Männer angefragt, von denen ich aus privaten Gesprächen weiß, dass ihre Kinderlosigkeit sie bis zur Verzweiflung treibt, die ihre Geschichte aber, auch anonymisiert, lieber nicht in einem Buch stehen haben wollten (Frauen, die aus dem gleichen Grund ablehnten, gab es übrigens auch).

Alle Geschichten, bis auf meine eigene und die meines Mannes (den ich auch interviewt habe), sind anonymisiert, das heißt, Namen und einzelne Details wurden geändert. Die Gespräche waren gekennzeichnet von großer Offenheit und Ehrlichkeit. Teilweise wurden mir Dinge erzählt, die bisher noch niemandem anvertraut wurden. Ich bin all meinen Gesprächspartnerinnen zutiefst dankbar für ihr Vertrauen.

Was diese unterschiedlichen Menschen miteinander teilen, ist die Tatsache, dass sie alle eine schwierige, bisweilen leidvolle Auseinandersetzung mit ihrem eigenen Kinderwunsch haben oder hatten. Obwohl viele von ihnen ihren Wunsch letztlich erfüllen konnten, es noch tun werden oder mittlerweile mit Freude kinderlos leben, konzentriert sich dieses Buch nicht auf solche Happy Ends. Es geht mir viel eher um einen teilnehmenden Blick auf die Erfahrungen von ungewollt kinderlosen Menschen. Und die Frage, was macht man und wie fühlt man, wenn man in dieser Lage ist, wenn man noch nicht weiß, wie die Geschichte ausgehen wird. Ich möchte diese Erfahrungen aus der Unsichtbarkeit und Sprachlosigkeit herausholen und zugleich einen kritischen Blick auf den gesellschaftlichen Umgang mit ungewollter Kinderlosigkeit und ungewollt Kinderlosen werfen. Damit die Betroffenen ermutigt werden, sich ihrem Wunsch und all dem, was er mit sich bringt, zu stellen.

Die natürlichste Sache der Welt

Ich wollte keine Kinder. Auch nicht in einer entfernten Zukunft, nachdem ich alles andere gemacht und erlebt hätte. Ich wollte ein ganzes Leben für mich. Zum Schreiben, Reisen, Lieben, um die Welt ziehen und für niemanden verantwortlich sein. Vor allem wollte ich nicht enden wie meine Mutter, die ihr Leben ihren fünf Kindern gegeben und dafür eigene Träume geopfert hat. Als junge Frau war das für mich die Schreckensvorstellung schlechthin. Kinder bedeuteten den Verlust von Freiheit, und es gab nichts Wichtigeres als das.

Meine Freundinnen fingen andererseits früh an mit dem Kinderkriegen. Ich ging auf eine private, streng christliche Schule, an der wir keinen Unterricht in Sachen Verhütung hatten. Die Konsequenzen waren hart: Nadine flog von der Schule, Anne musste nur ein paar Monate nach dem Abschluss und der frisch erlangten Selbständigkeit wieder bei ihrer Mutter einziehen. Babys hießen Geldprobleme, Sozialamt und auf jeden Fall eingeschränkte Freiheit. Die Schwangerschaftsankündigungen in meinem Umfeld waren jahrelang Katastrophenmeldungen. »Ich bin schwanger« war ein Satz, den man unter Tränen aussprach.

Mit 21 heiratete ich überstürzt einen sieben Jahre älteren Mann, dem ich klar und deutlich zu verstehen gab, dass er von mir keine Kinder bekommen würde. Ich sollte recht behalten, aber dass das mit dem tiefsten Schmerz in meinem Leben einhergehen würde, wäre für mich damals unvorstellbar gewesen. Hätte ich einen Blick in meine Zukunft werfen können – auf den 26.04.2005, als eine Endokrinologin in ihrem hellen Büro die Worte aussprach: »Sie sind in den Wechseljahren«, und auf meine fassungslose Frage: »Und was ist mit Kinderkriegen?« nur den Kopf schüttelte und ich daraufhin blind mit der U-Bahn nach

Hause fuhr und den Rest des Nachmittags auf dem Sofa und am Telefon (mein Mann war gerade im Ausland) zusammenbrach, später bei einer guten Freundin klingelte und ihr mit Rotz und Wasser in die Arme fiel und ihren Kindern einen Schrecken einjagte – ich hätte mich nicht wiedererkannt.

Denn damals, mit Anfang zwanzig, war meine Ablehnung eigenen Kindern gegenüber unhinterfragbar. Jacob heiratete mich trotzdem, obwohl er seit seinem neunten Lebensjahr einen Kinderwunsch hatte. Das erfuhr ich aber erst, als wir mehr als fünfzehn Jahre zusammen waren und Adoptionsbewerberbögen ausfüllten. Zwar hatten wir uns in der Zwischenzeit natürlich darüber unterhalten, dass er schon immer Kinder wollte, aber die langjährige Intensität seines Wunsches hat er mir erst schildern können, nachdem wir von meiner Unfruchtbarkeit erfahren haben. Er hatte immer nur angedeutet, er wäre »offen« für Kinder. Er verstand zu gut: Mit dieser Frau kannst du nur zusammen sein, wenn du deinen Kinderwunsch aufgibst. Und das tat er, im Stillen mit sich allein. »Irgendwann habe ich mich damit abgefunden, der lustige Onkel für die Kinder anderer zu sein«, sagt er mir, als ich ihn für dieses Buch befrage. »Und das war sehr traurig.«

Die Gelegenheit, den lustigen Onkel zu spielen, hatte er immer öfter, denn die Kinderdichte um uns nahm stetig zu. Es kamen die ersten Wunschkinder – »ich bin schwanger« war immer seltener eine Nachricht des Entsetzens, wurde immer öfter von einer sich vor Glück überschlagenden Stimme ausgesprochen. Ich freute mich mit. Diese kleinen warmen Dinger, denen man beim Gedeihen zuschauen konnte wie im Zeitraffer, die strahlten, wenn man durch die Tür kam. Ich genoss es, als Lieblingsbabysitterin mit einem Händchen in der Hand die Straße hinunter zu laufen. Doch ich war immer froh, die Kinder hinterher wieder abgeben zu können, mich aus den lärmenden, chaotischen Wohnungen zu entfernen, in denen meine Freundinnen wie angekettet waren.

Die Entscheidung gegen Kinder hatte immer auch etwas mit meinem Feminismus zu tun. In einem Elternhaus aufgewachsen, in dem eine hierarchische Ordnung zwischen Mann und Frau nicht nur, wie in so vielen, gelebt, sondern auch theologisch begründet und bewusst propagiert wurde, hatte sich schon früh ein Widerstand in mir geregt, für den ich aber erst als Philosophiestudentin Begriffe, Theorie und Vorbilder fand. Ich stieg über den amerikanischen »Anti-Sex-Feminismus« in die Debatte ein und wurde von einer feministischen Haltung angezogen, die männliche, heterosexuelle Sexualität fast schon mit Gewalt gegen Frauen gleichsetzte, weiblich kodierte Körperlichkeit für die gesellschaftliche Missachtung von Frauen mitverantwortlich machte und das Muttersein abwertete. Ich erhielt eine Zielscheibe für meine Wut: das Patriarchat, meinen Vater, den Mann an sich, aber auch die eigene Weiblichkeit. Ich warf die Schminke weg, rasierte mir den Kopf, zog mich androgyn an und suchte mir durch eine Ablehnung all dessen, was mir »weiblich«, »feminin« oder »schwach« vorkam, die Befreiung und die Anerkennung der, ja, Männerwelt. Ernst genommen und respektiert werden wollte ich aufgrund meiner Intelligenz und Kreativität und wies jegliche Aufmerksamkeit aufgrund meines Aussehens von mir. Denn eine Identifizierung mit der gesellschaftlich definierten Weiblichkeit bedeutete Geringschätzung und eine starke Einschränkung der Möglichkeiten an Selbstentfaltung. Die logische Reaktion war also: Ablehnung auf ganzer Linie.

Später eignete ich mir andere Feminismen an, suchte mir Vorbilder unter Frauen, die sich nicht trotz ihres Status als Frau durchsetzten und Dinge bewegten, sondern aufgrund dessen. Die eindeutigen Kategorien verschwammen, während die Analyse gleichzeitig schärfer und radikaler wurde. Mir wurde die gesellschaftliche Konstruiertheit des Körpers bewusst, die politische Dimension der Bewertung und Erfahrung von geschlechtlicher Differenz, und dass Frauen am weitesten kommen, wenn sie sich miteinander solidarisieren und ihre soziale Stellung als Ausgangspunkt nehmen, nicht nur die eigene Position zu stärken, sondern überall gesellschaftliche Missstände zu beanstanden. Ich wurde selbstbewusster, identifizierte mich zunehmend mit Frauen, anstatt mich immer nur bei den Männern behaupten zu wollen, die ich wiederum aus der Patriarchat-Schublade entließ. Die Entscheidung gegen Kinder blieb.

Vorerst.

Der Wunsch schlich sich unterirdisch in mich ein. Die erste Sprache, die er fand, um mit mir zu kommunizieren, waren Träume. Schöne Träume, in denen ich ein Töchterchen gebäre und es vor Glück kaum fassen kann, aber auch solche, in denen das Baby bedrohlich wirkt, auf der Heizung steht und mir einen Vortrag hält. Ich war noch nicht lange 29, als sie anfingen, aber erst kurz vor meinem 30. Geburtstag gestand ich mir in meinen wachen Stunden ein, dass ich »Kinderfantasien« hatte.

Bald darauf war ich unrettbar verliebt.

Ich konnte an nichts anderes denken als an dieses Kind, das noch gar nicht auf der Welt war, nicht einmal gezeugt war es, aber es begleitete mich in allem, was ich tat. Ein Spuk, wie ich ihn nur vom Verliebtsein in einen Mann kannte. Ich sah mich plötzlich nur noch durch die Augen dieses fantasierten Kindes, mich als Mutter, als wichtigste Bezugsperson, als Weltbereiterin. Eine gute, feministische Mutter würde ich sein, nur die schönen Dinge würde ich von meinen Eltern übernehmen: das Vorlesen, die Reisen, die ungebrochene Geborgenheit. Alles wollte ich richtig machen für dieses Kind. Ich wollte von meinem Reichtum – den innigen Beziehungen mit meinem Mann, meiner Familie, mit Freundinnen und Freunden, der Dichte meiner Erfahrungen und Interessen, meiner Zeit – rückhaltlos schenken an dieses Wesen, das ich schon so liebte, dass mir das Herz stockte. Die uneingeschränkte Freiheit, die mir bis vor kurzem noch das Allerheiligste war, erschien mir plötzlich fahl und leer, und dass ich sie für den Preis der Kinderlosigkeit eingetauscht hatte, wie ein äußerst schlechtes Geschäft.

Wie ein Kinderwunsch entsteht

Wie war es möglich, dass ich mir plötzlich so intensiv wünschte, was ich die letzten 15 Jahre entschieden von mir gehalten hatte? Eine hormonelle Störung vielleicht? Ich muss wohl krank sein, dachte ich zuerst. Besessen von einer fremden Macht, der ich äußerst argwöhnisch gegenüberstand, trotz der Kinderlustgefühle, die in mir wüteten. Oder kam der Wunsch von außen, war es ein gesellschaftlicher Druck, der diese Sehnsüchte in mir weckte? Damals stellte ich mir diese Frage nicht, weil sie einfach nicht auf mich zutraf. Unter den Menschen, die ich bewunderte, waren zwar Eltern, aber ich bewunderte sie nicht aufgrund dieser Position. Mein Lebensentwurf, meine beruflichen Ziele, die Existenz, die ich mir zusammen mit Jacob aufgebaut hatte – all dies kam sehr gut ohne Kinder aus. Für mich definierte sich die Frauenrolle schon seit meiner Kindheit nicht mehr über das Muttersein, und das hatte sich auch durch den Kinderwunsch nicht geändert. Ich hatte keineswegs das Gefühl: Um eine richtige Frau zu sein, muss ich ein Kind haben. Es fühlte sich weder wie ein Druck von außen an noch wie etwas, das über unbewusst in mich hineingeschleuste Werte entstanden ist.

Bea, Keyboarderin in einer Elektronoise-Band und gelegentliche Hartz-IV-Empfängerin, erzählt eine ähnliche Geschichte: Schon in jungen Jahren hat sie sich gegen Kinder entschieden, aus politischen Gründen, aber auch aufgrund abschreckender Schicksale in der eigenen Familie. Mit 36 meldet sich dann gegen ihren eigenen Widerstand ein eindringlicher Kinderwunsch. Die inzwischen 43-Jährige, die am Tag unseres Gesprächs ein ausgefallenes Kleid mit zackigen grünen Linien trägt, beschreibt ihre Erfahrung so: »Das ist schon ein Urinstinkt, der da durchschlägt. Mein Umfeld ist ja nicht so, dass ich oder mein Freund – und die Ideologie erst recht nicht – in die Richtung Druck ausgeübt hätten. Die haben sogar alle dagegen gesprochen.«

Ich beobachte in den Gesprächen, die ich mit feministisch reflektierten Frauen mit Kinderwunsch führe, zwei Stränge: Bei Frauen wie Bea und mir fand eine frühe Ablehnung gegenüber dem Zwang des Mutterwerdens statt, begleitet von einer entsprechenden Situierung in einem Umfeld, in dem diese Ablehnung als legitime Entscheidung gewürdigt wurde oder sogar die Standardposition darstellte. Unser unerwartet einsetzender Kinderwunsch erschien uns vor diesem Hintergrund als ein körperlicher, urtiefer Drang, der sich aufgrund seiner Wucht und Unnachgiebigkeit gegen die eigene politische und intellektuelle

Haltung durchzusetzen vermochte. Bei den Frauen, die sich mit einer mehr oder weniger großen Intensität schon immer Kinder gewünscht haben oder zumindest dachten, dass diese irgendwann mal dazugehören würden, setzt die Reflexion und Hinterfragung des eigenen Wunsches eher bei den gesellschaftlichen Normen an. Judith, eine 47-jährige wissenschaftliche Bibliothekarin, ursprünglich aus Oberbayern, die sich seit zehn Jahren um ein Kind bemüht und die Hoffnung noch nicht aufgegeben hat, führt ihren ursprünglichen, schon in jungen Jahren verspürten Wunsch auf familiäre Prägungen zurück. »So bin ich einfach aufgewachsen. Dass es eine Selbstverständlichkeit ist, dass Mädchen irgendwann mal Mütter werden, und das wollte ich auch.« Erst später eignete sie sich den Wunsch unter eigenen Vorzeichen an. Auf die Frage, ob ihr Kinderwunsch ein körperlicher gewesen sei, antwortet die eingangs erwähnte Frieda, eine renommierte Architektin aus Hamburg: »Schreck ich vor zurück. Da sehe ich immer die Romantisierung der natürlichen Weiblichkeit um die Ecke winken.« Bei dem Gespräch stillt die 49-Jährige das Baby, das sie – nach einer Höllentour von fünf Jahren – einer Eizellspende im Ausland verdankt.

Die Antworten der Expertinnen auf die Frage, ob der Kinderwunsch gesellschaftlich oder natürlich ist, hängen auch davon ab, wo sie »die Ideologie« verorten. In seinem Buch *Wie weit gehen wir für ein Kind?*, das eine kritische Auseinandersetzung mit der Reproduktionsmedizin liefert, schreibt Martin Spiewak: »Die Ansicht, der Wunsch nach Kindern sei Frauen nur von der Umwelt aufgedrängt, [ist] ein Produkt neuerer gesellschaftlicher Lebensumstände, in denen gewollte Kinderlosigkeit eine Wahlmöglichkeit ist.« Die amerikanische Psychologin Daphne de Marneffe stellt sogar in ihrem – im Vergleich zu Deutschland – kinderreichen Heimatland fest, dass »der gesellschaftliche Kontext« eher eine Zurückhaltung gegenüber dem Kinderbekommen bestärkt, zumal bei Frauen, die berufliche Ziele verfolgen. Die französische Philosophin und Feministin Élisabeth Badinter, die einige Werke über die Mutterrolle in unserer Gesellschaft geschrieben hat, behauptete dagegen kürzlich in einem Interview: »Der gesellschaftliche Diskurs betont eindeutig, dass man

Kinder haben sollte, sodass jeder normale Mensch ›Lust hat‹, welche zu bekommen. Aus diesem Grund wird diese Lust auf eigene Kinder auch nicht immer hinterfragt.« In der Einführung zu ihrer Studie über Stress bei Patientinnen der Reproduktionsmedizin pflichtet ihr die Soziologin Corinna Onnen-Isemann bei: »Der Kinderwunsch ist normativ vorgegeben, die ungewollt kinderlosen Paare passen sich dieser Norm an und versuchen, Mittel und Wege zu finden, ein Kind zu bekommen. [...] Kinderlosigkeit an sich – gemessen an der Norm – [ist] ein ›regelwidriger Zustand‹.« Letztlich scheint es evident, dass die Fähigkeit sich fortzupflanzen ein wesentliches Merkmal allen Lebens ist und dass Menschen als bewusste Kulturwesen immer einen gesellschaftlich geformten Bezug zu dieser Grundfähigkeit haben. Dieser Bezug ist insofern vom eigenen Kulturkreis und historischen Zeitpunkt zutiefst geprägt – Menschen wie Bea und mich und die vielen anderen, die gegen ihre Überzeugungen von einem eindringlichen Kinderwunsch »erwischt« worden sind, selbstverständlich nicht ausgenommen. Der Kinderwunsch einer Frau, die aufgrund ihres gesellschaftlichen Kontextes kaum andere Entfaltungsmöglichkeiten als das Muttersein hat, die, wenn sie kinderlos bleibt, möglicherweise geächtet wird oder der eines Mannes, der als Kinderloser an sozialer Anerkennung einbüßt und dessen Männlichkeit angezweifelt wird – diese Form des Kinderwunsches wird aus ganz anderen Quellen gespeist als der Kinderwunsch eines Menschen, dessen Entscheidung gegen Kinder im eigenen Umfeld und in der Gesellschaft auf Akzeptanz bis Zustimmung stößt, und der ohne Kinder, in der eigenen Wahrnehmung, auf vielen Ebenen mehr Entfaltungsmöglichkeiten hat als mit ihnen. Ich und viele anderen Frauen und Männer in dieser Gesellschaft, wir gehören zu dieser zweiten Kategorie, was mich wiederum vermuten lässt, dass ein Fortpflanzungsdrang vielleicht stärker in uns wirkt als wir es oft wahrhaben wollen.

Mich und die Protagonistinnen dieses Buches jedenfalls unterscheidet von Élisabeth Badinter, die ihre drei Kinder mit Anfang 20 bekam, dass wir gleichsam gezwungen werden, unsere »Lust auf Kinder« zu hinterfragen – oder zumindest durch dessen Verwehrung oder Aufschub dazu angehalten werden. Über die Jahre entwickelte sich aus dem vorherrschenden Gefühl, gegen »meinen Willen« von »meinem Körper« überrumpelt worden zu sein, die Einsicht, dass es Elemente gibt, die sich meinem Bewusstsein entziehen, mich aber ausmachen und meine Wünsche prägen. Als sich abzeichnete, dass der Wunsch nach einem Kind nicht auf eine vorübergehende hormonelle Einwirkung zurückzuführen war, musste ich einsehen, dass er auch zu mir gehörte, genauso wie mein Feminismus und meine Freiheitsliebe. Und wenn ich, aufgrund meiner persönlichen Erfahrungen, die Quelle dieses Wunsches eher in einem »Urtrieb« situieren möchte als in einem gesellschaftlichen Zwang, dann bedeutet das nicht, dass ich damit eine »natürliche Weiblichkeit« romantisiere. Zum einen gibt es den vehementen Kinderwunsch sowohl bei Männern als auch bei Frauen. Zum anderen ist der Körper nie nur Biologie, sondern immer auch Erinnerung, Geschichte, Kultur. In meinem Kinderwunsch spricht auch der Wunsch meiner Eltern, Großeltern und Urururgroßeltern, nicht sterben zu wollen. Sprechen die Eindrücke, die ich bewusst und unbewusst mein Leben lang von Eltern-Kind-Beziehungen, von Schwangerschaft, Muttersein, Fürsorglichkeit und Reproduktion mitbekommen habe, in Form von Bildern, Erzählungen, eigener Erfahrung. Es sprechen Wertvorstellungen, Sehnsüchte, elementarer Fortpflanzungsdrang. Aus diesen unzähligen Fäden wob sich mein Wunsch zusammen, und es war eine demütigende aber auch heilsame und stärkende Entdeckung, dass ich nicht über all dem stehe. Dass ich mehr bin als meine politischen und intellektuellen Positionen. Das Annehmen meines Kinderwunsches hat mich zu mir selbst geführt, ein Selbst, das von »natürlichen« wie auch »gesellschaftlichen« Einwirkungen bestimmt wird. Es hat auch meinen Feminismus erweitert, komplexer gemacht.

Bea, die in der Nacht auf ihren 40. Geburtstag nach fünf Fehlgeburten endlich ihre Tochter zur Welt gebracht hat, beschreibt eine ähnliche Entwicklung: »Ich habe jetzt so viel mehr Achtung vor der Natur, die ich vorher abgewertet habe. Der eigene Wille, die bewusste Entscheidungskraft, ist geringer als ich zuvor dachte.

Ich fühle mich jetzt eher in der Nähe eines ›Hexenfeminismus‹. Ich habe jetzt sehr viel mehr Respekt gegenüber der Müttergeneration vor uns und vor der ganzen Reproduktionsarbeit.«

Jemand ist gestorben

Ein gutes halbes Jahr nachdem ich mich in mein noch nicht gezeugtes oder gar geplantes Kind verliebt habe, gebe ich meinen Widerstand auf und erzähle es endlich meinem Mann. Wir sind in Italien im Urlaub, laufen durch die Straßen von Turin.
»Ich muss dir was sagen.«
»Du bist schwanger.«
»Nein, aber ich will es werden.«
Er sieht sich nach einem Café um und bestellt prompt einen Wodka. Starrt mich entgeistert an, fragt, was ich mit seiner Frau gemacht habe.

Jacob kann nicht von einem Tag auf den anderen seinen längst abgehakten Wunsch neu beleben. Mittlerweile ist er tatsächlich der lustige Onkel geworden, der viel Freiheit hat, im Beruf flexibel und risikofreudig ist. Mit 37 fühlt er sich jetzt auch alt. Er hat sich eingerichtet in diesem Leben, und die Vorstellung, jetzt ein verantwortungsbewusster Familienvater zu werden, erschreckt ihn. Mit der Zeit erwacht dann doch die Freude und die alte Lust in ihm – wobei, wie er mir viel später erzählen wird, die Hoffnung auf ein Kind nie wieder den unbeschwerten Platz einnimmt, den sie früher einmal hatte. Je älter er wird, desto weniger selbstverständlich erscheint es ihm, eine Familie zu gründen, und mit der Lebensphase zu beginnen, die die meisten seiner Freunde schon längst bewältigt haben. Das war 2003. Ich wollte noch meine Doktorarbeit abschließen, bevor es losgehen sollte. Das sollte 2006 passieren. Ich würde 33 sein, er 40.

Und dann kam, 2005, die Diagnose meiner verfrühten Wechseljahre, und alles implodierte.

Oft dauert es ein bisschen, bis eine Schreckensnachricht ankommt. In meinem Fall war diese Schreckensnachricht so groß und folgenschwer, dass mich auch schon der Bruchteil des

Schmerzes in diesem ersten Augenblick überwältigte. Obwohl ich damals nicht ahnte, auf welche Reise mich diese Nachricht schicken würde, war sofort klar, dass sie einen gewaltigen Einschnitt bedeutete und alles von nun an anders sein würde. Eine neue Zeitrechnung begann an jenem Tag, eine andere Zeitwahrnehmung auch. Einerseits verstrich die Zeit rasend schnell – unsere Geburtstage flogen nur so dahin, die unserer Eltern und Nichten und der Kinder in unserem Freundeskreis auch. Und wir wussten immer noch nicht, ob wir überhaupt jemals ein Kind bekommen würden. Andererseits blieb die Zeit stehen oder sprang ruckartig nach vorn, nur um plötzlich wieder eine Kehrtwende zu machen: Zwei, drei, vier Jahre nach der Diagnose war der Verlust, der Schmerz, die Wut an manchen Tagen so lähmend und unerträglich, als hätte ich noch überhaupt keine Trauerarbeit geleistet und die ganze Zeit nur auf der Stelle getreten. Der irische Schriftsteller C. S. Lewis schreibt über die Trauer nach dem Tod seiner Frau: »Wie oft – soll es gar so bleiben? –, wie oft wird mich die ungeheure Leere als etwas ganz Neues entsetzen und mich sagen lassen: ›Bisher habe ich den Verlust gar nicht richtig gespürt.‹? Dasselbe Bein wird stets von neuem amputiert. Der erste Einschnitt des Messers im Fleisch stets von neuem erfahren.«

Moment mal. Ist es nicht etwas vermessen, meine Unfruchtbarkeit mit dem Tod einer Lebenspartnerin zu vergleichen? Eine gute Freundin reagierte mit Unverständnis, als ich mich einmal mit einer Krebspatientin verglich, für die die Medizin nichts tun kann und die von wohlmeinenden Menschen nur schale Worte des Trostes serviert bekommt. Aber du stirbst doch nicht, sagte sie.

Du hast keine Ahnung, dachte ich.

Nein, ich sterbe nicht. Aber jemand ist gestorben. »Am liebsten hätte ich die Menschen erschlagen, die mir damals gesagt haben: Ihr könnt doch adoptieren«, schreibt mir ein paar Wochen nach meiner Diagnose Milena, eine Bekannte, die mit Mitte 30 auch in die Wechseljahre kam (und die mittlerweile zwei Adoptivsöhne hat). »Das ist, als würde man einer trauernden Witwe sagen, sie könne doch jemanden anderen heiraten.«

Verschiedene Umfragen zeigen, dass die Erfahrung von der eigenen Unfruchtbarkeit oder die der Partnerin für viele tatsächlich mit dem Verlust der Lebensgefährtin oder dem Tod eines Kindes vergleichbar ist. Andere Forscherinnen ziehen Parallelen zwischen der Bewältigung einer ungewollten Kinderlosigkeit und einem Leben mit einer chronischen Krankheit. Ein Freund, dessen Partnerin unfruchtbar ist und dem das Thema zu sensibel für ein Interview erschien, sprach von seiner ungewollten Kinderlosigkeit als einer Amputation – oder einer »Phantom-Amputation, wo etwas weh tut, was noch gar nicht dagewesen ist«.

Für Menschen, die sich keine Kinder wünschen oder die ihre Kinder ohne Hindernisse bekommen haben, muten solche Analogien oft befremdlich an. Aber auch diese Menschen, wir alle, sind mit der selbstverständlichen Vorstellung aufgewachsen, uns eines Tages fortpflanzen zu können, wenn wir wollen, wie Martin Spiewak in seinem Buch betont: »Fruchtbarkeit gehört zum Elementarbestand menschlicher Fähigkeiten wie Sehen, Hören oder Gehen«, schreibt er, weshalb der Verlust dieser Fähigkeit die Substanz des Selbstbildes verletzen, den Glauben an den Wert des eigenen Lebens sogar ins Wanken bringen kann.

Als das eingangs erwähnte Paar Thomas und Andrea nach vielen Jahren des laxen Verhütens und nach zwei Jahren des gezielten Versuchens sich endlich untersuchen lässt, sind sie trotzdem vollkommen unvorbereitet auf die Diagnose. Der damals 32-jährige Schriftsteller erzählt vom Schock, als ihm ein Androloge unverblümt mitteilt, er hätte »überhaupt keine Spermien.« Über Jahre hinweg beschäftigte ihn diese definitive Diagnose. »Was mich zur Verzweiflung getrieben hat, war das Gefühl des Unvermögens«, erzählt mir der hochgewachsene Mann in seinem kleinen, wohnlichen Büro in Frankfurt. »Das war ein Rückschlag, den ich persönlich genommen habe, obwohl ich nichts dafür kann.«

Auch wenn, wie in meinem Fall, das Selbstbild über Jahre hinweg gar nichts mit Kindern zu tun hatte, kann der Verlust des eigenen, ungezeugten Kindes ein verheerender Schlag sein. Im Hintergrund war dieses Kind ja immer da, auch wenn es jahrelang das mit jedem Mittel zu Verhütende war. Denn hinter der Vorstellung des Verhütens verbirgt sich die Annahme, dass das Kind auf Teufel komm raus zu mir will, am liebsten wäre es neun Monate nach jedem Sex da, ich schiebe es aber immer wieder weg. Sobald ich aufhöre zu schieben, wird es, beschleunigt durch den weggelassenen Gegendruck, auf mich zufliegen. Dieses Kind ist nun tot.

Eine öffentliche Trauerfeier gab es nach meinem Arzttermin nicht, auch keine Versammlung von Freundinnen und Familie, die Blumen schenkten und mir zuflüsterten, wie sehr sie an meinem Verlust Anteil nahmen. Es gab kein Grab, in dem man den Körper des geliebten Menschen hinterlässt, einen Ort, den man wieder besuchen kann. Es gab nur diese Leere, die schwierig zu vermitteln war und von vielen – im eigenen Umfeld, in der Öffentlichkeit – nicht einmal als schwerwiegender Verlust anerkannt wurde. In Federico García Lorcas 1934 entstandenem Theaterstück *Yerma* über eine ungewollt kinderlose Frau kommt dieses Verzweifeln an einer Abwesenheit bildhaft zur Sprache: »Was willst du tun?«, fragt der frustrierte Ehemann Juan, der das Jammern seiner Frau nicht mehr aushält. »Wasser will ich trinken und habe kein Glas und kein Wasser; auf den Berg will ich steigen und habe keine Füße; Unterröcke will ich besticken und finde das Garn nicht.« Yerma fehlt etwas Lebensnotwendiges, dessen Begründung sich ihrer Meinung nach genauso erübrigt, wie eine Erklärung dafür, warum man trinken oder laufen möchte. Niemand versteht sie, weder ihr Mann noch ihre Freundinnen, die allesamt Kinder haben. Umso wilder, um sich greifender wird ihre Trauer.

Oft fällt es schwer, dieses Nichtexistente, das man verloren hat oder sich trotz schwindender Erfolgschancen noch immer wünscht, zu artikulieren. Geschweige denn, die Intensität des eigenen Leidens anderen überhaupt zu vermitteln. Dies ist insofern bemerkenswert, als dass der Kinderwunsch generell als dermaßen selbstverständlich betrachtet wird, dass die Ankündigung eines Kindes selten von der Gegenfrage begleitet wird, warum man denn ein Kind wolle. Es sei denn, man ist noch sehr jung oder aber fortgeschrittenen Alters, hat schon zwei, drei Kinder, ist alleinstehend, schwul oder lesbisch – diejenigen also, die jenseits gesellschaftlicher Normen ein Kind in die Welt setzen, müssen sich rechtfertigen. Seltsamerweise gilt dies aber auch oft für die, die es nicht können und darunter leiden. Oft müssen wir begründen, darlegen, warum es uns schlecht damit geht oder warum wir uns so anstrengen, doch noch ein Kind zu bekommen. Ungewollte Kinderlosigkeit löst eine Form von Trauer aus, deren Berechtigung explizit oder implizit immer wieder in Frage gestellt wird. Schließlich hat man etwas verloren, das man noch gar nicht besessen hat, ohne das viele scheinbar völlig zufrieden leben – ohne das man selbst jahrelang völlig zufrieden lebte – und womit, wie man täglich beobachten kann, viele überfordert sind.

Warum wollen wir überhaupt Kinder?

Während es hierzulande vor ein paar Generationen klar benennbare ökonomische Gründe gab, Kinder zu wollen und zu bekommen – und in Entwicklungsländern zum Teil heute noch, wie eine Umfrage der Universität Southampton von 2011 unter äthiopischen, vietnamesischen, peruanischen und indischen Eltern jüngst belegte –, spielen solche Beweggründe heute bei uns so gut wie keine Rolle mehr. Das bedeutet, dass die Motivationen für einen Kinderwunsch, die möglicherweise schon immer unsichtbar hinter und zwischen den messbaren Gründen lauerten, jetzt an die Oberfläche treten und ein anderes Gewicht erlangen können. Wenn, wie der dänische Familientherapeut Jesper Juul betont, Kinder zu haben heute eine Wahl und keine soziale Notwendigkeit ist, stellt sich die Frage, wie wir selbst unsere Entscheidung für Kinder eigentlich begründen und warum die drohende Möglichkeit, sie nicht zu bekommen, derartig unerträglich ist.

Als ich meinen Gesprächspartnerinnen diese Frage stelle, tritt eine längere Pause ein, gefolgt von einem unsicheren Tasten nach den richtigen Worten. Franziska, eine kleine, kompakte Frau aus Hannover mit einem flammend roten Wuschelkopf, studierte Ethnologin, jobbt bei einer Eventmanagement-Firma, mal als Ausstellungsbetreuerin, mal als Hostess bei Kulturveranstaltungen. Sie hat eine Psychoanalyse hinter sich, ist scharfsinnig und reflektiert. Ihr Kinderwunsch wurde mit 26 konkret, erzählt sie, doch die Beziehung mit ihrem damaligen Freund ging auseinander. Eine Zeitlang lag der Wunsch dann wegen eines fehlenden Partners auf Eis, doch mit Anfang 30 konnte sie ihn nicht mehr verdrängen, auch wenn sich immer noch keine stabile Beziehung abzeichnete. »Wie eine Dampfwalze, die über alles rüber geht«, so beschreibt sie die Sehnsucht nach einem Kind. Als ich sie frage, wonach sie sich konkret gesehnt hat, zögert sie lange. »Das ist total schwer. Ich habe das ja nicht argumentativ aufgelöst, warum ich das jetzt will.« Nach weiterem Überlegen erzählt sie von dem Wunsch, »ein neues Leben entstehen zu lassen und es aufzuziehen, aufwachsen zu sehen. Noch mal eine andere Dimension im eigenen Leben zu haben. Es zu erweitern. Ich wollte erleben, wie ein Mensch auf die Welt kommt. Es war die Bereitschaft oder der Wunsch, sich dafür zu öffnen, dass etwas ganz Neues in meinem Leben passiert.« Sie berichtet von der schwierigen Beziehung zu der eigenen Mutter und dass sie die Mutterrolle positiv besetzen wollte, mit eben dem füllen, was sie in ihrer Kindheit vermisst hat. »Ich wollte gern, wenn auch in einer anderen Position, erleben, dass Muttersein auch etwas anderes sein kann, so eine wirkliche Nähe.«

Wir sprechen über die weit verbreitete Kinderwunschmotivation, sich selbst zu heilen oder Aspekte der eigenen Kindheit wieder gutzumachen. Zutiefst persönliche Ursehnsüchte kreuzen sich hier mit einem utopischen Begehren nach einer besseren Welt. Ein unbescholtenes, aus nichts als Fleisch und Potentialität bestehendes Lebewesen nicht zu beschränken oder zu verformen, wie es seit dunkelsten Vorzeiten jedem Kind in jeder Familie widerfahren ist, sondern so großzuziehen, dass es als ausgeglichener, glücklicher, selbstbewusster Mensch in die Welt tritt, ohne jede Spur von Ressentiment, Aggression, Narzissmus – eine so anmaßende wie verführerische Hoffnung. In Sergej Tretjakows Theaterstück *Ich will ein Kind haben* aus dem Jahr 1924 verquickt sich der Kinderwunsch der sowjetischen Parteifunktionärin Milda so sehr mit ihrem Ziel, eine neue sozialistische Gesellschaft aufzubauen, dass sie ununterscheidbar werden. Es ist der Traum der restlosen Aufhebung der Differenz zwischen dem Privaten und dem Gesellschaftlichen – eine Utopie, die heute kaum im Vordergrund der meisten Kinderwünsche stehen wird, aber entfernt in dem Bestreben durchschimmert, mit dem eigenen Wunschkind alles richtig machen zu wollen.

So sprechen meine Gesprächspartnerinnen eher vom eigenen Leben und von Gefühlen als von einer anderen Welt – von dem »Kokon aus Liebe«, um den Begriff von Tom, Friedas Mann, der mit 60 ein zweites Mal Vater geworden ist, zu gebrauchen: »Diese Masse von weichem, süß riechendem Babyding, das dich irgendwann heiß und innig lieben wird, und du liebst es genauso abgöttisch zurück, und wir alle haben zusammen Anteil an dieser Liebe.« Seine Frau spricht von der »Lebensqualität«, die sie mit der Ankunft ihres ersten Kindes mit Tom gewonnen hat und die sie unbedingt ein zweites Mal erfahren wollte. »Ein Kind bringt so viel Selbstverständlichkeit und Normalität ins Leben«, sagt sie. »Das eigene Leben wird einfach schöner.« Dieter, ein 44-jähriger, kinderloser Orthopäde aus Karlsruhe, erläutert seinen Wunsch so: »Es ist einfach eine mit nichts anderem zu vergleichende Bereicherung, Zeit des eigenen Lebens mit Kindern zu verbringen, etwas an sie weiter zu geben, deren Entwicklung zu verfolgen. Es ist nichts, was durch andere Formen des Zusammenlebens mit Menschen oder andere Formen des beruflichen Tätigseins in einer ähnlichen Art und Weise erfüllt werden kann. Mit Kindern zusammen zu leben, diese Form des Fremdzentriertseins, verändert die Perspektive aufs Leben grundlegend – auch durch die Tatsache, dass das Wesen sind, die erst mal darauf angewiesen sind, dass du dich um sie kümmerst, dass du etwas mit ihnen machst, ernsthaft auch gibst, in dieser asymmetrischen Art und Weise, die in der Eltern-Kind-Beziehung zumindest im ersten Moment charakteristisch ist.«

All das kann ich mehr oder weniger nachvollziehen, wobei ich nicht, wie Tom und Frieda, aus eigener Erfahrung sprechen kann. Aber ist der verzweifelte Schmerz, den ich und so viele andere im Angesicht der drohenden Unmöglichkeit, den Kinderwunsch zu erfüllen, durch diese Vorstellungen einer »erhöhten Lebensqualität«, einer »einzigartigen Form des Fremdzentriertseins« zu erklären? Haben Frieda und Tom deswegen etliche Inseminationen, drei In-vitro-Fertilisationen, ein über Jahre sich hinwegziehendes, schließlich gescheitertes Adoptionsverfahren und eine Eizellspende in Spanien über sich ergehen lassen, um es ein bisschen schöner und lebendiger zu haben? Diese Erklärungen leuchten ein, aber sie greifen noch nicht ganz.

Ich wende mich an die Psychologin Dr. Almut Dorn, die sich auf dem Gebiet der Gynäkologischen Psychosomatik spezialisiert hat und in ihrer Hamburger Praxis vor allem Frauen und Paare mit unerfülltem Kinderwunsch betreut. Sie spricht von den »archaischen Bildern«, die einem solchen Wunsch zugrunde liegen, und von dem Verlangen nach Bindung. »Viele Frauen sagen mir, dass es diese bedingungslose Liebe ist, die sie sich dort erhoffen. Nichts dafür tun zu müssen. Was natürlich der Realität nicht ganz entspricht, auch als Mutter muss man etwas dafür tun. Aber erst mal hat man natürlich dieses – fast – unbeeinflusste Kind, das auf die Welt kommt und sich an die Eltern bindet, egal, wie wir sind als Eltern.« Sie verweist auch auf das Bedürfnis, zu hegen und zu pflegen und andere zu umsorgen.

Als nächstes frage ich meinen Mann, was ihm die Jahre über gefehlt hat. Er beschreibt »ein komplett unschuldiges Wesen mit großen Augen, das dich braucht. Und du bist vollkommen fasziniert davon, wie es die Welt sieht. Du machst den Hampelmann, um es zum Lachen zu bringen oder wenigstens mit dem Weinen aufzuhören. Ich bin gern dabei und beobachte, wenn Babys lernen und sich entwickeln und alles um sich herum aufnehmen, und ich frage mich dann immer, was sie dabei denken. Oder wenn sie schlafen und man sehen kann, dass sie träumen. Was träumt denn ein Baby, es weiß doch gar nichts von der Welt? Das fasziniert mich.« Er erinnert sich genau an den Augenblick, als er diesen Wunsch nach einem Baby das erste Mal verspürt hat. »Ich war neun Jahre alt und lag mit meiner frisch geborenen Schwester auf dem Bett meiner Eltern, wir waren alleine, und ich wollte einfach ein Baby. Ich wollte Vater werden und so ein Baby haben. Es war ein sehr starkes Gefühl.«

Eine Begegnung mit einem Baby oder einem kleinen Kind ist bei vielen der Auslöser für einen intensiv verspürten Wunsch, oder sie frischt eine alte, vielleicht schon durch viele Hindernisse ermüdete Sehnsucht wieder auf. So berichtet Frieda von einem Adoptions-Workshop, auf dem sich ein Frauenpaar mit ihrem adoptierten Säugling präsentierte. »Sie haben erzählt, wie sie nach so und so vielen Kinderwunschbehandlungen in einem Workshop saßen und sich gefragt haben, warum machen wir das eigentlich. Deswegen haben sie ihr Baby mitgebracht, damit wir sehen, warum. Es steht wirklich ein Mensch am anderen Ende und der hat eine Realität. Dafür lohnt sich das Ganze. Das war natürlich der Höhepunkt des Tages, das war das Beste von allem. Dieser lebendige Mensch.«

Sich einen Menschen wünschen. Vielleicht kommen wir damit der Sache ein wenig näher. Und der Frage, warum es so schwer ist, die Intensität dieses Wunsches und das Leiden an dessen Unerfüllbarkeit »argumentativ aufzulösen«, wie Franziska sagt. Gibt es etwas Unermesslicheres und näher an unser verletzlichstes Selbst Reichendes, das man sich wünschen könnte? Dass alleinstehende Menschen, die sich einen Partner oder eine Partnerin wünschen, in ihrem tiefsten Inneren verletzt sein können, wenn sie allein bleiben, hat eine gewisse Selbstverständlichkeit in unserer Kultur. Möge es noch so schwer sein, darüber zu sprechen, der Wunsch nach Zweisamkeit wird kaum in Frage gestellt. Dass der Wunsch nach einem Kind ähnlich intim und grundsätzlich sein kann, ist weniger entschieden. Möglicherweise ruft es sogar ein bestimmtes Unbehagen hervor.

Judith, die mit Ende 40 schon sehr lange auf ein Kind hofft, meint, dass das Wort »Wunsch« zu schwach ist, um ihr Verlangen auszudrücken. »Wenn man das einmal zulässt, dann ist es eher ein Begehren. Es ist eben doch viel stärker als ein Berufswunsch oder so.« Im Deutschen aber ist das Wort »Begehren« zu sehr sexuell konnotiert, meint sie, um es auf ein Kind zu beziehen, während man im Englischen oder Französischen durchaus von »a desire for a child« oder »un désir d'enfant« sprechen kann. Die Psychologin Daphne de Marneffe scheut sich nicht, diese zwei Bereiche zusammen zu denken: Ihr Buch *Die Lust, Mutter zu sein* heißt im englischen Original *Maternal Desire* – also »mütterliches Begehren«. »Nach allgemeinem Verständnis gehören die Begriffe ›Mutter‹ und ›Verlangen‹ oder ›Lust‹ […] nicht in ein und denselben Satz. Verlangen oder Lust, so hat man uns beigebracht, hat eher mit Sex zu tun; Muttersein dagegen mit praktisch allem anderen als Sex.« Marneffe behauptet nicht, dass das sexuelle Begehren und das Verlangen nach einem Kind ineinander übergehen oder füreinander einstehen, aber dass sie ähnlich tief, substantiell und unhinterfragbar sein können.

Als ich die eingangs erwähnte Anja, eine sportliche, 35-jährige Kostümbildnerin aus Leipzig, nach den Bildern frage, die ihre Sehnsüchte nach einem Kind füttern, spricht sie stattdessen vom eigenen Körper: »Ich glaube, es ist weniger wichtig, wie genau ich mir das jetzt vorstelle, dass es einen Garten gibt und da Kinder herumrennen oder so. Es hat mehr mit einem ziemlich tiefen Wahrnehmen von Leben oder auch Körper zu tun. Vielleicht ist es auch stark damit verbunden, auf eine Geburt vorbereitet zu sein, mit der Bereitschaft, gebären zu können.« Damit kann ich mich identifizieren: Das Gefühl, bereit zu sein, oder, genauer, wahrzunehmen, dass etwas in mir wirkt, aber nicht zum Zuge kommen kann. Das ist ein Zehren und ein Reißen sondergleichen und schwer in Worte zu fassen, weil es jenseits des vernunftgesteuerten Ichs stattfindet.

Als Franziska, wie Anja mit Anfang 30 und partnerlos auf ein Leben ohne Kinder blickte, hat sie dieses Bild der Zukunft »fast wahnsinnig gemacht. Das war sehr schwer auszuhalten«, sagt sie leise. »Ich habe gedacht, oh Gott, das passiert nicht mehr, und das fand ich irgendwie inakzeptabel, absolut, das ging nicht. Das war ein ziemlicher Schmerz. Ich kann dir nicht sagen, warum.«

Meine Wut und meine Trauer

In den ersten Jahren der Verarbeitung meiner Unfruchtbarkeit und in den aufreibenden Bemühungen um ein leibliches Kind, dann um ein Adoptivkind, tauchte in mir in dunklen Stunden immer wieder ein Bild auf: Ich werde aufgeschlitzt und zerfetzt von der gezackten Klinge dieses Schmerzes. Meine Haut umspannt nichts als eine Wunde, die von jedem neuen Rückschlag wieder aufgerissen wird. Wie ist es möglich, dass ich weiterlebe? Dass ich arbeite, die Steuererklärung mache, einkaufen gehe, mich nett mit anderen Menschen unterhalte? Ich tue es. Ich tue so, als wären auch andere Dinge wichtig. Aber es gibt Tage, Wochen, Monate, in denen mir nichts, aber auch gar nichts anderes wichtig erscheint.

Ich bin nicht nur traurig, sondern auch wütend. Wütend auf meinen Körper, der mich hereingelegt und verraten hat. Denn der Wunsch erwuchs scheinbar aus ihm, und jetzt ist er es, der ihn mir verwehrt. Ich bin doch ganz gut ohne diesen Wunsch durchs Leben gegangen, wie konnte er überhaupt aus meinen Gefäßen, meinem Gewebe entstehen, wenn ich keine Eizellen mehr habe und meine Östrogenwerte im Keller sind? Das alles hätte mir erspart werden können. In den Jahren, in denen meine Regelblutungen immer seltener wurden und ich noch keinen Kinderwunsch verspürte, fand ich diesen Zustand ganz praktisch. So hätte es doch weitergehen können. Irgendwann hätten mein Mann und ich mit der Verhütung aufgehört, und alles wäre gut gewesen. Als der Wunsch aufkam, war es, rein körperlich, schon so gut wie zu spät. Warum musste er dann überhaupt entstehen? Eine groteske Absurdität.

Wütend war ich aber auch auf die Frauenärztinnen, die mich in diese Situation hineinschlittern ließen, ohne mich zu warnen. Auf die Frauenärztin, die ich mit 27 aufsuchte, weil mein Zyklus sich immer mehr verlängerte, und die lapidar meinte, wenn ich Regelmäßigkeit wolle, könne ich ja die Pille nehmen. Ich verließ ihre Praxis mit dem Gefühl, meinen Zustand genauso wenig ernst nehmen zu müssen, wie sie. Als ich ein Jahr später nach einem Umzug eine neue Praxis aufsuchte, bestand der Gynäkologe zwar darauf, dass ein niedriger Östrogenwert auch problematisch ist, wenn kein Kinderwunsch besteht, und versuchte mit pflanzlichen Mitteln, meinen Hormonhaushalt wieder aufzupeppen. Aber auch er erwähnte nie, dass ich möglicherweise in eine Richtung steuerte, in der eine Schwangerschaft unmöglich sein würde. Irgendwann erzählte ich ihm von meinem erwachenden Kinderwunsch, und auch dann verlor er kein Wort über die Risiken. »Wir reden darüber, wenn es soweit ist«, meinte er beiläufig, und ich ging davon aus, dass ich zu diesem Zeitpunkt Hormone nehmen könnte, falls sich meine Werte noch nicht erholt hätten. Als seine Praxis bei der regelmäßigen Hormonuntersuchung verfrühte Wechseljahre – Klimakterium praecox im Fachjargon – feststellte, wurde ich nicht verständigt. Monatelang lag der Befund in meiner Akte, ohne dass ich davon irgendetwas wusste. »Wir rufen nur bei Krebs an«, sagte er, als ich ihn mit der Diagnose (die ich anderweitig bekam) konfrontierte und schwafelte etwas von der Möglichkeit einer hormonellen Behandlung, obwohl die Situation eindeutig und auch durch Hormone nicht wieder gutzumachen war. Die Schulmedizin kann viel, aber sie kann keine Eizellen herzaubern, wenn es keine mehr gibt. Mittlerweile gibt es erste Erfolge mit der künstlichen »Verjüngung« von Eierstöcken durch Dehydroepiandrosteron (DHEA), aber auch diese Therapie hat nur in einzelnen Fällen zu erfolgreichen Schwangerschaften bei einer Funktionsschwäche der Eierstöcke geführt. Und 2005 gab es nicht einmal dieses Fünkchen Hoffnung. In den vorhergehenden Jahren hatte ich aber noch einen sporadischen Zyklus. Hätte ich schon längst Kinder, wenn mich diese Ärztinnen nicht derartig schlecht beraten hätten? Es ist fraglich, ob ich mit 27 und noch voll und ganz zufrieden mit meinem kinderlosen Dasein sofort auf ein warnendes Wort reagiert hätte. Aber es hätte ein Bewusstsein geschaffen, ich hätte in den Jahren darauf gezieltere Fragen stellen und die Situation ernster nehmen können, hätte den Kinderwunsch mit 30 wohl nicht auf Jahre später vertagt. Fakt ist, dass das Allgemeinwissen um den weiblichen Körper und dessen Fruchtbarkeit immer noch von Ignoranz und einem naiven Glauben an die »Natur« beziehungsweise die Medizin unterwandert ist – und letztere unternimmt oft nicht genug, um frühzeitig und sorgsam aufzuklären. Vielen Frauen und Männern, so auch mir und meinem Mann, wird diese Situation schließlich zum Verhängnis. Auch das macht mich wütend.

Nicki, eine 40-jährige Kuratorin aus Zürich, ist aufgrund von Endometriose (eine weit verbreitete und schmerzhafte Krankheit, in der sich die Gebärmutterschleimhaut außerhalb der Gebärmutter ansiedelt) unfruchtbar und ließ sich nach jahrelangen reproduktionsmedizinischen Versuchen mit 37 Jahren ihre Gebärmutter entfernen. »Ich habe so viele Freundinnen, die ab Mitte 30 ein Kind bekommen wollten und Probleme bekamen«, erzählt sie. »Das macht mich wütend auf unsere Mütter. Sie haben uns ein Muttersein vorgelebt, das uns abschreckte, und wir haben unseren eigenen, selbstentworfenen Kinderwunsch erst entdecken und ernst nehmen können, als es zu spät war.« Auch diese Wut kenne ich, und sie ist wohl die schmerzhafteste von allen. Meine Mutter hat sich sehr bewusst, aus Liebe und Hingabe und Glauben, über 25 Jahre ihres Lebens ausschließlich ihren Kindern gewidmet. Sie hat mir vieles mitgegeben, was ich sehr schätze, und nach größeren Zerwürfnissen haben wir jetzt ein gutes, enges Verhältnis: Eine nicht zu unterschätzende Komponente meines Kinderwunsches ist es, ihr und meinem Vater Enkelkinder zu bescheren. Aber ich war in den vergangenen Jahren auch wütend auf sie: Hätte ich zu Hause mitbekommen, dass Emanzipation und Kinder sich nicht beißen müssen – hätte sich der Wunsch früher in mir geregt? Der Widerspruch zwischen Freiheit und Selbstbestimmung auf der einen Seite und dem Muttersein auf der anderen schien mir jahrelang unhinterfragbar, und dazu hat meine Mutter maßgeblich beigetragen. Letztlich fußt unser Konflikt auf unterschiedlichen Werten: Sie lebte den ihren gemäß, mir stieß das auf, und ich ging dann einen anderen Weg. Als ich entdeckte, dass unsere Werte sich nicht in allen Punkten widersprachen, spielte mein Körper nicht mehr mit. Ihre Schuld ist das nicht. Meine Entdeckung, dass ich »doch« Kinder haben will, ist auch die Entdeckung, dass ich meiner Mutter näher bin, mehr mit ihr teile, als ich ursprünglich dachte. Diese Erkenntnis, gemischt mit einer Portion Wut darüber, dass ich diese neu entdeckte Dimension in mir nicht ungehindert ausleben – und dadurch auch nicht mit ihr teilen – kann: Das ist der Schmerz.

Zwischen Wahn und Euphorie

Bodenlose Trauer, Wut, Verzweiflung. Ein Kinderwunsch kann sehr stark sein – ein verwehrter Kinderwunsch kann zu einem Drachen werden. Die amerikanische Psychologin Marneffe zitiert in ihrem Buch *Die Lust, Mutter zu sein* eine 45-jährige Freundin: »Ich war völlig konsterniert über die elementare Wut, die ich angesichts meiner Unfruchtbarkeit empfand. Ich kam mir vor wie eine Höhlenfrau. Ich erinnere mich, dass ich das Gefühl hatte, wenn ich kein Baby bekommen kann, stecke ich das Haus in Brand.« Mit diesem Gedanken habe ich zwar nie gespielt, aber Wahnvorstellungen gab es zu Genüge in den letzten sieben Jahren. Viele kreisen um fantasievolle Deutungen meines Körpers. Eine Zeitlang ließ jede noch so minimale Veränderung in meinem Befinden die Hoffnung aufflackern, dass ich vielleicht schwanger bin oder sich zumindest ein Eisprung anbahnt. Nach meiner Diagnose klapperte ich noch einige Kinderwunschpraxen ab, recherchierte im Internet, tauschte E-Mails mit Experten aus, holte mir aber von jeder Seite die einstimmige Bestätigung ein, dass ich von der Schulmedizin nichts zu erhoffen hatte. Blieb also die Alternativmedizin, und im Sommer 2005 suchte ich eine Therapeutin für Traditionelle Chinesische Medizin (TCM) auf. Ein halbes Jahr lang ließ ich mir regelmäßig die Zunge begutachten, trank matschfarbene Tees immer genau eine Stunde vor oder nach dem Essen und wurde akupunktiert. Nach der ersten Behandlung kündigte sich überraschend ein Eisprung an, der erste seit einem guten Jahr, und es sah ein paar Wochen lang so aus, als ob ich das Wundermittel gefunden hätte. In der Frauenarztpraxis ließ ich mir parallel Hormone spritzen, um den Eisprung und die eventuelle Einnistung einer befruchteten Eizelle zu unterstützen. Doch trotz gezieltem Beischlaf passierte nichts. Mein Mann war tief enttäuscht, bei mir sprang dagegen ein Optimismus an: Die TCM hatte meinen Zyklus wieder in Gang gesetzt, in ein paar Wochen würde es den nächsten Eisprung und die nächste Chance geben.

Ich habe seitdem allen Anzeichen nach keinen einzigen Eisprung gehabt. Dafür aber etliche halluziniert. Eine Auffälligkeit in den fraglichen Körperregionen war hierzu nicht einmal vonnöten – ein seltsames Geräusch in den Ohren? Verdauungsprobleme? Nachtschweiß? Alles mögliche Anzeichen von einem sich normalisierenden Östrogenpegel oder einer Schwangerschaft. Als meine Hausärztin einen Nierenstein bei mir entdeckte, leuchtete sofort der wahnwitzige Gedanke in mir auf, der Fremdkörper könne doch vielleicht auch eine Zygote sein. Das Internet war mir bei solchen Fantasiespielereien ein williger Freund und Helfer: Das Stichwort für jedes x-beliebige körperliche Symptom gepaart mit dem Wort »schwanger« liefert garantiert eine beachtliche Trefferzahl, und 0,5 Sekunden lang kann man sich an dieser Ziffer ergötzen, bevor man sich der Absurdität bewusst wird und in einer Mischung aus Enttäuschung und Scham das Browserfenster schnell wieder schließt. Während der TCM-Zeit maß ich monatelang jeden Morgen meine Temperatur und notierte die Kurve auf einem Vordruck für natürliche Empfängnisverhütung. Diese wertete ich mit der Akribie und mystischen Verklärtheit einer Kabbalistin aus. Jedes Zeichen kann man so oder so deuten. Jede Temperaturkurve auch.

Im Frühjahr 2009, vier Jahre nach der Diagnose, fiel meine Regelblutung trotz Hormonersatztherapie völlig überraschend aus. Die Hormone konnten meiner Unfruchtbarkeit nichts anhaben, ich nahm sie, um die äußerst unangenehmen Wechseljahressymptome zu vermeiden, allen voran die nächtlichen Hitzewallungen, die mir den Schlaf raubten. Zudem tröstete mich irgendwie die Tatsache, jeden Monat wie jede normale, fruchtbare Frau in meinem Alter meine Tage zu haben. Seit dem Aufkeimen meines Kinderwunsches mochte ich mein Monatsblut, es mahnte an die Möglichkeit der Empfängnis, auch wenn dahinter kein Eisprung steckte und es nicht wirklich »echt« war. Aber jetzt blieb es aus, und da die Hormone meinen Körper bis auf die Stunde genau reguliert hatten, konnte ich mir keine andere

Erklärung vorstellen, als dass ich aller Unwahrscheinlichkeit zum Trotz schwanger geworden war.

Es war ein Samstagabend, ich lag im Bett und versuchte *Effi Briest* zu lesen, ich war an der Stelle angelangt, wo Effis Mann ihren ehemaligen Liebhaber zu einem Duell herausfordert und sie sich in den Dünen gegenüberstehen. Eine sehr spannende Stelle, aber ich konnte mich beim besten Willen nicht konzentrieren. In der Nacht träumte ich wach von meiner Schwangerschaft, und am nächsten Tag machte ich einen langen Spaziergang allein im Wald. Ich schwebte. Meinem Mann hatte ich nichts erzählt, es war ja zu früh, um sicher zu sein. Und unterschwellig wollte ich mir wohl den schönen Traum nicht verderben, an den ich im tiefsten Inneren nicht wirklich glauben konnte. Dies wurde mir dann am Montag auf einem Plastikstäbchen mit den leuchtenden rosafarbenen Worten »nicht schwanger« bestätigt. Keine wirkliche Überraschung. Die Tränen hatten wohl mehr mit der Selbsterkenntnis zu tun, dass ich noch eine derartige Hoffnung hegte, als mit einer wirklichen Enttäuschung.

Die Achterbahnfahrt des unerfüllten Kinderwunsches ist ein rasender, übelmachender, aber auch euphorisierender Wirbel, dessen Schleifen und Fahrten aus Fantasien und Ängsten gebaut sind. Die Schweizer Psychologin Gertrud Breitinger erzählt von einer Patientin, die aus unerklärlichen Gründen nicht schwanger wurde. Als der Tsunami in Südostasien 2004 die Nachrichten beherrscht, hat sie fünf gescheiterte Versuche mit künstlicher Befruchtung hinter sich. Die Vorstellung der in Asien verwaisten Kinder lässt sie nicht mehr los. »Ich müsste mich einfach nur in ein Flugzeug setzen und hinfliegen«, sagte die 40-Jährige. »Dort gibt es Kinder, sie sind greifbar nahe.« Auch ich male mir die abstrusesten Szenerien aus, um einige Minuten lang in einer Fantasie zu schwelgen, die mich in einer halsbrecherischen Talfahrt wieder niedersausen lassen wird. Als wir uns für eine Adoption entscheiden, verdrängen die Adoptionsfantasien Stück für Stück die Schwangerschaftsfantasien. Ein plötzlicher Anruf aus den USA: Die Nichte eines Schulkameraden der Schwester meines Mannes ist schwanger und möchte ihr Kind zur Adoption freigeben. Ob wir Interesse hätten? Oder ich stelle mir vor, dass mein Mann eine Affäre hat, die Frau schwängert, sie sich aus dem Staub macht und wir das Kind bekommen. Ich verrenke mich fürchterlich in Gedanken, wohl wissend, dass nichts dergleichen passieren wird oder beim näheren Betrachten gar nicht wünschenswert wäre, aber: Diese Vorstellungen bescheren mir Augenblicke eines Höhenflugs, der süchtig macht.

Die Hartnäckigkeit, mit der sich derartige Wunschvorstellungen halten können, ist beeindruckend. Kristin, eine fröhliche, dunkelhaarige Amerikanerin, die in Österreich aufwuchs und jetzt mit ihrem Mann und drei Töchtern in den USA lebt, hatte eine äußerst schwierige Schwangerschaft mit ihrem ersten Kind, das fast nicht überlebte. Dann wollte sich keine zweite Schwangerschaft einstellen. »Jetzt ist Natalie zwölfeinhalb«, sagt sie mit einem nur halb resignierten Lachen, »und ich bin einfach nicht wieder schwanger geworden.« Nach Jahren des Versuchens auf natürliche Art, gefolgt von drei gescheiterten künstlichen Befruchtungen, schlug das Paar den Weg der Adoption ein und durfte zwei Schwestern zu sich nehmen. Kristin liebt ihre drei Kinder rückhaltlos. Trotzdem hadert die 41-Jährige immer noch mit dem Wunsch nach einem weiteren Baby, ob adoptiert oder leiblich. Ihr Mann möchte kein weiteres Kind. Als ich sie frage, welcher Punkt in ihrer Geschichte der schlimmste war, antwortet sie ohne zu zögern: »Die monatliche Enttäuschung, nicht schwanger zu sein. Die letzten zwölf Jahre.« In dem Monat vor unserem Gespräch hatte sich ihr Zyklus verzögert, erzählt sie, und fünf Tage lang spielte sich ein Film in ihrem Kopf ab, der erst beim Eintreten der verspäteten Blutung abriss.

Andrea, die 42-jährige Frau von Thomas, dem Schriftsteller, berichtet Ähnliches über ihren Mann, der noch vor kurzem – und nach 16 Jahren unverhütetem, folgenlosem Sex – hinter einer zweitägigen Verspätung ihrer Regelblutung eine Schwangerschaft witterte und kurz zu hoffen wagte.

Das Gefühl der Hilflosigkeit und des Kontrollverlusts, das viele ungewollt Kinderlose haben, ist ein fruchtbarer Nährboden für magisches Denken. Alle anderen, so erscheint es uns, verfügen unbeschränkt über ihren Kinderwunsch, können entscheiden, wann und wie sie ein Kind bekommen wollen. Wir nicht. So fantasieren wir uns Wunder und Zeichen zusammen, versuchen über unsere Gedanken ein Stück Kontrolle zurückzugewinnen, stellen Kausalitäten her, die keine sind. Kurz nach meiner Diagnose schenkt mir eine Freundin ein Bild einer Fruchtbarkeitsgöttin, das sie irgendwann einmal in Südamerika erworben hatte: eine hässliche Fratze gestickt auf einem Stück Leder. Sie hatte es unbedacht in eine Nachttischschublade gesteckt, erzählt sie, und dann wurde sie unerwartet schwanger. Wir lachen, beide zu klug, um an eine tatsächliche Wirkung eines solchen Lappens zu glauben – aber eine Zeitlang schlafe ich mit dem Touristenkitsch unter meinem Kissen. Man weiß ja nie. Als mir das zu blöd wird, kann ich mich trotzdem nicht dazu durchringen, den Fetzen wegzuschmeißen. Ich glaube nicht an eine positive Wirkung – aber was ist, wenn das Entsorgen eine negative Wirkung nach sich ziehen würde? Also verstaue ich den Talisman auch bei mir in der Nachttischschublade. Irgendwann landet er unten im Schrank. Vermutlich liegt er heute noch dort.

»Die einzige Antwort auf mein krächzendes Sehnen wäre ein Wunder«, schreibe ich ein gutes halbes Jahr nach meiner Diagnose in mein Tagebuch. »Und an Wunder glauben macht verrückt. Aber es hilft auch ein bisschen.«

In ihrem bewegenden Buch *Das Jahr magischen Denkens* ergründet die amerikanische Schriftstellerin Joan Didion ihre Bewältigungsstrategien nach dem Tod ihres Mannes. »Ich dachte, wie kleine Kinder denken, so, als könnten meine Gedanken oder meine Wünsche die Macht haben, die Handlung zurückzuspulen, den Schluss zu verändern«, stellt sie fest. Sie kann die Abwesenheit ihres Lebensgefährten nicht akzeptieren, trifft Vorkehrungen für seine Rückkehr, wühlt in der Vergangenheit nach Indizien, was sie womöglich falsch gemacht haben könnte, um sein Verschwinden zu verursachen. Ich erinnere mich an die Frau auf dem Flohmarkt vor zehn Jahren, die mich in einer fremden Sprache beschimpft hat, weil ich den Wintermantel, den sie feilbot, doch nicht kaufen wollte. Meine Freundin sagte im Scherz: »Die hat jetzt deine Kinder verflucht.« Natürlich glaube ich nicht wirklich an einen Zusammenhang. Aber: Ich habe diesen kleinen Vorfall auch nicht vergessen.

Einschneidendere Erfahrungen als diese plagten zwei der Frauen, mit denen ich Interviews geführt habe. Intelligente, rationale Menschen und Verfechterinnen des Rechts auf Abtreibung, kämpften beide intensiv mit dem Gefühl, dass ihre Probleme, schwanger zu werden, die Strafe für einen früheren Schwangerschaftsabbruch waren: »Jedes Mal, wenn eine Insemination oder In-vitro-Fertilisation wieder nicht funktioniert hat, war das so ein Keulenschlag, dass ich wieder einen draufbekomme. Um mir noch mal vor Augen zu führen, wie groß mein Vergehen war«, beschreibt Frieda, die Architektin, ihr Schuldgefühl. Bea erzählt von ihren kurzlebigen Schwangerschaften, die sie zwar jedes Mal intensiv spürt, aber die dann immer wieder abgehen. Die Frauenärztin kann keinen Anhaltspunkt für eine gewesene Schwangerschaft feststellen und führte Beas Symptome auf Zysten zurück. »Ich dachte, ich habe eine Schacke«, sagt die energiegeladene Musikerin, die man sich gut tanzend hinter einem Keyboard vorstellen kann. »Dass das alles jetzt nur psychisch ist.« Das Empfinden der Schwangerschaften und der Abgänge ist für sie anfangs eindeutig, doch verunsichert durch die verwirrenden Aussagen der Frauenärztin und der Tatsache, dass sie nie lange schwanger bleibt, fängt Bea an, sich selbst zu misstrauen. Auch Matthias, ihr Lebensgefährte, vermutet eher ihren starken Wunsch hinter den Körperwahrnehmungen als eine tatsächliche Schwangerschaft. In dieser Zeit wird sie wiederholt von Träumen heimgesucht über das Kind, das sie vor Jahren abgetrieben hat: »Das machte es noch mal traumatischer, dass es nicht funktioniert hat. Ich dachte, das ist jetzt die Bestrafung.«

Dass Trauer oft von Schuldgefühlen begleitet wird, ist allgemein bekannt und auch in der Literatur gut belegt. Das Phänomen des magischen Denkens oder andere Formen des Realitätsverlusts gehören bei sehr vielen Betroffenen zur Kinderwunscherfahrung dazu. Die Suche nach einem Schuldigen mit entsprechenden Vorwürfen oder gar Selbstgeißelung, um sich oder andere für das Unglück zu bestrafen; fantastische Deutungen und fabulierte Kausalzusammenhänge, um sich einen Schuss Hoffnung zu geben. Stöbert man in den wissenschaftlichen Auseinandersetzungen mit diesem Thema, gewinnt man schnell den Eindruck, dass die Bandbreite an wahnhaften Ideen sehr groß ist. Die medizinische Anthropologin Gay Becker berichtet in ihrem Buch *Healing the Infertile Family* zum Beispiel von einer unfreiwillig kinderlosen Frau, die nach und nach den Sport und dann auch jegliche energische Bewegungen aus ihrem Leben verbannte, aus Angst, die leiseste körperliche Anstrengung könne ein mutmaßliches Baby »wegschütteln«. Mehrere qualitative Untersuchungen zeigen, dass nicht wenige Frauen sich sogar schuldig für die Unfruchtbarkeit ihres Partners fühlen.

Sicher muss sich jede Betroffene bei anhaltenden Gefühlen dieser Art fragen, aus welchen Quellen sie stammen und diese unabhängig von der Kinderwunschthematik bearbeiten. Dass ein Stück Wahn aber zu jeder Erfahrung eines derartig substantiellen Verlusts gehört und die durchaus nützliche Rolle der vorübergehenden Schmerzlinderung übernehmen kann, ist wiederum auch nicht zu verkennen. Und vielleicht sollte man manchmal auch einfach darüber lachen. (»ellenbogenschmerzen + schwanger« = 145 000 Treffer)

Macht ein unerfüllter Kinderwunsch hysterisch?

Martin Spiewak zitiert in seinem Buch *Wie weit gehen wir für ein Kind?* eine amerikanische Studie, in der Frauen in reproduktionsmedizinischer Behandlung gefragt wurden, ob sie lieber kein Kind oder Drillinge hätten. 95 Prozent entschieden sich für Drillinge, trotz des hohen gesundheitlichen Risikos für Mutter und Kinder. Ob Urtrieb, gesellschaftlicher Druck, Sehnsucht nach Bindung und Nähe, Freude am Leben oder eine Kombination aus all dem – der Kinderwunsch meint es nicht zwangsläufig gut mit uns. Oder mit dem ersehnten Kind. Die Sehnsucht nach einem Kind kann dazu führen, dass Betroffene die eigene Gesundheit aufs Spiel setzen. Sie kann auch relativ wenig mit dem Wunsch nach einem Leben mit dem künftigen Kind zu tun haben. Die Psychologin Almut Dorn beobachtet bei ihren Patientinnen, dass es durchaus einen starken Kinderwunsch geben kann, unabhängig davon, ob man sich gern um Kinder kümmert oder nicht, und auch die Autorin und Psychologin Daphne de Marneffe schreibt, dass »aus psychologischer Sicht der Wunsch, ein Kind zu haben, und der Wunsch, selbst für dieses Kind zu sorgen, in einer Person koexistieren [können], aber ein und dasselbe sind sie deswegen nicht.« Mit anderen Worten: Ein Kinderwunsch kann manchmal stärker sein als der Wunsch, im Alltag Mutter oder Vater zu sein. In seiner überspitzten Form – und in einem gewissen Sinne ist jeder, zumal verwehrter, Kinderwunsch an dem einen oder anderen Punkt überspitzt – kann sich das Begehren nach einem Kind zu einer unpersönlichen, amoralischen Kraft steigern, die sich über das Wohl der Eltern (vor allem der Mutter) und sogar dem des Kindes hinwegsetzt.

   Bea kennt das Gefühl, etwas in ihr will um jeden Preis Leben produzieren, und sie ist dabei nur das Vehikel, dessen körperliches und seelisches Wohlbefinden am Ende zweitrangig ist. Mit 43 und voll ausgelastet mit ihrem Musikerleben und ihrer dreijährigen Tochter, verspürt sie dennoch den Wunsch nach einem zweiten Kind, den sie als Trieb wahrnimmt, aber »gut im Zaum halten« kann, wie sie sagt. Sie versteht den Zwiespalt nicht als Kampf zwischen dem, was für sie gut ist, und dem, was ihr Körper will, denn ihr »Körper hat auch ziemlich gelitten« durch eine lange Geburt und die Folgen, die sie jetzt noch als »ältere Mutter« körperlich spürt. Es geht hier also nicht um einen Widerspruch zwischen einem körperlichen Drang und der Vernunft, sondern um eine noch komplexere Spannung zwischen einem Bedürfnis, das sich auf körperlichen, emotionalen und sozialen Ebenen äußert, und einem Selbstschutz auf eben diesen Ebenen.

   Die Hamburger Psychoanalytikerin Viola Frick-Bruder schreibt in ihrem Artikel »Zur Psychologie des männlichen und weiblichen Kinderwunsches« dem »normalen« Kinderwunsch eine »natürliche Ambivalenz« zu. Jedes Kind schlägt wie eine Bombe in das Leben seiner Eltern ein, verändert unwiederbringlich die Konstellation der Beziehungen, des Alltags, der Gestaltungsmöglichkeiten der eigenen Existenz. Ein wenig Bangen angesichts dieser Realität ist für Frick-Bruder daher nur gesund. Ein krankhafter Kinderwunsch hingegen, schreibt sie, verdrängt jegliche negativen Gefühle oder Ängste der Vorstellung gegenüber, Kinder zu bekommen. Vor allem in unserer (post-)industriellen Gesellschaft, in der Kinder keinen ökonomischen Wert mehr darstellen, sondern eine beträchtliche finanzielle Belastung bedeuten, sei das Ja zu Kindern zwangsläufig »konfliktbesetzt«, schreibt die Autorin Regina Könnecke in ihrem Buch *Bewältigungsmuster ungewollt kinderloser Männer*. Hinzufügen sollte man hier, dass nicht nur die finanziellen Kosten, sondern die immer noch zum überwältigenden Teil von Müttern geleistete Betreuungsarbeit eine immense Bürde ist, die mit jedem Kindersegen einhergeht (die Superreichen einmal beiseite gelassen). Nicht zuletzt ist das natürlich der Grund, warum die Entscheidung, eine Familie zu gründen, immer später in den Lebensläufen stattfindet. In solch einer gesellschaftlichen Situation muss ein Kinderwunsch, der all diese Herausforderungen verdrängt und »alles ausblendet, was das Leben lebenswert machen könnte, bis auf Kinder«, wie Almut Dorn es formuliert, in der Tat krankhaft erscheinen.

Dieser Ambivalenzverlust tritt aber in der Regel genau dann ein, wenn der Kinderwunsch nicht erfüllbar zu sein scheint (wie bei jedem anderen verwehrten Wunsch auch). Es ist eben die Entscheidungsfreiheit, die das Feld der widersprüchlichen Wünsche und Ängste eröffnet; fällt diese weg, verschwinden gern die Vorbehalte, und die Sehnsüchte nehmen immer mehr Raum ein. Lisa, eine 41-jährige, selbständige Graphikdesignerin aus Berlin, erzählt von ihrem anfangs ambivalenten Kinderwunsch: »Bei mir waren früher durchaus auch immer Bedenken da gewesen, ein Kind zu bekommen. Ich hatte immer darüber nachgedacht, was ich alles nicht werde machen können, wenn ich Kinder habe.« Später, als klar wird, dass sie ihren Wunsch nicht ohne Weiteres umsetzen kann, verschwinden diese Bedenken: »Die spielten dann überhaupt keine Rolle mehr. Es war plötzlich so, als hätte ich so etwas nie gedacht.« Marneffe beschreibt dieses Phänomen so: »Wenn eine Frau mit Unfruchtbarkeit konfrontiert ist, kann das Verlangen nach einem Baby klar und heftig und abgrundtief werden. ... Vorbei ist der klare Blick auf die eigenen Emotionen, das Gespür für den relativen Wert der Dinge, für Mehrdeutigkeit, für Nuancen. Der Wunsch nach einem Baby wird zum wahrsten, was man je über sich selbst gewusst hat.«

Sich selbst bei einer so drastischen, einspurigen Haltung zu ertappen, kann erschreckend sein. Am Tag meiner Diagnose schreibe ich eine E-Mail an eine Freundin, von der ich mir medizinischen Rat erhoffe. Nachdem ich eine Reihe von Fragen über mir damals noch neue Begriffe wie »follikelstimulierendes Hormon« oder »Estradiol« gestellt habe und über Behandlungsmöglichkeiten spekuliere, rudere ich am Ende der Nachricht zurück: »Ich will jetzt nicht hysterisch werden und den Bogen überspannen mit aussichtslosen Bemühungen.« Wenige Stunden zuvor habe ich die wohl für jede 32-jährige Frau unvorstellbare Nachricht erhalten, dass ich keine leiblichen Kinder bekommen kann, höchstwahrscheinlich nicht einmal mithilfe der Medizin. Ich stehe noch unter Schock. Aber die Angst, »hysterisch« zu werden – ambivalenzlos –, ist schon da. Obwohl ich mich vorher nie ernsthaft mit dem Thema ungewollte Kinderlosigkeit auseinandergesetzt habe, habe ich schon ein vorgefertigtes Bild im Kopf von der hysterischen, unfruchtbaren Frau, die sich über alles und jeden hinwegsetzt, um an ein Kind zu kommen. Dieser Frau ist nichts mehr wichtig, ihre Karriere nicht, ihre Beziehung nicht, sie lechzt nur noch nach einem Baby und macht vor nichts halt, um ihren Hunger zu stillen. Oder, die zweite Variante des Schreckensbildes, sie zieht sich zurück in eine weinerliche Ecke, verfolgt anderer Menschen Kinder mit gierigen Augen und verkörpert bis an ihr Lebensende die Einsamkeit einer alten Jungfer. Auch in den Jahren, die seit dieser E-Mail verstreichen, kommt die Angst immer wieder hoch, dass ich zu einer solchen Frau werden könnte. Oder die Scham, dass ich möglicherweise zu dieser Frau geworden bin. Die endlosen Bemühungen, die unglaubliche Energie und die Ressourcen an Zeit und Geld, die ich in das Kinderwunsch-Projekt gesteckt habe und weiterhin stecke: Oft ist es mir peinlich gewesen, weil es nicht zu dem emanzipierten Frauenbild passt, mit dem ich mich identifizieren möchte.

Eine derartige oder ähnliche Scham scheint für viele ungewollt Kinderlose eine Rolle zu spielen. Denn, entgegen dem Stereotyp, reduzieren wir uns nicht auf unseren Kinderwunsch, sondern befürchten eher, dass dies geschehen wird oder dass wir von anderen so gesehen werden. Manche schämen sich dafür, etwas nicht leisten zu können, was selbstverständlich sein sollte, andere eher dafür, dass der Wunsch dermaßen stark ist. Ich habe mich zeitweise dafür geschämt, dass ich so traurig bin, mich in dem Maße beraubt fühle. Schließlich will man sich ja nicht ausschließlich über das Muttersein definieren, und wenn die Möglichkeit, eine zu werden, verloren geht, sollte das doch kein Weltuntergang sein. Man sollte es wegstecken können, sich auf andere Bestrebungen konzentrieren. Ich könnte doch diese ganze weltbewegende Hingabe in politisches Engagement stecken oder in einen Roman, dachte ich manchmal. Oder vermutete, dass meine Freundinnen Ähnliches über mich denken müssten.

Mary F. Rogers beobachtet in dem von ihr mit herausgebrachten Sammelband *Mothers and Children. Feminist Analyses and Personal Narratives,* dass unfruchtbare Frauen, die versuchen, ein Kind zu bekommen, oft als »rückständig oder unemanzipiert« gesehen werden. Möge es in den siebziger Jahren in manchen Kreisen als antifeministisch gegolten haben, Kinder überhaupt zu bekommen, beobachte ich heute bei Mitt- bis Enddreißigern in meinem Umfeld die Einstellung, dass Kinder keinen Widerspruch zum selbstbestimmten Leben bedeuten müssen – aber der entschlossen ausgesprochene und ausgefochtene Wunsch nach ihnen stellt ein gewisses Tabu dar. Die wenigsten meiner Bekannten hängen es an die große Glocke, wenn sie mit der Familienplanung anfangen, und das Ideal scheint zu sein, dass es »einfach so« passiert. Ich erinnere mich noch genau an die Vorstellung – damals, als ich Kinder wollte, aber noch nicht wusste, dass ich keine leiblichen bekommen konnte –, dass ich eines Tages meine Schwangerschaft einfach ankündigen würde, mit einem halb verlegenen Lächeln auf den Lippen. Ich würde nicht erklären müssen, warum ich es jetzt doch gewollt habe, es wären einfach vollendete Tatsachen, und alle müssten es akzeptieren. Ich scheine nicht die Einzige zu sein, die diese Wunschvorstellung hegt: Bei einer ungeplanten Schwangerschaft in meinem Bekanntenkreis kamen einige Männer auf den künftigen Vater zu und sprachen ihm ihren Neid aus, dass es so beiläufig passiert sei – ohne mit der Partnerin groß darüber sprechen, Vorbereitungen treffen zu müssen, sondern einfach: Ups, es ist geschehen. Der »Unfall« als Idealfall. Die Fantasie, es möge doch ganz nebenbei und praktisch ohne eigenes Zutun geschehen, spiegelt eine tiefe Ambivalenz gegenüber dem eigenen Wunsch wider. Man hat einen Kinderwunsch, schämt sich aber ein bisschen dafür. Der Wunsch nach einem Kind birgt eine Verletzlichkeit, die möglicherweise nicht zu dem fortschrittlichen, ehrgeizigen Selbstbild passt, das wir uns konstruiert haben. Er erinnert vielleicht auch an die eigene familiäre Herkunft, von der man sich befreit hat, an einen ganzen Komplex an überholten gesellschaftlichen Zwängen, die man bewusst abgelehnt hat. Die Psychologin Daphne de Marneffe schreibt hierzu: »Der gesellschaftliche Kontext der letzten paar Jahrzehnte hat unsere ausweichende Haltung [gegenüber dem Mutterwerden] durch die Botschaft verstärkt, Unabhängigkeit sei progressiv, der Kinderwunsch dagegen regressiv, ja sogar ein wenig peinlich.« In einer solchen Situation verlassen wir uns dann doch lieber auf die »Natur«, die uns die Kinder, die wir uns stillschweigend wünschen, liefern soll, ohne dass wir uns öffentlich zu dem Wunsch bekennen müssen oder gar irgendwie strategisch eingreifen, damit er sich erfüllt.

Wenn diese Natur aber nicht mitspielt, können wir die Einfach-so-Fantasie vergessen. Ein solcher Umstand hat mich gezwungen, mich zu meinem Kinderwunsch zu bekennen. Das heißt auch, dem Schreckgespenst der hysterischen Kinderwütigen weniger Achtung zu schenken. Es ist seltsam verzerrt, Kinder prinzipiell willkommen zu heißen, aber den (unerfüllten) Kinderwunsch als eine ungesunde Fixierung zu geißeln. Sich ein Kind wünschen und bereit zu sein, einiges dafür zu tun, ist kein Grund zur Scham. Trotzdem gibt es einen Kern der Wahrheit in dem Bild, das mir am Tag meiner Diagnose vorschwebte: Ein unerfüllter Kinderwunsch kann zeitweise oder auch über längere Strecken derartig »ambivalenzlos« werden, dass er alles andere verfinstern lässt, inklusive die Sorge um das eigene Wohl, das des Partners oder des Kindes (und nicht nur bei Frauen, obwohl es für den kinderwütigen Mann keine derartig wirkungsmächtigen Bilder gibt).

Almut Dorn hat eine angenehm unkomplizierte Perspektive auf die Problematik: »Wenn ich gefragt werde, warum es plötzlich so ein großes Thema wird, wenn es nicht in Erfüllung geht, dann meine ich, es ist sowieso ein großes Thema«, sagt sie. »Entweder weil ich es bewusst verhindere, oder weil ich Kinder kriege. Für solche Menschen sind ihre Kinder ein großes Thema. Der unerfüllte Kinderwunsch nimmt einen genauso in Beschlag, wie andere, die ihre Kinder kriegen, durchwachte Nächte haben und darüber reden.« Die Psychologin behauptet: »Es gibt keinen pathologischen Kinderwunsch. Es ist ein Trieb, der bei manchen stärker ausgeprägt ist als bei anderen, vergleichbar mit dem Sexualtrieb.« Pathologisch sei höchstens die Umsetzung, wenn sie persönliche oder ethische Grenzen überschreitet, wenn Betroffene »überhaupt keine anderen Wege finden, zu kompensieren und zu trauern.« Sie vergleicht die »pathologische Verarbeitung« des Kinderwunsches mit einem »pathologischen Trauerprozess, wenn man einen Angehörigen verliert und sich das ganze Leben nur um diese Trauer dreht, keine neuen Inhalte gefunden werden können, keine Verarbeitung stattfindet.«

Als ich dieses Gespräch mit Frau Dorn führe, schaue ich auf fast neun Jahre eines unerfüllten Kinderwunsches zurück und auf fünf Jahre Adoptionsbemühungen. Ich kenne mich mittlerweile ziemlich gut aus mit dem, was Adoptierende durchmachen müssen, um adoptieren zu können, auch wenn dieser Wunsch in vielen Fällen reibungsloser und schneller realisiert werden kann, als bei mir und meinem Mann. Ich bin mir ziemlich sicher, dass eine Adoption ohne ein gewisses Maß an Verbissenheit und ambivalenzloser Zielstrebigkeit nicht abzuschließen ist. Natürlich trifft das auch auf die Zeugung eines Kindes mithilfe der

Reproduktionsmedizin zu. Und was ist mit dem »normalen« Kinderkriegen? Schlaflose Nächte, finanzieller und beruflicher Stress, der Verlust von Spontanität, zerrüttete Frauenkörper, belastete Beziehungen, Pubertät? Hat nicht auch das Kinderbekommen etwas Tollkühnes, zumal in einer Gesellschaft, in der die Betreuung und Umsorgung von Kindern nach wie vor viel zu wenig Anerkennung genießt und in der das Engagement von Eltern, vor allem von Müttern, bestenfalls als selbstverständlich betrachtet, schlimmstenfalls geringgeschätzt wird?

Ich schlage noch einmal bei Regina Könnecke nach. »Möglicherweise existiert auch unter Paaren, die Kinder bekommen, ein ›pathologischer‹ Kinderwunsch«, räumt sie ein. Der Umkehrschluss von Almut Dorns Aussage wäre dann: Jeder Kinderwunsch hat eine Prise Pathologie, und zwar sowohl der, der auf unkomplizierte Art und Weise erfüllt werden kann, als auch der, der gegen Hindernisse ankommen muss. Sich einen Menschen wünschen, ob er aus dem eigenen Körper hervorgebracht, mit ausgetüftelten technischen Verfahren im Labor gebastelt oder auf komplexen bürokratischen Wegen einem anvertraut wird, um ihn dann im Normalfall 15 bis 20 Jahre lang zu ernähren, zu kleiden, zu umsorgen, großzuziehen, zu lieben – zeitloser, »natürlicher« Kern dieser Erfahrung hin oder her, es bedarf schon ein bisschen Verrücktheit, um sich auf ein derart unberechenbares Abenteuer einzulassen. Es ist einseitig, diese Verrücktheit nur den ungewollt Kinderlosen zuzuordnen. Dadurch aber, dass wir keine Kinder haben, die die Aufmerksamkeit auf sich ziehen, dass wir uns nur mit unserer Sehnsucht beschäftigen statt mit den alltäglichen Dingen wie Windelnwechseln oder Elternabenden, machen wir die Sicht frei auf eine der intensivsten, intimsten menschlichen Sehnsüchte überhaupt und wie wir sie heute erleben.

Kinder. Wunsch. Behandlung.

---

*Yerma: Sagen Sie mir, was ich tun soll,
ich bin zu allem bereit, und müsste ich mir Nadeln
in die empfindlichste Stelle meiner Augen stechen.*

Die Erfahrungen, die mein Mann und ich mit assistierten Reproduktionstechniken gemacht haben, erschöpften sich in dem sechsmonatigen Versuch mit Traditioneller Chinesischer Medizin und in therapeutischen Iyengar-Yoga-Stunden: »Sie sollten die Hoffnung nicht aufgeben!«, sagte die Lehrerin und zeigte mir Haltungen, die meinen Zyklus wieder stimulieren sollten. Circa ein Jahr später riet sie mir, doch wieder in die normale Stunde zu wechseln. Das eindeutige »Unmöglich« der Reproduktionsmedizinerinnen nach meiner Diagnose war zwar entsetzlich. Im Nachhinein erscheint es mir aber auch als Glücksfall, dass uns die Strapazen medizinischer Behandlungen erspart worden sind. Natürlich gibt es viele Geschichten mit Happy End. Die Babys lächeln uns von den Pinnwänden der Kinderwunschpraxen an, der Beweis, dass andere es geschafft haben. Seit 1996 verdanken laut des Deutschen IVF-Registers 2010 160 099 Kinder der Reproduktionsmedizin ihr Leben. Das sind, in der Tat, viele erfüllte Kinderwünsche. Die Zahl der Wünschenden, die trotz Fertilitätsbehandlungen nicht zum Zuge kamen, erscheint allerdings nirgends im Bericht, die muss sich die Leserin selbst ausrechnen. Zahlen wie die »Schwangerschaftsrate«, womit manche Kliniken offensiv werben, beinhalten auch Fehlgeburten und sind somit höchstens für Wissenschaftlerinnen interessant. Die »kumulative Schwangerschafts- oder Geburtenrate« ist eine weitere statistische Augenwischerei, denn hier werden die Erfolgschancen auf mehrere Zyklen hochgerechnet, sodass Zahlen wie 86 Prozent Wahrscheinlichkeit einer Lebendgeburt bei Frauen unter 35 nach sechs Zyklen bei einem »mittelgroßen« deutschen Zentrum angegeben werden – was natürlich nicht heißt, dass nach fünf erfolglosen Zyklen beim sechsten Versuch eine 86-prozentige Chance auf Erfolg besteht, sondern die gleiche Wahrscheinlichkeit wie beim ersten Mal. Laut Register wurden 2008 43 743 Frauen in deutschen Zentren mindestens in einem Zyklus Eizellen entnommen, um eine künstliche Befruchtung durchzuführen. Im darauffolgenden Jahr gab es 10 298 dokumentierte Geburten, in 2577 Fällen gab es keine Angaben. Das heißt, dass mindestens 30 868 Frauen, 71 Prozent der Patientinnen, am Ende des Jahres ohne ein Baby waren. Zusammen mit ihren Partnern und Partnerinnen stellt das eine beachtliche Menge Schmerz dar. Sowie Zeit, Geld, Energie, Verzweiflung, Scham.

Relativ bald nach der »Hammerdiagnose«, wie Thomas und Andrea beide in den getrennten Gesprächen den Befund seiner Zeugungsunfähigkeit nennen, finden sie sich in einer Klinik ein, um eine ICSI-Behandlung über sich ergehen zu lassen. ICSI steht für Intrazytoplasmatische Spermieninjektion und unterscheidet sich von der klassischen In-Vitro-Fertilisation (IVF) dadurch, dass Eizelle und Sperma nicht im Reagenzglas sich selbst überlassen werden, sondern dass die Samenzelle direkt in die Eizelle eingespritzt wird. ICSI wird vor allem dann durchgeführt, wenn die Spermienqualität schlecht ist. Bei Thomas müssen die Spermien erst chirurgisch aus seinem Hodengewebe entnommen werden. Die 29-jährige Andrea trägt bei der Behandlung aber eindeutig die größere Last. Sie ist es, deren natürlicher Zyklus durch Medikamente unterbrochen wird, die dann Hormone bekommt, um die Heranreifung von mehreren Eizellen zu stimulieren. Das heißt tägliches Spritzensetzen, bis zu zwei Wochen lang pro Zyklus. Andrea reagiert heftig auf die Hormone. Die sonst heitere Förderschullehrerin mit warmbraunen Augen erzählt von schlimmen Depressionen, die dadurch verschärft werden, dass sie in ihrem Beruf, der auch große emotionale Präsenz verlangt, »weiter funktionieren« muss. Als der Zeitpunkt des Eisprungs naht, muss Andrea jeden Morgen um sieben Uhr in der Klinik sein, um Blut abzugeben und einen Ultraschall machen zu lassen, damit der günstigste Zeitpunkt für die Punktion, also die Eizellentnahme, festgelegt werden kann. »Wenn ich mir das heute überlege«, sagt sie kopfschüttelnd. »Wir haben uns extra ein Auto gekauft, damit ich gleich um sieben untersucht werden konnte, um dann um acht wieder pünktlich am anderen Ende der Stadt in der Schule zu sein. Heute kann ich mir das gar nicht mehr vorstellen. Was haben wir da eigentlich gemacht?«

Sie haben sich eingelassen auf die Hoffnung, das scheinbar Unmögliche – in diesem Fall: ein Mann mit spermafreiem Ejakulat schwängert seine Frau – mithilfe der Technik möglich zu machen. Diese Hoffnung ist weit älter und universeller als das In-Vitro-Verfahren der künstlichen Befruchtung, wie uralte, traditionelle Heilpraktiken aus verschiedensten Kulturen bezeugen. Ungewollt Kinderlose auf der ganzen Welt setzen ihre Hoffnungen weiterhin in solche Methoden. Auch in westlichen Ländern, in denen die Reproduktionsmedizin weit fortgeschritten und relativ zugänglich ist, lassen sich einer Umfrage niederländischer Wissenschaftler von 1995 zufolge mehr als 10 Prozent der Betroffenen auf alternative Praktiken ein, unter anderem Heilsteine und -kristalle oder Pilgerfahrten zu heiligen Stätten. Eine Amerikanerin in den Vierzigern, die nach mehreren Fehlgeburten und zahllosen medizinischen Eingriffen auf einer »Fruchtbarkeitsreise« ins winzige, abgelegene Königreich Bhutan fuhr, um sich dort von einem buddhistischen Mönch segnen zu lassen, erklärt in einem Zeitschriftenartikel: »Alles, was mich hoffen lässt, muss hilfreich sein. Man muss hoffen können.« Ob wir in einen Tempel oder in die Klinik gehen – was laut einer 2007 in der Fachzeitschrift *Human Reproduction* veröffentlichten Studie 56 Prozent der unfruchtbaren Paare in industrialisierten Ländern tun, mag aus wissenschaftlicher Sicht ein wesentlicher Unterschied sein. Die Motivation ist aber in allen Fällen die gleiche. Wir haben gehört, dass ein gewisses Verfahren, eine bestimmte Handlung, ein besonderer Ort oder Mensch anderen zu einem Kind verholfen hat. Natürlich nicht allen, die es versucht haben. Aber zumindest einigen. Vielleicht also auch uns. Eine mögliche Lösung überhaupt in Aussicht zu haben, mag sie noch so gering sein, beflügelt uns und lässt uns Dinge in Erwägung ziehen und tun, die uns sonst fremd und unvorstellbar geblieben wären. Viele von uns wenden sich mit Yermas Worten an die Reproduktionstechniken: »Was muss ich tun? Es ist egal, wie weh es tut. Hauptsache, ich bekomme ein Kind.«

Und weh kann es tatsächlich tun. »Es war schrecklich«, erinnert sich Andrea. Wir sitzen an einem lauwarmen Sommertag in ihrer Wohnung in Frankfurt. »Alles tat weh, vor allem die Eierstöcke.« Die Hormone verändern ihren ganzen Körper, ihre Brüste werden größer, und sie nimmt insgesamt erheblich zu. Als sich beim ersten Versuch nur eine Eizelle bildet und es nicht zu einer Schwangerschaft kommt, wird sie beim zweiten Mal überstimuliert, produziert 20 Eizellen (im Schnitt sind es bei einer Stimulierung zwischen sieben und zehn), was mit extremen Schmerzen verbunden ist, auch bei der Entnahme. »Es war so schlimm, dass ich nicht arbeiten konnte. Ich habe den Arzt gebeten, mich krank zu schreiben. Er meinte, das kann er der Schule, in der ich arbeite, nicht antun.« Andrea holt sich eine Krankschreibung von ihrer Hausärztin und sucht sich einen neuen Reproduktionsmediziner. Denn trotz der großen Auswahl, die dieses Mal zur Verfügung steht, nistet sich keine der befruchteten Eizellen in Andreas Gebärmutter ein und das Paar setzt einen weiteren Versuch an. Und noch einen. Die Depressionen verschlimmern sich. »Beim dritten oder vierten Versuch stand ich auf einer Brücke und habe überlegt, ob ich runterspringe und mich umbringe. Ich habe wirklich Selbstmordgedanken gehabt. Im Nachhinein war klar, das sind die Nebenwirkungen von den Hormonen. Und diese Belastung. Es lag ein wahnsinniger Druck auf der ganzen Situation.«

Im Unterschied zu älteren Praktiken setzen die neuen Reproduktionstechnologien eine komplexe Maschinerie in Gang, in die es zunehmend einfacher ist einzusteigen, als sich davon wieder loszulösen. In Deutschland besteht zwar seit 2004 in Folge der Gesundheitsreform eine höhere finanzielle Hürde, eine künstliche Befruchtung zu versuchen: Seitdem tragen die gesetzlichen Krankenkassen nur noch 50 Prozent der Kosten, und das nur bei verheirateten Paaren, bei denen die Frau nicht älter als 40 und der Mann nicht älter als 50 ist, für maximal drei Behandlungszyklen. Trotzdem wächst die gesellschaftliche Akzeptanz für diesen Weg, der dabei ist, sich von einem schattigen, tabuisierten Bereich in eine fast zwingende Maßnahme für Menschen mit Fruchtbarkeitsproblemen zu entwickeln. Die Zahl der Kliniken steigt Jahr für Jahr (1996 gab es 71 Zentren in Deutschland, heute sind es 124), die Zahl der Patientinnen ebenfalls (nach einem Einbruch 2004 sind es 2010 trotz der erheblichen finanziellen Belastungen für Betroffene mehr als 2001 mit 47 159 Frauen). Das Thema assistierte Fortpflanzung genießt eine zunehmende Präsenz in den Medien. Nicht zuletzt und kaum zu unterschätzen ist das Internet mit den verheißungsvollen Webseiten der Anbieter im In- und Ausland sowie den zahllosen Foren, in denen sich Betroffene über die medizinischen Möglichkeiten austauschen und sich gegenseitig ermutigen. Wenn man heute in Deutschland aus körperlichen Gründen einen unerfüllten Kinderwunsch hat, wird man sich früher oder später mit der Frage beschäftigen, ob man sich nicht in reproduktionsmedizinische Behandlung begeben sollte. Die Hoffnung ist da, die Möglichkeiten potenzieren sich zunehmend, und sobald man den ersten Schritt in die Richtung gemacht hat, hat man einen Prozess mit einer teils schwer kontrollierbaren Eigendynamik in Gang gesetzt.

Andrea und Thomas machen insgesamt sechs Zyklen mit ICSI, über einen Zeitraum von drei Jahren. Jeder Durchlauf dauert vier bis sechs Wochen, danach legen sie immer eine mehrmonatige Pause ein, damit sich Andrea körperlich und seelisch erholen kann. Die Strapazen sind groß, die Enttäuschung, wenn es wieder einmal nicht geklappt hat, bitter. Kein einziger Embryo nistet sich ein. Warum sie nicht früher den Schlussstrich gezogen haben, will ich wissen: »Wir dachten einfach, wir müssen durchhalten. Wir haben in der Klinik Leute getroffen, die in der Behandlung mit dem zweiten Kind waren. Bei denen kam das erste Kind nach dem achten Versuch«, erzählt Andrea. Während für viele Frauen die Belastungen des Verfahrens und die herben Enttäuschungen abschreckend genug sind, nach ein oder zwei erfolglosen Zyklen auszusteigen (der aktuelle Schnitt liegt laut der Geschäftsstelle des Deutschen IVF-Registers bei 3,1 Zyklen pro Frau), werden viele andere in einer perfiden Logik gerade aufgrund der psychischen, körperlichen und finanziellen

Kosten dazu getrieben, weiterzumachen: Wenn man ohne Baby die Behandlungen abschließt, war das ganze Leiden, das man sich aufgebürdet hat, völlig sinnlos. Sinn hat es nur, wenn es noch Hoffnung gibt, oder wenn man nach dem x-ten Versuch dann doch ein Kind zur Welt bringt. Ich selbst kenne diese Überlegungen nur zu gut durch unsere jahrelangen Bemühungen, ein Kind zu adoptieren, wovon ich noch ausführlicher erzählen werde. Nach jedem Rückschlag in den verschiedenen Verfahren war ich zurückgeworfen auf die ursprüngliche Verletzung, dass ich keine leiblichen Kinder bekommen kann – verstärkt von der Angst, nicht adoptieren zu dürfen. Wenn etwas wieder einmal schief gegangen war, blickte ich aus dieser unglücklichen Warte entsetzt den steilen Berg hinauf, auf den ich meinen Sisyphosstein gerollt hatte, bevor er mir im letzten Augenblick wieder entglitten ist. Jetzt habe ich die Wahl, unten im kinderlosen Tal sitzen zu bleiben, oder es erneut zu versuchen. Vielleicht schaffe ich es dieses Mal und verwandle damit rückwirkend die Sisyphosarbeit in gewinnbringende Produktivität. Also, noch mal von vorn.

Darüber, wie viele Frauen nach einer einzigen Behandlung ein lebendes Kind zur Welt bringen, gibt es keine konkreten Zahlen. Im Deutschen IVF-Register 2010 wird die *Baby-Take-Home-Rate* (BTHR, Anzahl der Lebendgeburten pro Anzahl der durchgeführten Behandlungen) in deutschen Zentren mit 11 bis 24 Prozent angegeben (je nachdem, welche Behandlungsart durchgeführt wird und wie die Schwangerschaften ausgewertet werden, bei denen es keine Angaben zum Ausgang gibt). Von diesen glücklichen Frauen abgesehen, muss sich jede, die die Möglichkeiten der Reproduktionsmedizin in Anspruch nimmt, irgendwann die Frage stellen, wann ihre Grenze erreicht ist. Es ist nichts Neues, dass ein Mensch mit einem unerfüllten Kinderwunsch – oder überhaupt irgendeinem unerfüllten Wunsch – für sich entscheiden muss, wann er diesen loslässt oder zumindest seine aktiven Bemühungen, ihn zu erfüllen, abschließt. Doch gab es bisher in Sachen Fortpflanzung immer auch vorgegebene Rahmenbedingungen, die einen dazu zwangen, irgendwann die Sinnlosigkeit der Bestrebungen anzuerkennen. So wird sich eine 50-jährige Frau kaum an der Hoffnung festklammern, mithilfe von natürlichen Heilverfahren schwanger zu werden. Die neue Reproduktionsmedizin arbeitet sehr intensiv daran, diese bisher natürlich gegebenen Begrenzungen auszuhebeln. Das eröffnet ein berauschendes Feld an Möglichkeiten und bringt dort neue Hoffnungsquellen hervor, wo früher ein Stoppschild stand. Es werden Rahmenbedingungen geschaffen, in denen eine 50-jährige Frau ihren (leiblichen) Kinderwunsch nicht zwangsläufig als etwas zu Betrauerndes oder zu Sublimierendes ansehen muss, sondern als möglicherweise noch erfüllbar. Mögen die Chancen noch so gering sein: Die Tür ist einen Spalt breit geöffnet. Und dieser Spalt macht einen enormen Unterschied, wie wir mit unseren unerfüllten Wünschen umgehen.

Almut Dorn bestätigt, dass das Fortschreiten der Reproduktionsmedizin den Zeitraum verlängert, in dem Betroffene an ihrem Wunsch festhalten – »und der kann sehr, sehr quälend werden«. Sie hat in ihrer Praxis manchmal Paare, die behaupten, es wäre ihnen fast lieber, man würde ihnen sagen, dass es gar nicht geht. Als ich dem beipflichte und von meinem »Glücksfall« der aussichtslosen Diagnose erzähle, lenkt sie aber ein und berichtet von älteren Patientinnen, die ungewollt kinderlos geblieben sind, und zwar in einer Zeit, in der ihr Wunsch tatsächlich unrealisierbar war. »Das war für sie ganz schrecklich. Sie haben das nicht nur als Erleichterung erlebt, keine Möglichkeiten zu haben. Der Mangel an Entscheidungsfreiheit macht das Leben nicht besser, bloß einfacher.« Als Einzelpersonen und als Gesellschaft bestehe unsere Herausforderung darin, Struktur in diese Komplexität zu bringen, sich eine Meinung dazu zu bilden, wie wir mit den exponierenden Möglichkeiten umgehen wollen. »Der deutsche Weg, die Dinge sehr gründlich zu prüfen, und nicht immer gleich auf jeden Zug aufzuspringen, ist gar nicht so verkehrt«, meint die Psychologin. »Aber sich irgendwelchen technischen Möglichkeiten zu versperren, weil wir einfach nicht darüber nachdenken wollen, es uns alles viel zu anstrengend und kompliziert ist, ist, glaube ich, auch nicht die Lösung.«

Das Gesetz im Widerstreit mit den technischen Möglichkeiten

Die deutsche Gesetzeslage im Bereich der Reproduktionsmedizin ist eine der restriktivsten in Europa. Künstlich befruchtete Eizellen dürfen nur in die Frau wieder eingepflanzt werden, aus der sie entnommen wurden, die Eizellspende ist also nicht erlaubt. Dieses Gesetz wurde erst im November 2011 vom Europäischen Gerichtshof für Menschenrechte bestätigt. Bei der In-Vitro-Fertilisation dürfen maximal drei Embryonen in die Gebärmutter übertragen werden. Viele europäische Länder haben zwar ähnliche Vorschriften oder Richtlinien, sie werden aber, anders als in Deutschland, de facto nicht umgesetzt. Eine Qualitätsauswahl der befruchteten Eizellen, bevor sie eingepflanzt werden, darf nur in den ersten 24 Stunden nach der Befruchtung geschehen, vor der Kernverschmelzung – denn ab dann gilt die befruchtete Eizelle als Embryo. In fast allen anderen europäischen Ländern dürfen auch Embryonen bewertet und nach Qualitätskriterien verworfen werden. Seit Ende 2011 ist die Präimplantationsdiagnostik (PID), also die Untersuchung und das mögliche Aussortieren von Embryonen (üblicherweise drei Tage nach der Befruchtung), im Falle einer wahrscheinlichen und schwerwiegenden Erbkrankheit oder eines hohen Risikos einer Tot- beziehungsweise Fehlgeburt, in Deutschland zulässig. In anderen europäischen Ländern wie beispielsweise Spanien und das Vereinigte Königreich ist der gesetzliche Spielraum für eine indizierte PID wesentlich weiter gefasst. In den USA ist sogar die Selektion eines Embryos allein aufgrund seines Geschlechts rechtens. Unter dem Strich ist also hierzulande, sowie in Österreich und der Schweiz, vieles nicht erlaubt, was technisch möglich ist und in anderen Ländern längst praktiziert wird. Eine andere Hürde ist die seit 2004 beschränkte Kostenübernahme der gesetzlichen Krankenkassen: Abhängig davon, welche Medikamente und Behandlungen benötigt werden, fangen die Kosten für einen IVF-Zyklus momentan bei 3000 Euro an und können bis zu 8000 Euro betragen. Auch wenn man verheiratet ist und unter der Altersgrenze liegt und demnach »nur« 50 Prozent dieser Kosten tragen muss, ist das keine zu vernachlässigende Summe und stellt für ganze Bevölkerungsschichten ein kaum zu überwindendes Hindernis dar. Insofern ist unsere Gesellschaft keine, in der »alles« möglich ist, und das wird sie wohl nie sein, zumindest was die große Mehrheit der Betroffenen angeht. Eines kann man aber mit relativer Sicherheit sagen: Die Wissenschaft schreitet voran und stellt uns ungewollt Kinderlose vor eine wachsende Zahl an Entscheidungen: Leihe ich mir das Geld für den vierten, unbezuschussten Versuch? Den fünften? Gehe ich ins Ausland und lasse mir die Eizellen einer fremden Frau einpflanzen, wenn ich an ovarieller Insuffizienz leide oder verfrüht (oder auch nicht) in die Wechseljahre gekommen bin? Wer an der Unermesslichkeit des eigenen Kinderwunsches einmal gekostet hat, wird sehen, wie schnell Hemmungen gegenüber solchen Optionen überwunden werden können. Warum sollte man etwas unversucht lassen? Einen Kinderwunsch kann man schließlich nicht beziffern – auch verschuldet und mit einem schwer in Mitleidenschaft gezogenem Körper würde ein Kind glücklich machen.

Die meisten Betroffenen, mit denen ich gesprochen habe, haben das starke Gefühl, alles, was in Reichweite ist, versuchen zu müssen. Wie dieses »alles« und die »Reichweite« definiert werden, und wann eine Strategie für die nächste aufgegeben oder insgesamt mit den reproduktionsmedizinischen Versuchen abgeschlossen wird, unterscheidet sich von Mensch zu Mensch. Je mehr Möglichkeiten aber in Reichweite sind, desto mehr Druck lastet auf den Individuen und Paaren, äußerst komplexe Fragestellungen abzuwägen in Hinblick auf die eigenen Kapazitäten, den eigenen Wunsch, das eigene Wohl und das des künftigen Kindes. Der halb ernst gemeinte Wunsch der Patientinnen von Almut Dorn, ein definitives Nein von der Medizin hören zu wollen, damit sie abschließen können mit den Qualen der Entscheidungen, meine dreiviertel ernst gemeinte Dankbarkeit, gar nicht erst damit konfrontiert worden zu sein: Aus diesen Haltungen spricht auch ein Wahrnehmen der eigenen Begrenzungen, vielleicht auch eine Ahnung, dass man allein mit dem Wunsch nicht fertig wird im Angesicht der großen Palette an

Lösungsangeboten. Die 35-jährige Anja bringt genau das auf den Punkt: »Das Alter setzt einfach so eine Grenze, das ist für mich ganz gut. Es ist eine Motivation, mich um die wichtigen Dinge zu kümmern. In meinem Leben gibt es oft genug Elemente, die offen und verschiebbar sind. Ich finde es wichtig, dass es auch Anhaltspunkte gibt«.

Ob Anja auch so reden würde, wenn sie fünf Jahre älter wäre, sei dahingestellt, die dringende gesellschaftliche wie auch individuelle Frage, die hier aufgeworfen wird, ist, wie man mit einer technischen Kultur der Machbarkeit und der Verheißung grenzenloser Wunscherfüllung umgeht. Wenn die objektiven, »naturgegebenen« Grenzen stetig zurückgedrängt werden, müssen subjektive gesetzt werden, und das ist eine große Herausforderung. Wenn das Individuum oder das Paar in dieser Aufgabe auf sich allein gestellt ist, beziehungsweise ihnen durch äußerliche Zwänge, wie begrenzte finanzielle Spielräume, die Möglichkeiten verwehrt werden, die andere genießen, wird die Problematik nur ins Private verdrängt. Die Freiheit alles tun zu können, kann dann auch leicht in den Druck kippen, alles tun zu müssen. Sonst läuft man Gefahr, »letztlich ›selbst schuld‹ [zu sein] an [der eigenen] ungewollt kinderlosen Situation«, wie Wiebke Stein und Elke Sproll über die Fortpflanzungsmedizin in ihrem Buch *Vom unwiderstehlichen Drang, Mutter zu werden* schreiben.

Dass in Deutschland einer Kultur der Machbarkeit zum Teil ein Riegel durch das Embryonenschutzgesetz vorgeschoben wird, ist zumindest in der Hinsicht zu begrüßen, dass es eine gesellschaftliche Reflexion über die ethischen Dimensionen der technischen Möglichkeiten begünstigt. Dass Verbote allein aber kaum eine angemessene Antwort auf einen komplexen Sachverhalt darstellen können, zumal in einer globalisierten Welt, zeigt nicht nur der wachsende Fortpflanzungstourismus. Eine gebührende Unterstützung der Betroffenen in ihrer Entscheidungsfindung und Behandlungsbewältigung existiert nicht. Meine Gesprächspartnerinnen fühlten sich während der medizinischen Prozeduren größtenteils allein gelassen mit ihren Ängsten, mit dem Druck, mit den körperlichen Beschwerden, mit der Frage, wie oft versuchen wir es noch. Ein Gesetz, das Embryonen schützt, schützt noch lange nicht die Patientinnen in einer Kinderwunschklinik. Das Gesetz stellt sich nur insofern vor die Patientinnen und ihre Männer, als es ausschließlich die Ärztinnen sind, die bei Verstoß strafrechtlich verfolgt werden, sowie durch das Verbot einer Befruchtung ohne deren Einwilligung. Das ist natürlich gutzuheißen, reicht aber bei Weitem nicht aus, um eine tatsächlich auf die Betroffenen ausgerichtete Praxis zu etablieren. Dafür bedarf es nicht nur Verbote, sondern positive Maßnahmen, damit die Reproduktionsmedizin von einem auf Produktivität und höchstmöglichen Schwangerschaftsraten ausgerichtetem System auf eine umfassende Beratung und Unterstützung von Patientinnen umgepolt werden kann.

In der Maschinerie der Reproduktionsmedizin

Nach dem Weglassen der Verhütung warten Bea und Matthias zwei Jahre, bis sie das erste Mal in einer Kinderwunschpraxis vorsprechen. Da ist Bea 38 Jahre alt. Endlich wird nachgewiesen, dass sie sehr wohl schwanger wird, was ihre Frauenärztin zuvor in Frage gestellt hatte – aber eben nicht schwanger bleibt. Bis auf diese Bestätigung ergeben die weiteren Untersuchungen aber wenig Positives. Bea fühlt sich von den Ärzten »pathologisiert und in ein Schema F gepresst«, wie sie sagt. »Die freundliche Dienstleistungsoberfläche, die Werbefilmchenästhetik, ging komplett vorbei an dem, um was es wirklich geht. Alles war in Produkte verpackt, es ging ganz klar um Geld und nicht um Menschen.« Obwohl das Paar keine Probleme mit der Zeugung hat, werden Bea sofort Infomaterial und ein Video in die Hand gedrückt, die ihr die künstliche Befruchtung schmackhaft machen sollen. Schnell fühlt sie sich wie ein Versuchskaninchen und eine potentielle Geldquelle für die Praxis. Manchmal sitzt sie im Wartezimmer und schämt sich dafür, sich überhaupt auf dieses System eingelassen zu haben. Trotzdem bleibt das Paar circa ein Jahr dort in Behandlung – denn so unwohl sich Bea fühlen mag, ganz auf die Hoffnung möchte sie nicht verzichten. Der Tropfen, der das Fass zum Überlaufen bringt, ist dann der operative Eingriff, bei dem die Durchgängigkeit der Eileiter untersucht wird: »Später kam bei einer Nachsorgeuntersuchung heraus, dass der Arzt mir bei der Gelegenheit eine Zyste weggemacht hat, mir das aber nicht gesagt hat. Ich dachte, zu dem Typen geh ich nicht mehr. Da wurde mir klar, dass das nicht der richtige Weg ist und auch nicht der richtige Ort.«

Bea kündigt die Betreuung im Kinderwunschzentrum und schaut sich nach anderen Möglichkeiten um. Eine Freundin empfiehlt ihr eine Heilpraktikerin, die mit klassischer Homöopathie und Traditioneller Chinesischer Medizin arbeitet. »Bei ihr habe ich mich gut aufgehoben gefühlt. Alles, was in den Kinderwunschzentren außen vor bleibt – ein ganzheitlicher Ansatz, die Frauenperspektive – habe ich bei ihr gefunden.« Ein halbes Jahr bekommt sie Ernährungstipps, Akupunktur und »furchtbare chinesische Tees«. Die Heilpraktikerin schickt sie zwischendurch zu einem Spezialisten, um eine schmerzende Zahnwurzel untersuchen zu lassen. »Das war dann noch mal so ein verrückter Typ auf seinem Thron, äußerst suspekt. Der hat meinen Zahn für das Problem gehalten – es gibt tatsächlich Theorien, die besagen, dass bestimmte Zahnprobleme die Fruchtbarkeit beeinflussen können. Er hat mich genadelt, die Behandlung war mordsteuer. Aber wenn man sucht, lässt man sich auch auf so etwas ein ...«

Als Bea schließlich schwanger wird, und schwanger bleibt, ist sie nirgendwo mehr in Behandlung. Zum Schluss hat sie auch an der Heilpraktikerin gezweifelt, weil einfach nichts passierte, trotz allem. Ob die alternativmedizinische Behandlung letztlich den Boden bereitet hat für die geglückte Schwangerschaft, kann sie nicht mit Sicherheit sagen. Von den sämtlichen Erfahrungen mit Medizinerinnen – vor allem waren es Mediziner – vor, während und nach ihrer Schwangerschaft, ist die Erfahrung mit der Heilpraktikerin aber die einzige, die Bea als positiv bewertet. Allein bei ihr hatte sie das Gefühl, es geht um sie und ihr umfassendes Wohl. Dass das allgemein nicht im Mittelpunkt steht, macht sie auch an den Beckenbodenproblemen fest, die sie noch drei Jahre nach der Geburt ihrer Tochter plagen, wie viele ihrer Freundinnen auch: »Ich ärgere mich total, dass die Beckenbodenproblematik nach einer Geburt nicht stärker thematisiert wird. Man könnte so viel Leid verhindern und vermeiden. Da merkt man, um was es geht, nämlich um gesunde, der Gesellschaft in Zukunft ökonomisch dienende Babys. Der Frauenkörper selbst wird gar nicht gestärkt, sondern nur im Zusammenhang mit dem Wohl des Kindes.« Beas Schwangerschaft wird von Anfang an als Problemschwangerschaft behandelt, nicht nur, weil sie schon 39 ist, sondern weil sie und Matthias beide nahe Verwandte mit einem Down-Syndrom haben. Sie lehnen die Frühdiagnostik ab und bereiten sich innerlich auf die Möglichkeit vor, ein geistig behindertes Kind zu bekommen. Das ist dann nicht der Fall. Aber allein ihre Bereitschaft verträgt sich nicht mit der Haltung der Ärzte, die das Paar immer wieder auf die Risiken hinweisen und die Option eines Schwangerschaftsabbruchs, falls das Kind nicht gesund sein sollte, wiederholt in ihre Beratungen mit einfließen lassen.

Das Gefühl, eine verwertbare Einheit in einer Wissenschafts- und Geldmaschinerie zu sein, kennt auch Lisa, die Berliner Graphikerin. Als sie 36 ist, will die zierliche kleine Frau mit kurzen, dunklen Haaren zusammen mit ihrem Freund Jan eine Familie gründen. Als dieser Plan gefasst wird, macht Lisa als Erste einen Arzttermin. Vor Jahren hatte ihr ein Frauenarzt gesagt, dass ihr Hormonhaushalt nicht ganz in Ordnung sei und sie, wenn sie Kinder haben wolle, möglicherweise eine Hormonbehandlung machen müsse. Der Arzt schickt sie gleich weiter in eine Kinderwunschpraxis, in der sie untersucht wird und sich herausstellt, dass bei ihr alles in bester Ordnung ist. Der Reproduktionsmediziner geht aber davon aus, dass das Paar schon lange versucht hat, ein Kind zu zeugen, und veranlasst auch eine Untersuchung von Jan. Diagnose: komplette Zeugungsunfähigkeit wegen einer Autoimmunreaktion seiner Spermien. »Das hat uns völlig aus den Latschen gehauen«, sagt Lisa, die, wie ihr Freund, die Untersuchung eher als Formalie betrachtet hatte. »Es war ein ziemlich klar umrissenes Problem und schloss definitiv aus, dass wir auf natürlichem Wege Kinder kriegen können. Das war so, aus dem Kalten, wirklich hart.«

Lisa sitzt allein in der Praxis, als ihr diese Diagnose überbracht wird.»Im Gegensatz zu anderen Leuten, die so eine Klinik betreten, hatte ich mich noch gar nicht damit auseinandergesetzt, was es für Methoden gibt.« Sie ist völlig unvorbereitet auf die Nachricht, die der Arzt unumwunden mit einer Präsentation der medizinischen Lösungsmaßnahmen verbindet. »Der Arzt präsentierte die sogenannte ICSI als die für uns einzig erfolgsversprechende Therapie«, erzählt Lisa. »Er stellte mir keinerlei Fragen, wie weit meine Auseinandersetzung mit derartigen Methoden sei oder wie ich dazu stehe und zeichnete mir den ganzen Ablauf schematisch auf einen Zettel. Im Nachhinein denke ich, dass mich das eigentlich schon in diesem Stadium an dem Arzt hätte zweifeln lassen müssen.« Stattdessen wird sie von der dargebotenen Hoffnung mitgerissen und stellt dem niedergeschlagenen Jan, als sie die Hiobsbotschaft überbringt, auch sofort die medizinischen Lösungsansätze vor. »Ich war genauso technikbegeistert wie dieser Arzt und malte ihm das alles auf: Wie man die Spermien isolieren kann, bevor sie verklumpen, und wie man sie dann per ICSI mit der Eizelle zusammenbringt. Ich glaube, ich war quasi doppelt positiv eingestellt. Schon, weil es Jan so mies ging, habe ich gedacht: Mein Gott, wir haben doch wohl eine Chance. Lass uns das doch so machen. Bei ihm ging aber erst mal gar nichts, er wollte noch nicht mal mit mir darüber reden, was man vielleicht machen könnte. Er war einfach nur fertig.«

Schon bald darauf aber stehen lange Gespräche über die medizinischen Möglichkeiten bei Jan und Lisa auf der Tagesordnung. Es gibt Bedenken: die finanzielle Belastung, mögliche Gesundheitsrisiken für Lisa und für das Kind, die Frage, was es für ein Kind bedeutet, ein Retortenbaby zu sein. Im Internet finden sie keine eindeutige Aussage über Gesundheitsrisiken – eine Studie hier, die ebensolche nahe legt, eine Studie dort, die wiederum das Gegenteil behauptet. »Je länger ich danach geguckt habe, desto mehr hatte ich das Gefühl, dass man über diese Risiken eigentlich wenig weiß. Dass man das jetzt entweder machen kann – im guten Glauben – oder lassen«, meint Lisa. Auch die Frage nach den möglichen Schwierigkeiten, die ein Kind mit einer solchen Geschichte haben könnte, schiebt das

Paar erst mal beiseite. Es gibt eine Chance, und die wollen sie nicht ungenutzt lassen. »Finanziell hatten wir's nicht so dicke, aber wir dachten, wenn man das möchte, dann ist das Geld richtig angelegt. Ob man ein Kind hat oder nicht, ist wichtiger, als einen Urlaub mehr oder weniger zu machen«, sagt sie. Eine Option, um das Ganze wesentlich günstiger zu machen, steht dem Paar offen: Heiraten, damit die Krankenkasse die Hälfte der Kosten trägt. Die Entscheidung für die Behandlung ist gefallen, und so gehen die beiden auch diesen konsequenten Schritt.

Die Hormonbehandlung findet Lisa dann gar nicht so schlimm: »Ich fühlte mich ein bisschen wie eine Zuchthenne, in der viele Eier auf einmal brüten. Ich habe das alles unheimlich gemerkt, aber nicht unbedingt unangenehm, ich spürte eben, dass ich vollgepumpt war mit Hormonen. Ein wandelnder Hypereierstock.« Das viele Herumgerenne in die Klinik zum Kontrollieren, das Spritzensetzen, war zwar aufwendig, aber wirklich schlimm war es nicht. »Ich hatte auch gar nicht mal so sehr Schiss, dass es nicht klappt oder schief geht. Wir sind da einfach reinmarschiert.«

Als der Anruf kommt, dass sie schwanger ist, denkt Lisa: klar. Und segelt zehn Wochen lang, gedopt von Schwangerschaftshormonen, durch die Welt. Sie muss zur wöchentlichen Kontrolle in die Klinik, auch nachdem ihre anfangs nicht ganz zufriedenstellenden Werte sich erholt haben. »Es war so weit, dass man das Herz sehen konnte, den Herzschlag«, sagt sie mit ihrer ebenmäßigen Stimme, die sich beim Erzählen von Freuden oder Schmerz kaum im Tonfall ändert. »Und dann gab es einen Herzstillstand. Ich hatte ein totes Embryo in mir.«

Wie die Diagnose von Jans Unfruchtbarkeit erwischt das jähe Ende der Schwangerschaft das Paar aus heiterem Himmel. Diese Erfahrung ist zu erschütternd, als dass Lisa sie – auch jetzt, Jahre später – in Worte fassen kann: »Das trifft es nicht richtig, wenn man sagt, ich war verzweifelt. Das kann man ganz schwer beschreiben. Ich hätte es mir vorher auch nicht vorstellen können, was das ist. Nur soviel kann ich sagen: Es ist etwas Existentielles.«

Dieses Mal ist es Jan, der die Schreckensnachricht sofort wieder in Hoffnung verwandeln will. Lisa: »Er meinte, wir machen das jetzt gleich noch mal, damit dieses Schlimme in etwas Positives übergeht. Ich fing dann eigentlich schon an zu zweifeln. Die ganze Dimension, dass das einfach auch total vor den Baum gehen kann, wurde mir viel klarer, und auch was das mit einem macht. Und dass wir da schon mittendrin sind.«

Bevor es zu einem zweiten Versuch kommen kann, muss eine Ausschabung gemacht werden. Und dann kommt wieder etwas, womit das Paar nicht gerechnet hat: Nach der Ausschabung baut sich Lisas Gebärmutterschleimhaut nicht wieder richtig auf. »Da fing ich an, diesen Ärzten nicht mehr zu vertrauen«, erzählt sie. »Beide behandelnden Ärzte bestanden darauf, dieses Problem habe weder mit der Ausschabung noch mit der ICSI zu tun.« Sie durchstöbert Medizinforen im Internet, in denen sie erfährt, dass eine falsch gemachte Ausschabung zu einem Asherman-Syndrom führen kann. Asherman-Syndrom heißt, dass die Gebärmutterwand beim Eingriff nachhaltig beschädigt wird und sich die Schleimhaut nicht wieder aufbauen kann – ein irreversibler Kunstfehler. Erst als Lisa ihren Arzt damit konfrontiert, gibt er zu, dass diese Möglichkeit auch in ihrem Fall durchaus besteht und veranlasst eine Untersuchung. Zwar zeigt sich, dass Lisas Gebärmutter nicht permanent geschädigt ist, trotzdem baut sich die Schleimhaut während eines zweiten ICSI-Versuchs auch nach Zugabe einer gehörigen Menge Hormone nicht wieder auf. Theoretisch wäre auch unter diesen Umständen eine Schwangerschaft möglich gewesen. Aber Lisa wird nicht schwanger. Und dann zieht Jan die Notbremse: »Er hat zu mir gesagt, mir behagt das nicht mehr, dass die die ganze Zeit an dir rumpfuschen. Eine Wichtigkeit hat ein Kind, das es noch nicht gibt, und eine andere Wichtigkeit hat ein Mensch, den es bereits gibt, und der dadurch eventuell gefährdet wird, und dem es auch nicht gut geht mit der ganzen Geschichte.« Lisa sagt: »Wir hatten beide in diesen ganzen Apparat immer weniger Vertrauen. Wir hatten das Gefühl, dass man die Folgen dieser Sache gar nicht wirklich kennt. Und ich fühlte mich überhaupt nicht in guten Händen bei diesen Ärzten.« Einmal, erzählt sie, nach der Fehlgeburt, wird sie in der Praxis vom Arzt (nicht von der Sprechstundenhilfe!) mit den Worten empfangen: »Welche Patientin waren Sie nochmal? Die mit der Schwangerschaft oder die mit der Ausschabung?«

Mehr Beratung, mehr Sensibilität in den Kinderwunschkliniken

So manche Patientin eines Kinderwunschzentrums wird ähnliche, haarsträubende Geschichten über einen Mangel an ärztlicher Sensibilität zu erzählen haben. Doch ist die Begegnung mit der Reproduktionsmedizin natürlich nicht bei allen in dem Maße verheerend, wie sie es für Lisa war. Trotzdem deutet die Geschichte von Jan und Lisa auf eine grundlegende Problematik der Kinderwunschindustrie: Die Tatsache, dass Betroffene mit einem intensiven bis maßlosen Wunsch in den Zentren vorsprechen sowie mit einer großen Bereitschaft, alles Mögliche über sie ergehen zu lassen, macht sie zu eifrigen Mitspielern in einem teilweise gefährlichen Spiel. Vor allem beeinträchtigt es sie in ihrem Vermögen, sich selbst zu schützen. Natürlich gibt es auch verzweifelte Krebspatientinnen, die risikoreiche Behandlungen eingehen, weil sie um jeden Preis überleben wollen. Aber in einem solchen Fall wird die Patientin die Gefahren der Therapie mit den Erfolgsaussichten abwägen in Hinblick auf ihr eigenes Wohl. Bei der Reproduktionsmedizin dagegen ist mindestens noch ein weiteres Wesen im Raum, dessen »Wohl« mit in die Berechnung einbezogen wird – das erhoffte Kind, das leben möchte, das bereits in den Herzen und Träumen der Patientinnen und ihrer Partner und Partnerinnen lebt, und für das sich hohe Opfer, auch am eigenen Körper, zu lohnen scheinen. Die vielbeobachtete Bereitschaft von Eltern, ihre eigene Gesundheit und Sicherheit für ihre Kinder aufs Spiel zu setzen, kann offensichtlich schon bei bloß erhofften, noch nicht existierenden Kindern zum Tragen kommen. In einer solchen Situation stehen Ärztinnen besonders in der Verantwortung, sich dem Grundsatz des Hippokratischen Eids zu verpflichten, »vor allem nicht zu schaden«, wie die Psychologin Christina Hölzle in ihrem Beitrag zu dem therapeutischen Handbuch *Kinderwunsch und professionelle Beratung* nahelegt. Die Autorin wertet diverse Studien zu den gesundheitlichen Risiken für Frauen und Kinder aus, und kommt zu dem Schluss, dass die Industrie die Gefahren versucht kleinzureden, während die Erfolge aufgebauscht werden. Sie stellt weiter fest, dass nicht zu leugnende Risiken, wie zum Beispiel die erhöhte Wahrscheinlichkeit von Fehlbildungen bei künstlich gezeugten Babys, von Reproduktionsmedizinerinnen einerseits auf andere Faktoren als die Fertilitätstechniken zurückgeführt werden (zum Beispiel auf das durchschnittlich erhöhte Alter der Eltern), andererseits als Argumente für weitere Verfahren ins Feld geführt werden. So soll die Präimplantationsdiagnostik oder die Legalisierung von Eizellspenden als Mittel gegen Chromosomanomalien eingesetzt werden. »Um es etwas provokant zu formulieren: Die Risiken der Technologie liefern kontinuierlich neue Argumente für neue Grenzüberschreitungen, deren Gefahrenpotenzial wiederum nicht abzusehen ist«, resümiert sie.

Was brauchen ungewollt Kinderlose bei ihrem ersten Termin in einer Kinderwunschpraxis? Sie sind dort, um sich Hoffnung zu holen, und werden naturgemäß alle Informationen, die ihnen angeboten werden, auf diese Hoffnung hin filtern. Wenn man mir damals gesagt hätte, es gäbe ein neues, medizinisches Verfahren, dessen langfristige Folgen noch nicht erforscht seien und das eine nicht besonders große Chance des Gelingens in sich trage, aber in einzelnen Fällen Frauen mit meiner Diagnose zu einem Kind verholfen hätte, wäre das bei mir ungefähr so angekommen: »Blablabla mit Ihrer Diagnose zu einem Kind verhelfen.« Ich bin ja hier, weil ich ein Kind will, alles andere ist uninteressant. Auch eine ausgewogene Aufklärung wäre nicht ausreichend gewesen, um mich angemessen in einer derartigen Entscheidung zu begleiten. Jenseits der unverzerrten Zahlen und Fakten (die meisten Zentren präsentieren, von den Erfahrungsberichten zu schließen, nicht einmal diese ihren Patientinnen) wäre eine tatsächliche psychologische Beratung vonnöten – eine, die unabhängig ist von den Interessen der Zentren, die den Paaren die Wichtigkeit einer Reflexion vorab nahe legt und die gleichzeitig den unerfüllten Kinderwunsch nicht als psychosomatisches Symptom auslegt. Ein solches Recht ist im Gesetz festgeschrieben: Im 5. Sozialgesetzbuch, Paragraph 27a zur Künstlichen Befruchtung, heißt es: »Die Leistungen der Krankenbehandlung umfassen auch medizinische Maßnahmen zur Herbeiführung einer Schwangerschaft, wenn sich die Ehegatten vor Durchführung der Maßnahmen von einem Arzt, der die Behandlung nicht selbst durchführt, über eine solche Behandlung unter Berücksichtigung ihrer medizinischen und psychosozialen Gesichtspunkte haben unterrichten lassen.« Martin Spiewak kommt in *Wie weit gehen wir für ein Kind?* zu dem Schluss, dass gegen diese Vorschrift regelmäßig verstoßen wird, und dass sich »die IVF-Praxis [...] vielerorts hart am Rande der Gesetzeswidrigkeit« bewegt. Auch scheint sich seit der Erscheinung seines Buches 2005 nicht viel geändert zu haben, wie eine 2011 veröffentlichte Studie der Ruhr-Universität Bochum bestätigt: Eine groß angelegte Befragung von IVF-Paaren und Reproduktionsmedizinerinnen zeigte, dass sich die Patientinnen nicht angemessen über das Verfahren aufgeklärt fühlten und durch ihren intensiven Kinderwunsch und die Dynamik der Behandlungen große Schwierigkeiten hatten, eine Entscheidung über das Ende ihrer Bemühungen auch bei geringer Erfolgsaussicht zu treffen – während die Ärztinnen solche Therapieabbrüche selten von sich aus vorschlugen.

Andrea, die sechs ICSI-Versuche hinter sich hat, beschreibt die Widersprüche der gängigen Praxis so: »Uns wurde psychologische Behandlung angeboten, aber irgendwie haben wir immer gedacht, Mensch, das schaffen wir auch ohne. Im Nachhinein denke ich, wir hätten uns Hilfe holen sollen. Aber von dir aus in die psychologische Sprechstunde zu gehen, wenn du in dem Prozess drinsteckst, das ist schon ein schwerer Schritt. Wenn man in diesem festgefahrenen Ablauf drinsteckt, hat man selbst keinen Kopf dafür.« Eine Pflichtberatung, wie es das Gesetz eigentlich vorschreibt, kann sie sich nicht vorstellen, fordert aber mehr Sensibilität der Ärztinnen, was die psychologische Belastung der Patientinnen angeht, und fände eingebaute Gesprächszeiten in den Behandlungen einen großen Fortschritt. (In Sachen

Sensibilität: Als Andrea Ende der neunziger Jahre behandelt wurde, lagen die Kinderwunschpatientinnen in ihrer Klinik neben der Säuglingsstation. Sie wurden seitdem verlegt).

Auch Lisa stellt keine Forderung nach einer psychologischen Sprechstunde während der reproduktionsmedizinischen Behandlung. Sie fühlte sich aber von den Ärztinnen insgesamt ziemlich im Stich gelassen: »Es gab Null psychologische Betreuung. Und diese Praxis stellt sich auf ihrer Website als ›ganzheitlich begleitend‹ vor. Ich hätte zwar nicht erwartet und auch nicht unbedingt eingefordert, dass man mit mir lange Gespräche führt, aber so eine Behandlung braucht immerhin eine gewisse Ruhe und eine gewisse Einfühlsamkeit. Es gab viel zu viele Patienten und viel zu wenige Ärzte, und die standen voll unter Stress.« Bei der Entscheidungsfindung, erzählt Lisa, hätten sie und Jan relativ wenig darüber nachgedacht, was sie machen würden, wenn das Ganze nicht klappen würde und wie oft sie die Versuche wiederholen würden. »Natürlich hatte man in dieser Praxis kein Eingangsgespräch mit uns darüber geführt, das einem die Wichtigkeit nahebringt, sich bei Misserfolg mit Ausstiegsszenarien vertraut zu machen«, sagt Lisa. »Wenn ich aus heutiger Sicht darüber nachdenke, würde ich das von einer Praxis, die eine ganzheitlich begleitende Therapie anbietet, eigentlich erwarten.«

Martin Spiewak beobachtet auch, dass sich die meisten Patientinnen mehr Mitgefühl und Zeit von den Ärztinnen wünschen, gleichzeitig aber nicht in die »Psychoecke abgeschoben« werden wollen. Sein sinnvoller Vorschlag ist, die psychologische Beratung als selbstverständlichen Bestandteil der Therapie einzuführen. Nicht erst, wenn Komplikationen auftreten, die Bemühungen eingestellt werden müssen, oder Patientinnen von sich aus das Bedürfnis äußern. Denn wie Andrea anmerkt, ist die Hemmschwelle groß, sich selbst einzugestehen, man könnte ganz gut eine Außenperspektive oder Unterstützung gebrauchen. Wenn diese Beratung aber als feste Komponente jeglicher Behandlung gilt, müsste sich niemand mehr dafür schämen oder befürchten, eine psychologische Thematisierung wäre der »erste Schritt in Richtung Niederlage«, wie Spiewak schreibt. Die Autoren der

Bochumer Studie fordern Gespräche über eine Ausstiegsstrategie, die nicht nur einmalig am Anfang der Behandlung stattfinden, sondern als begleitende Maßnahme in die Therapie integriert werden sollten. Hinzuzufügen wären auch eine bessere Schulung und Kontrolle der Ärztinnen. Das Deutsche IVF-Register 2010 erwähnt – kommentarlos – eine Patientin, die 22 Behandlungszyklen an einem einzigen Zentrum durchlief. Dass ein solches Vorgehen von den dortigen Medizinerinnen überhaupt unterstützt wurde, erscheint mir skandalös.

Letzte Station Eizellspende

Dass viele Paare sich trotz hoher gesetzlicher, körperlicher und emotionaler Hürden nicht von ihrem Ziel abbringen lassen, zeigt die Geschichte von Tom und Frieda. Tom ist 40 und Frieda 29, als sie sich kennenlernen. Da hat er schon eine 18-jährige Ehe hinter sich, bei der weder er noch seine Frau einen Kinderwunsch verspürten. »Ich habe meine Filme gedreht«, sagt der gemütliche Australier, mit dem ich das Gespräch auf Englisch führe, »und sie ihre Bühnenbilder gemalt. Wir waren beide jeden Tag kreativ und haben ein chaotisches Künstlerleben geführt. Das hat uns glücklich gemacht und auch voll und ganz ausgelastet.« Nachdem sich das Paar freundschaftlich getrennt hat, geht der Filmemacher auf Reisen nach Europa, wo er Frieda kennenlernt. Als sich die beiden näher kommen, dauert es nicht lange, bis sie das Kinderthema ansprechen. Frieda ist sich sicher, dass sie ein Kind will. In früheren Jahren stand sie einer Familiengründung eher skeptisch gegenüber, bis sie mit 25 eine Abtreibung hatte. »Ich war in einer Beziehung, aber es war ganz klar, wir wollten das beide nicht«, erzählt sie mir. »Und dann hat es mich selbst überrascht, wie schwer es mir gefallen ist. Ich hatte dieses typische Erlebnis, – ich weiß zumindest, dass es vielen Frauen ähnlich geht – es gibt ein Davor und ein Danach. Danach ist irgendwie die ganze Welt nur voller Bäuche und Kinderwagen. Ich habe das wirklich unterschätzt, dieses Gefühl bei der Schwangerschaft, dass man sofort einen Kontakt spürt. Es war schrecklich. Das hat etwas verändert und mir wurde bewusst, dass ich später doch Kinder haben möchte.« Tom öffnet sich nach und nach der Vorstellung, Vater zu werden – zunächst um seine Freundin glücklich zu machen, mit den Jahren dann zunehmend auch um seiner selbst willen. Er beschreibt diesen Prozess als eine graduelle Öffnung für ehemals verdrängte Triebe und Wünsche. »Ein Kind hat ja in mein früheres Leben nicht reingepasst und deswegen habe ich den Wunsch gar nicht erst zugelassen. Ich wusste ja auch, wie ich drauf bin – ich bin so was wie ein Liebestrottel, ein *sucker for love*. Mir war immer klar, wenn ein Kind in mein Leben kommt, werde ich es maßlos lieben. Wenn's sein muss, gebe ich alles auf, mache alles, damit es diesem Kind gut geht.«

So sollte es dann auch kommen. Zwei Monate nach ihrer Hochzeit, Tom ist jetzt 46 und Frieda 35, wird sie schwanger. Nach der Geburt von Benjamin geht Frieda bald wieder arbeiten – sie hatte kurz zuvor ihre erste wichtige Stelle bei einem angesehenen Architekturbüro angetreten, es ist ein kritischer Moment in ihrer Karriere. Tom sagt erst einmal alles ab und kümmert sich Vollzeit um seinen Sohn. »Aus einer beruflichen Perspektive war das« – der dunkelhaarige Mann wirft die Arme in die Luft und verdreht die Augen – »der Anfang vom Ende meiner Karriere. Aber irgendwie war ich ja bereit für dieses Opfer.« Als Benjamin älter wird, versucht der Regisseur zwar wieder einen Anschluss in der Filmwelt zu bekommen, aber als hauptberuflicher Vater fehlt ihm die Flexibilität fürs Filmemachen, und er sattelt schließlich auf Übersetzungen um, die er von zu Hause aus machen kann. Als Frieda einige Jahre später den Wunsch nach einem zweiten Kind äußert, stellt sich Tom quer. »Für mich hat eins gereicht. Ich konnte mir nicht vorstellen, dass die Liebe, die Benjamin in unser Leben gebracht hat, verdoppelt wird, wenn wir ein zweites Kind bekommen. So weit ging die Logik für mich nicht.« Seine Frau musste sich wohl oder übel mit seiner Entscheidung abfinden.

Damit wäre die Geschichte möglicherweise zu Ende gewesen, wenn Frieda mit 42 nicht unerwartet schwanger geworden wäre. Dieses Ereignis bedeutet für sie einen zerreißenden inneren Konflikt: Sie will das Kind, aber Tom will es ganz klar nicht, zudem hat sie als Familienernährerin gerade ihren Job verloren und ist auf Stellensuche. »Ich kann doch nicht mit einem dicken Bauch zu einem Vorstellungsgespräch erscheinen, dachte ich mir.« Aber am schwersten wiegt der Vertrauensbruch gegenüber ihrem Mann, mit dem abgesprochen war: keine Kinder mehr. Schließlich ringt sie sich zu der Entscheidung durch, die Schwangerschaft abzubrechen, obwohl Tom, nach anfänglichem Zögern, sich gegen eine Abtreibung ausspricht. »Ich habe es beinahe unmittelbar danach bereut«, sagt Frieda. »Es war mir sofort klar, das war ein Riesenfehler.« Ein Jahr lang kämpft sie mit sich und kommt nicht darüber hinweg. »Es hat alles überlagert und ich bin depressiv geworden«, erzählt sie. »Benjamin ging zu Tom und sagte, geh doch mal mit Mama zum Arzt. Die ganze Stimmung war vollkommen im Keller. Und was meine berufliche Situation anging: In der ganzen Zeit, in der ich schwanger gewesen wäre, bin ich nicht zu einem einzigen Vorstellungsgespräch eingeladen worden. Ich bin weder religiös noch jemand der an Schicksal oder so etwas glaubt, aber das schien mir ein schreiendes Zeichen, dass das nicht so hätte sein sollen.« Frieda hält einen Moment inne und starrt aus dem Fenster auf die Platanen vor dem Haus in ihrem ruhigen Hamburger Wohnviertel. Die feingliedrige Frau strahlt eine große Intensität aus, in ihren Zügen finden sich die Spuren eines nicht immer einfachen Lebens wieder, aber auch die Autorität einer schöpferischen Persönlichkeit. Ein wenig einschüchternd wirkt sie, doch sobald ihr Mann ins Zimmer kommt, wird sie leicht und entspannt und lacht übers ganze Gesicht. »Ja und dann bin ich in die Situation gekommen«, fährt sie nun fort, »in die ich nie kommen wollte. Ich kannte mehrere Fälle von Frauen, die das so dringend wollten, und sich diesen Kinderwunschbehandlungen unterzogen haben, und ich habe gedacht, mein Gott, jetzt bist du auch soweit.« Ich frage sie, was sie an diesen Frauen so abgeschreckt hat. »Die ganze Lebensqualität schien davon abzuhängen. Bevor wir Benjamin bekommen haben, haben Tom und ich gesagt, wenn es klappt, ist es schön, wenn es nicht klappt, ist auch gut. Damit kommen wir klar. Und ich glaube, wir wären auch klargekommen. Ich halte es in jeder Hinsicht für schädlich, wenn man das eigene Leben so stark an die Existenz eines Kindes hängt. Ich will auch niemand kritisieren, dem das so geht, aber ich denke, es ist eine Belastung für die Beziehung, für die Frau und für das Kind dann sowieso. Eine gewisse Distanz zu der ganzen Sache muss man behalten. Und plötzlich war ich selbst an dem Punkt angelangt und wusste immer, ich will mein Schuldgefühl bearbeiten, ich werde das sonst nicht los. Es ist vielleicht auch kein richtiger Grund, aber ich kam anders nicht mehr zurecht.«

Als sich das Paar entscheidet, es nun doch mit einem zweiten Kind zu versuchen, geht Frieda sofort zum Arzt, der der mittlerweile 43-Jährigen empfiehlt, es nicht lange auf eigene Faust zu probieren, sondern direkt zur Kinderwunschpraxis zu gehen. »Das war genau der richtige Rat«, meint Frieda. Ihre Hormonwerte sind gut, Toms Spermien sind auch in Ordnung, allein Friedas Alter gilt als Indikation für eine künstliche Befruchtung. Zunächst wird eine Insemination versucht: Die Spermien werden direkt in den Gebärmutterhals eingespritzt oder mit einer Kappe vor dem Muttermund platziert, parallel werden die Eierstöcke hormonell stimuliert. Es folgen mehrere erfolglose Versuche. »Ich habe mich in der Praxis nicht wohlgefühlt«, erinnert sich Frieda. »Ich mochte nicht, wie diese Ärzte mit den Frauen umgegangen sind. Einmal habe ich mitbekommen, wie eine Frau den Eisprung falsch ausgelöst hat. Klar ist das ärgerlich für die Praxis, da musste das ganze Team an einem Samstag antreten. Trotzdem, ich weiß, wie so was ist, man muss da mit dieser Spritze hantieren und ist sowieso nervös, das kann schon mal passieren. Da hat der Arzt die Frau am Telefon derartig zusammengeschissen, ich dachte, das gibt's gar nicht.«

Unmissverständliche Geräusche im Flur unterbrechen unser Gespräch, und schon kommt Tom mit dem drei Monate alten Max zur Tür herein. Der kleine schwarzhaarige Junge hat Hunger. Frieda nimmt ihn strahlend und gurrend in die Arme und erzählt weiter, während sie ihn stillt und ihm sanft über den Kopf streicht: »Das war dann immer so ein Auf und Ab. Wenn's mal wieder nicht geklappt hat, dachte ich, okay, dann soll's vielleicht einfach nicht sein, und ließ dann ein paar Monate verstreichen, in denen ich nichts gemacht habe, aber dann ging das wieder los, dass ich unglücklich war, und ich dachte, vielleicht doch.« Sie wechselt Kliniken, findet eine Ärztin, die ihr sympathisch ist, und versucht bei ihr noch drei Inseminationen. Als diese ebenfalls fehlschlagen, erfolgt die erste IVF-Runde. Auch für Frieda keine schöne Erfahrung: »Diese Hormone habe ich unheimlich schlecht vertragen, man läuft ständig mit einem aufgeblähten Bauch durch die Gegend, und das begleitet einen sehr stark im Alltag. Und dann passiert es, dass du wieder spritzen musst, aber abends unterwegs bist. Du stehst in irgendeiner Kneipe, in irgendeinem schäbigen Klo, und fummelst da mit dieser Spritze rum. Und musst dann auch noch aufpassen, dass du die richtig setzt, und denkst mein Gott. Ich kann Spritzen nicht leiden. Und jetzt muss ich mir auf einmal ständig welche in den Bauch jagen. Zwischendurch habe ich auch manchmal das Ziel aus den Augen verloren, ich musste mir immer wieder klarmachen, warum ich das jetzt alles mache.« Wenn sie ihr Ziel auf dem eingeschlagenen Weg erreicht hätte, würde Frieda jetzt sagen: Hat sich alles gelohnt. So sollte es aber nicht kommen. Stattdessen nach jedem neuen Schwangerschaftstest der Anruf: Es tut uns leid, wieder nicht angeschlagen. Jedes Mal der Sturz von den prekären Höhen der Hoffnung in den Abgrund der Enttäuschung. Da Frieda über 40 ist, muss das Paar alle Kosten selbst tragen. »Wir waren nie arm, aber wir können die Dollarscheine auch nicht verschleudern, und da sind zum Teil unsere Ersparnisse bei draufgegangen. Beim letzten Mal haben wir besonders effektive Medikamente für die Hormonstimulation versucht, und die haben allein 2000 Euro gekostet. Das ist Wahnsinn. Da habe ich mir auch gesagt, das ist das letzte Mal, dass du das machst.« Das war der dritte Versuch mit IVF, mittlerweile ist Frieda 45, Tom 56.

Zu der Zeit wohnt die Familie in den USA, wo die Architektin den ersten großen Auftrag unter eigener Federführung umsetzt. Dass der Schlussstrich unter die IVF-Behandlungen gezogen ist, bedeutet noch lange nicht, dass das Paar den Wunsch und die Hoffnung auf ein zweites Kind zu Grabe getragen hat. Frieda spricht zwar immer wieder die Möglichkeit an, aufzugeben, aber Tom will davon nichts hören. »Wir haben richtig Scheiße gebaut mit dieser Abtreibung«, sagt der für seine 60 Jahre noch äußerst gut erhaltene Mann. »Wir haben uns da ein tiefes Loch gegraben und dann mussten wir gucken, wie wir da wieder rauskommen. Mein Fehler war, mich damals nicht dezidierter gegen die Abtreibung ausgesprochen zu haben. Ich habe gesagt, es ist ihre Entscheidung, weil ich das politisch auch immer so gesehen habe. Aber eigentlich war es unsere Entscheidung, wir hätten sie zusammen treffen müssen, und als ich ihr gesagt habe, dass ich dagegen bin, war es zu spät. Diesen Fehler wollte ich nicht noch einmal machen. Von nun an würde ich klar und emphatisch dafür argumentieren, dass wir nicht aufgeben müssen, an jedem Punkt, an dem das Ende nah zu sein scheint. Wir haben noch nicht alles probiert, was gibt es noch für Möglichkeiten?« Dieses Mal schlägt Tom Adoption vor, wofür die beiden in den USA noch nicht zu alt sind.

Eine Runde Recherche, dann Papiere sammeln, Beratungsgespräche, der Sozialbericht, die Aktivierung der Bewerbung – und dann bekommt Frieda ein Jobangebot in Hamburg, das sie nicht ausschlagen kann. Mitten in einem Gewühl von Umzugskartons telefoniert sie mit Anwältinnen, zurück in Deutschland hat sie ihren Jetlag kaum überwunden und schon einen Termin beim Jugendamt. Nach einer circa halbjährigen, äußerst frustrierenden Periode der Unsicherheit wird klar, dass es von Deutschland aus nicht möglich sein wird, ein amerikanisches Kind zu adoptieren. Der sonst so gutmütige Tom redet sich über diesen kostspieligen und nervenaufreibenden Kampf in Rage. Auch Frieda klagt trotz ihres mittlerweile erfüllten Kinderwunsches bitter über das Versagen der amerikanischen Adoptionsstelle und die undurchschaubaren Entscheidungen der deutschen Behörden.

Zweieinhalb Jahre nach dem letzten IVF-Versuch steht das Paar nun also wieder vor einem scheinbar endgültigen Aus. Sogar Tom sieht dieses Mal keinen Anlass für weitere Hoffnungen. Frieda stattet ihrer Ärztin aus der Kinderwunschpraxis aber dann doch einen »letzten« Besuch ab. »Ich wollte noch einmal die Möglichkeiten ausloten, was bei mir biologisch noch geht«, sagt sie. Im Hinterkopf spielt sie mit dem Gedanken eines erneuten IVF-Versuchs sowie der Möglichkeit einer (in Deutschland verbotenen) Eizellspende. »Die Ärztin hat mir gesagt, dass ich noch eine Chance von vielleicht fünf Prozent habe, durch eigene Eizellen schwanger zu werden. Das war zu niedrig. Aber sie hätte in den letzten Jahren so viele Patientinnen gehabt, bei denen eine Eizellspende angeschlagen ist, und hat das so an mich rangetragen.« Als Frieda vor Jahren das erste Mal in der Praxis dieser Medizinerin saß, wurde auch schon die Möglichkeit einer Eizellspende erwähnt. Damals fand Frieda den Gedanken sehr dubios, vor allem, weil man dafür ins Ausland gehen musste. Auch jetzt ist sie zunächst unsicher. Als sie Tom davon erzählt, ist er erst erstaunt, dass es tatsächlich noch etwas gibt, was sie nicht versucht haben – und dann begeistert. »Sie hat mich total überrascht. Ich dachte, wir wären längst am Ende angekommen. Aber jetzt gibt es doch noch eine Chance? Wahnsinn. Sie meinte, es ist aber teuer. Ich habe gesagt: Egal. Wir haben jetzt schon so viel Geld in den Sand gesetzt, Scheiß drauf. Was müssen wir tun? Nach Prag oder nach Barcelona fahren? Okay, machen wir. Für 7000 Euro Lotto spielen? Wir haben noch mehr für die gescheiterte Adoption ausgegeben – wenigstens können wir dieses Mal unser Schicksal wieder selbst in die Hand nehmen. Nicht mehr diese Rumwarterei, dass etwas passiert. Wir machen das jetzt.«

Auch Frieda nennt die Hilflosigkeit, die sie und ihr Mann während des Adoptionsverfahrens erlebt haben, als ausschlaggebenden Grund für die Befürwortung der Eizellspende. »Wir waren derart frustriert, dass wir dachten, das ist das Letzte, was wir machen können, das sollten wir noch versuchen, vielleicht auch, um es wirklich abschließen zu können, um uns sagen zu können: Wir haben wirklich alles versucht, und wenn es einfach nicht sein soll, dann machen wir unseren Frieden damit.« Die Tatsache, dass das Kind genetisch nur mit Tom verwandt sein würde, ist nicht abschreckend für Frieda. Eher ist sie angezogen von der Möglichkeit, ein Kind bekommen zu können, das immerhin von Tom abstammen und Benjamins genetisches Halbgeschwisterchen sein würde. »Das hat zu der Freude beigetragen, dass es diese Möglichkeit gibt, hat das Ganze ein bisschen schmackhaft gemacht«, sagt sie. Beide fühlen sich wie vor einem Neuanfang. »Ich hatte keine Angst, dass es nicht klappt. Ich habe mir die Zahlen angeschaut und gesehen, es gibt eine realistische Chance. Es ist also doch nicht alles vorbei. Ich war erleichtert, nicht ängstlich«, sagt Frieda.

Es soll schnell gehen. Frieda ruft mehrere Kliniken an, die, die den frühesten Termin für das Informationsgespräch anbietet, ein spanisches Zentrum, soll es dann sein: »Da wird einem alles erklärt, und man kann sich dann noch überlegen, ob man das wirklich machen will. Man investiert sozusagen einen Billigflug und eine Gebühr von 200 Euro, die dann später verrechnet wird. Und dann sind wir halt dahin.« Frieda lächelt ihren Sohn an, der nun gesättigt auf ihrem Schoß liegt und sie mit großen Augen beobachtet. Das Informationsgespräch hinterlässt einen positiven Eindruck, erzählt sie weiter. »Keiner von uns beiden hatte das Gefühl, es soll hier etwas schöngeredet werden. Als wir da weggefahren sind, dachten wir, wir sollten's machen.«

Eine 2010 veröffentlichte Studie in *Human Reproduction* geht davon aus, dass zwischen 11 400 und 14 000 Patientinnen pro Jahr in Europa ins Ausland gehen, um sich wegen Unfruchtbarkeit behandeln zu lassen. Davon kommen 14,4 Prozent aus Deutschland (nach Italien die zweitgrößte Gruppe Kinderwunschreisender), wovon wiederum 44,6 Prozent eine Eizellspende in Anspruch nehmen wollen. Frieda ist also eine von zwischen rund 700 und 900 Frauen aus Deutschland, die pro Jahr diesen Schritt gehen – Tendenz steigend. »Das ist ein großes und im Moment explodierendes Thema«, bestätigt Almut Dorn. »Die Möglichkeiten nehmen immer mehr zu, die ausländischen Kliniken werden immer professioneller, werben offensiv deutsche Paare an. Es gibt deutsche Ärzte vor Ort, es gibt auch Kliniken, die die Reisen dorthin organisieren. Vor ein paar Jahren gab es noch Paare, die davon noch nichts gehört hatten. Das erlebe ich heute kaum mehr. Das gehört inzwischen fast zum Allgemeinwissen, dass diese Möglichkeit besteht.« Auch hier liegt das Phänomen vor, dass die Vervielfältigung der Angebote für manche zum Verhängnis werden kann, weil der Punkt, wirklich alles versucht zu haben, immer weiter nach hinten verschoben wird. Dorn erzählt von einem Paar, das sowohl in Tschechien als auch in Polen und Spanien gewesen ist. »Mit der Hypothese, da klappt es dann. Das kann wirklich auch in die extreme Richtung gehen. Vor allem sind dann die gefährdet, die keine finanzielle Grenze haben. Bei vielen ist es so, dass sie sich zwei, drei Versuche leisten können, und mehr geht dann einfach nicht. Aber dann gibt es auch solche, für die ist Geld keine Beschränkung.«

Klar ist, dass Frieda und Tom auch viel eher das Handtuch hätten werfen müssen, wenn sie über bescheidenere Mittel verfügten. Frieda ist sich aber von Anfang an sicher: Es wird nur einen Versuch in Barcelona geben, dann ist Schluss. Ob sie sich wirklich daran gehalten hätte, wären die Dinge anders gekommen? »Keine Ahnung. Gebe ich keine Garantie für. Weil ich auch weiß, man ist dann wiederum in diesem Prozess und denkt, ach, vielleicht das nächste Mal, nur noch einmal versuchen«, antwortet sie ehrlich. Frieda wird von ihrer Ärztin in Hamburg betreut – eine gängige Praxis in deutschen Kinderwunschzentren, die ihre Patientinnen bei hierzulande verbotenen und deswegen im Ausland durchgeführten Verfahren so weit wie möglich begleiten. Frieda bekommt Medikamente, um ihren eigenen Zyklus mehrere Monate lang stillzustellen und dann wieder hormonell aufzubauen. Die anonyme Spenderin in Spanien, ausgewählt von der Klinik aufgrund ihres Alters, ihrer Gesundheit und ihrer äußeren Ähnlichkeit mit Frieda, wird parallel stimuliert. Die Ärztinnen beobachten den Zyklus der Spenderin, und wenn der kritische Zeitpunkt naht, wird Frieda einen Anruf bekommen: Morgen ist die Eizellentnahme, dann ist die Befruchtung, und übermorgen müssen Sie in Barcelona sein. »Ich musste mich über einen Zeitraum von zwei Monaten bereit halten, immer mein Handy bei mir tragen. Es kann ja sein, dass man einen Termin mit der Spenderin macht und keine verwertbaren Follikel entnommen werden können. Da müsste man das dann wieder neu ansetzen. Um diese Flexibilität zu ermöglichen, musste ich eben so lange startklar sein«, erklärt sie. »Wir haben zu der Zeit Urlaub in Frankreich gemacht, und von mir gibt's lauter Fotos, auf denen ich irgendwie skeptisch gucke oder mit so einem tief zerfurchten Gesicht am Strand liege. Das war ein richtiger Stress, ständig diesen Anruf zu erwarten.«

Der Anruf kommt an einem Dienstagnachmittag. Donnerstagfrüh sitzt Frieda im Flieger nach Barcelona. Zwischendurch hat sie erfahren, dass der Spenderin nur drei Eizellen entnommen werden konnten, wovon nur eine erfolgreich befruchtet werden konnte. Frieda beschreibt ihre Gedanken auf dem Weg nach Spanien: »Ich stand komplett neben mir. Ich dachte, mein Gott, was tust du dir an, was machst du mit dir, was machst du mit eurem Leben, es ist ein solcher Wahnsinn. Und wenn das jetzt vorbei ist, dann hörst du damit auf. Ich habe auch gedacht, das ist jetzt der letzte Wink des Himmels, dass nur eine Eizelle befruchtet wurde und es nur einen Embryo für den Transfer gibt. Ich war vollkommen fatalistisch.« Das Verfahren selbst verläuft undramatisch, und Frieda bekommt einen Teil der Kosten zurückerstattet, da die Klinik die Übertragung von mindestens zwei Embryonen garantiert. Am nächsten Morgen fliegt sie wieder nach Hause. »Dann kamen natürlich sehr blöde zwei Wochen bis zum Schwangerschaftstest. Ich fühlte mich überhaupt nicht schwanger, kein bisschen. Der Test wurde hier bei meiner Ärztin in der Kinderwunschpraxis gemacht. Ich bin wirklich mit der Überzeugung dahin, dass da noch mal eine Absage kommt.«

Es kommt keine Absage und auch kein späterer Abgang, das Resultat ist der muntere kleine Junge, den Tom und Frieda während unserer mehrstündigen Gespräche hin- und herreichen. Er sähe ihrem älteren Sohn in dem Alter zum Verwechseln ähnlich, erzählt Frieda, und lobt die Auswahl der Spenderin, die von der Klinik getroffen wurde. Frieda und Tom haben bekommen, was sie sich gewünscht haben – sind erlöst worden von den schrecklichen Gefühlen, die sie seit Friedas Abtreibung plagten. »Natürlich kann man ein Baby nicht durch ein anderes ersetzen, und nicht eine Schwangerschaft durch eine andere«, sagt Frieda. »Aber ich wusste, dass es einen Abschluss geben wird. Das ist jetzt der neue Abschnitt und genau so habe ich mir das gewünscht. Und das heißt nicht, dass ich die Abtreibung nicht mehr als Fehler betrachte oder nicht bereue, aber ich bin jetzt derart in dem Alltag drin, den ich bewältigen muss, und das wusste ich vorher, das hatte ich auch genau so gewollt.«

Als ich Tom frage, ob es sich alles gelohnt habe, starrt er mich entgeistert an. »Das ist jetzt nicht ernst gemeint, oder? Natürlich hat es sich gelohnt. Ja, ja und noch mal ja. Vermutlich hätte ich das auch gesagt, wenn der Versuch gescheitert wäre. Es hat sich gelohnt, es zu versuchen, weil wir es versuchen mussten. Nach diesen elendigen Jahren habe ich mich gezwungen gefühlt, alles zu probieren. Diese tiefe Trauer, die Schuldgefühle, und das Gefühl des Versagens, uns selbst gegenüber und diesem künftigen Menschen, der hätte sein sollen. Das ist jetzt nicht alles verschwunden, aber es ist etwas anderes dazugekommen, etwas sehr Schönes. Das Getane können wir nicht rückgängig machen, das werden wir für immer bereuen. Aber wir haben jetzt etwas getan, das uns die Gelegenheit gibt, etwas richtig zu machen. Ein neues Kind in unserem Leben zu haben, seinen Bedürfnissen nachzukommen, ihm Leben zu schenken.«

Die Frage ihres Alters bei der Ankunft von Max beschäftigt beide Elternteile, hat auch den künftigen älteren Bruder beschäftigt, der als Zehnjähriger während des gescheiterten Adoptionsverfahrens seinen Eltern sagte, dass er es einem adoptierten Baby gegenüber nicht fair fand, von derart alten Eltern adoptiert zu werden. »Er war wirklich den Tränen nahe«, sagt Tom, »in seiner Sorge um dieses theoretische Kind, zu dem wir keinerlei Verbindung hatten, und meinte, es ist nicht okay, das Baby kann ja nicht selbst entscheiden, wer seine Eltern sind, und ihr seid zu alt. Das war wirklich sehr schwer für uns.« Die amerikanische Sozialarbeiterin überzeugte das Paar damals, indem sie die Situation der zur Adoption freigegebenen Kinder beschrieb, die in der Regel junge Eltern hätten, denen genau das fehlte, was Tom und Frieda bieten konnten: Erfahrung, Interesse, Liebe, Bildung, Sicherheit. »Das gilt natürlich für jedes andere Kind, nicht nur für ein Adoptivkind«, sagt Frieda. »Das hat mir sehr geholfen.« Die Zweifel sind aber trotzdem nicht aus dem Weg geräumt: »Wir denken beide ständig darüber nach«, sagt Tom. »Wir sind schon hart an der Grenze. Sechzig ist zwar nicht mehr das, was es früher war. Aber ich bin mir ziemlich sicher, dass ich nicht auf der Hochzeit von Max tanzen werde. Andererseits haben wir auch noch viel zu geben, und wir arbeiten hart dafür, dass wir das weiterhin tun können.«

Als ich Frieda frage, ob sie sich in den vielen Jahren ihres Zweitkinderwunsches auch geschämt hat, dass der Wunsch so stark ist, ob es ihr auch, wie mir teilweise, peinlich war, antwortet sie: »Ja, das kenne ich gut, und es hängt stark mit meinem Alter zusammen. Ich bin erzogen worden von einer Mutter, für die Frauen sich erst mal über gutes Aussehen definieren müssen. Je älter man wird, desto mehr verliert man im Grunde seine Daseinsberechtigung. Das würde ich wirklich so harsch ausdrücken. Und dann ist immer die Frage gewesen, bin ich nicht zu alt und was mutest du deinem prospektiven Kind zu, wenn du es von der Schule abholst und alle Schulfreunde sagen, was kommt denn da für eine Alte um die Ecke. Da war schon zwischendurch manchmal das Gefühl, dass ich nach etwas greife, oder versuche zu greifen, das mir eigentlich nicht zusteht.« Sie erzählt, wie ihre Psychoanalytikerin, lange bevor eine Kinderwunschbehandlung bei Frieda überhaupt anstand, ihre Skepsis über eine späte, durch Reproduktionsmedizin assistierte Mutterschaft aussprach. »Da gerät doch die Generationsfolge durcheinander, hat sie gesagt, und das sind doch alte Körper, die Kinder kriegen. Das ist mir in Erinnerung geblieben, ein alter Körper, der noch schwanger wird und stillt und nach gängigen Vorstellungen an Attraktivität verliert. Da ist Scham da, eindeutig.« Die Tatsache, dass sie ihr Wunschkind jetzt hat, macht das Problem nicht kleiner. Angefangen mit der Krankenschwester auf der Entbindungsstation, die ihr rät, »rechtzeitig zum Notar zu gehen, damit die Kinder abgesichert sind«, schlägt ihr nicht von überall Verständnis und Wohlwollen entgegen. Unter Freundinnen und Kolleginnen nimmt sie »einen gewissen Unterton« wahr, gegen den sie sich wappnen muss. »Dieser Zweifel, oder dass man sich selbst immer wieder ermutigen muss, das geht nicht weg. Das ist genauso wie der Konflikt zwischen Beruf und Kind, der nicht gelöst ist. Das handelt man sich einfach ein. Man wird immer das Gefühl behalten, ich werde dem Beruf nicht gerecht, ich werde dem Kind nicht gerecht. Und man kann nur akzeptieren, dass das ein Dauerzustand ist.«

Von der Spenderin in Spanien, ohne die es dieses Kind, um das es hier geht, nicht geben würde, wissen Tom und Frieda nur, dass sie 23 Jahre alt war zu dem Zeitpunkt der Eizellentnahme. Sie haben keine Fotos von ihr gesehen. In Spanien bleiben die Akten komplett versiegelt, auch für die Kinder. »Wir erwarten nicht, dass das für Max nicht irgendwann ein Problem sein wird«, sagt Frieda. »Wir werden aber so offen wie möglich mit ihm darüber sprechen.« In der Tat ist es, nach Aussagen von Spenderkindern (ob Eizell- oder Samenspende), die Verheimlichung ihrer Geschichte und die Scham, die dem Ganzen durch den Mangel an Offenheit in der Familie anhaftet, die ihnen am meisten zu schaffen macht. Zu einer Lebenskrise oder einem Trauma kann die Entstehung aus einer Gametenspende (also Samen- oder Eizellspende) führen, wenn man darüber im Dunkeln gelassen wird und erst als Jugendliche oder Erwachsene davon erfährt, sagt auch Almut Dorn: »Ein Kind wird sich für nichts schämen, wofür die Eltern sich nicht schämen. Aber die meisten schämen sich dafür. Und dann sagt man es aus Scham nicht, oder denkt aus Scham, man sollte es dem Kind nicht sagen, dass man selbst diese Hilfen annehmen musste.« Sie plädiert dafür, die Eizellspende in Deutschland zu legalisieren, um sie aus dem Schattendasein zu holen und hiesigen Normen zu unterwerfen. Nur so könne man gewährleisten, dass die Spenderinnen adäquat betreut und angemessen entschädigt werden, sowie die Möglichkeit schaffen, dass Kinder etwas über ihre genetischen Mütter herausfinden können. In Deutschland hat das Bundesverfassungsgericht entschieden, dass die Persönlichkeitsrechte, die im Grundgesetz verankert sind, auch die Kenntnis der eigenen Abstammung umfassen, hebt Dorn hervor. »Das ist ja nicht neu. Es ist schon lange von den vielen anonymen Adoptionsfällen klar, dass diese Kinder wissen wollen, woher sie kommen«, sagt sie. In Großbritannien und Schweden zum Beispiel wird seit einigen Jahren nur die nicht-anonyme Gametenspende erlaubt, bei der Kinder später Informationen über die Spenderinnen bekommen sowie die Möglichkeit haben, mit ihnen Kontakt aufzunehmen. Nicht zuletzt aufgrund der zunehmend an die Öffentlichkeit tretenden Spenderkinder, gibt es insgesamt ein wachsendes Bewusstsein dafür, dass das Wissen um die eigene genetische Herkunft alles andere als eine Nebensächlichkeit ist.

Zwischen Kinderwunsch und Kindeswohl

Die Fragen, mit denen Frieda und Tom sich auseinandergesetzt haben und weiterhin auseinandersetzen werden, verweisen auf ein Paradox des unerfüllten Kinderwunsches. Wenn man sich ein Kind wünscht, besteht der, zumindest explizite, Inhalt dieses Wunsches darin, einen anfangs hilflosen und jahrelang unselbständigen Menschen zu zeugen, zu gebären oder bei sich aufzunehmen, zu pflegen und zu lieben und ihm ein Leben zu ermöglichen. Ein Kinderwunsch scheint also zunächst mit einem Kindeswohlwunsch identisch zu sein. Beim Kinderwunsch, so wie er hier thematisiert wird, geht es nicht darum, sich einen Helfer im Haushalt oder im Betrieb anzuschaffen oder Eigentum zu sichern. Es geht viel mehr um das Kind als Zweck, nicht als Mittel zum Zweck. Natürlich spielt auch hier immer das Ego eine Rolle – letztlich geht es auch ums eigene Glück. Aber das, so versprechen wir es uns, werden wir finden, indem wir uns um ein Kind sorgen und uns um sein Wohl bemühen. Bei allen ohne Hindernisse erfüllten Kinderwünschen gelten die Handlungen, die zur Entstehung des Kindes führen, schlicht als notwendige Voraussetzung dafür. Sie gehören zu der »natürlichen« oder zumindest gesellschaftlich anerkannten Ordnung, man würde sie kaum als kindschädigend beanstanden. Beim unerfüllten Kinderwunsch hingegen, wenn diese Ordnung in irgendeiner Weise gestört ist, stehen Betroffene vor zunehmend komplexen Entscheidungen. Die diversen Umsetzungsmöglichkeiten laufen nicht nur Gefahr, die Wünschende zu schädigen, sondern auch die Gewünschte. Das ist das Paradox. Dass wir für uns selbst Risiken in Kauf nehmen, um unser Verlangen nach einem Kind zu befriedigen, ist weniger überraschend, als dass wir aus diesem Grund etwas tun (oder zu tun erwägen), dass auch diesem Kind eventuell schaden könnte. Die reproduktionsmedizinischen Verfahren, die in Deutschland verboten sind – allen voran die Eizellspende und die Leihmutterschaft – sind nicht zum Schutz der Frauen da, sondern, wie es der Name des Gesetzes sagt, der Embryonen beziehungsweise Kinder wegen eingeführt worden. Die Ausrichtung auf das Kindeswohl ist auf den ersten Blick nicht weiter erstaunlich: Sind es doch die Kinder, die am meisten schutzbedürftig sind und für ihre eigenen Rechte nicht einstehen können. Die Tatsache aber, dass (theoretische) Kinder vor den Eltern, die sie sich sehnlichst wünschen, geschützt werden sollen, erscheint beim näheren Betrachten verwirrend. Sind doch die Kinderfantasien davon beseelt, das Kind mit Liebe zu überschütten, sich nach Kräften zu bemühen, ihm alles erdenklich Gute und Schöne zu ermöglichen. Wie kann es also sein, dass jemand mit diesen Träumen und Wünschen sich auf eine Art und Weise ein Kind »beschafft«, die sein Wohlbefinden gefährden könnte?

Ein gutes Jahr nach meiner Diagnose, als ich die alternativmedizinischen Bemühungen aufgegeben hatte und erste Adoptionsgedanken im Keimen waren, schreibe ich eine E-Mail an eine alte Freundin in den USA. Wir hatten länger keinen Kontakt, ich erzähle ihr, was ich so mache, und von der großen Trauer meiner Unfruchtbarkeit. Sie schreibt eine mitfühlende Mail zurück, die den Satz enthält: »Wenn es irgendwie möglich wäre, für dich ein Baby zu bekommen, würde ich es tun.«

Dieser Satz explodiert wie ein Feuerwerk in meinem Hirn. Hat sie das nur so dahergesagt? Lieb gemeint, aber ohne Hintergedanken? Für mich gibt es bei diesem Thema keine Sätze ohne Hintergedanken. Hier lugt eine Möglichkeit hervor, über die wir bisher gar nicht gesprochen hatten: Eine Leihmutter bringt für uns ein Kind auf die Welt. Meine Antwort enthält den vorsichtig formulierten Nebensatz: »Schön wär's, wenn du für uns ein Baby haben könntest!« Ritas Antwort kommt klipp und klar zurück: »Wir sollten uns rechtlich schlau machen, aber ansonsten steht dem nichts im Wege. Ich würde mich morgen für dich schwängern lassen.« Ich kann es kaum fassen. In den folgenden

Mails stellt sich heraus, dass Rita ihr Angebot nicht nur ernst meint, sondern auch schon lange darüber nachgedacht hat, dass sie »den richtigen Menschen«, wie sie schreibt, auf diese Art und Weise gern helfen würde. Wunderbarerweise freut sie sich nicht nur darüber, uns ein Kind zu schenken, sondern sie wartet schon seit Jahren auf die Gelegenheit, genau das für jemanden zu tun. Die Tatsache, dass sie bereits ein eigenes Kind hat, ist für uns ein weiterer positiver Punkt: Sie weiß, was es bedeutet, ein Kind auszutragen und zur Welt zu bringen; es wird sich hinter ihrem Angebot wohl kein verkappter Kinderwunsch verbergen, und sie geht nicht blauäugig in die Sache hinein. Wir vertrauen ihr.

Es folgt eine intensive Auseinandersetzung zwischen uns dreien, die sich über mehrere Monate erstreckt. Rita und ich tauschen lange E-Mails aus, in denen wir alles Denkbare erörtern: von den möglichen Reaktionen ihrer Familie über den künftigen Kontakt zwischen ihr und dem Kind bis hin zu der Frage, ob man Spermien mit der Post nach Kalifornien schicken kann (man kann, es kostet 70 US-Dollar). Rechtlich gesehen ist unser Vorhaben in Kalifornien erlaubt, in Deutschland, sowie in 14 anderen EU-Staaten, illegal. Ich frage Rita Löcher in den Bauch zu ihrem ungewöhnlichen Wunsch (Jacob und ich wollen ihre Motivationen verstehen), wir tauschen uns über die Möglichkeit aus, dass das Kind behindert zur Welt kommt (wir würden es genauso annehmen, wie wenn wir selbst ein behindertes Kind zur Welt bringen würden, versichern wir ihr), wir reden über Geld: Was ist, wenn sie während der Schwangerschaft bettlägerig sein muss und nicht arbeiten kann? Was ist, wenn die »Do-it-yourself-Insemination« mit den eingeflogenen Spermien nicht gelingt, werden wir dann für eine künstliche Befruchtung aufkommen müssen? Ich recherchiere stundenlang im Internet zu dem sozialen Phänomen der Leihmutterschaft, zu einschlägigen Verträgen, zum Adoptionsrecht in den USA und in Deutschland. Wir entwerfen den Plan, dass Jacob als leiblicher Vater seinen Namen auf die Geburtsurkunde bekommt, Rita ihre mütterlichen Rechte abtritt und ich in Deutschland eine Stiefelternadoption des Kindes beantragen werde – ein Plan, wie ich mittlerweile weiß, der andere deutsche Paare in enorme

Schwierigkeiten gebracht hat. Jacob und ich diskutieren seine Vorbehalte gegenüber einem von ihm und Rita gezeugten Kind: Er befürchtet eine Schieflage in der Familie dadurch, dass er mit dem Kind verwandt ist und ich nicht. Wenn er kein Kind mit mir zeugen kann, dann vielleicht doch lieber eins adoptieren, von dem wir beide genetisch und biologisch gleich weit entfernt sind. Ich sehe das anders (und ähnlich wie Frieda mit ihrer Eizellspende): Ritas Angebot bedeutet die unverhoffte Möglichkeit, dass wir Jacobs leibliches Kind haben können. Der Wunsch, *sein* Kind zu haben, spielt schließlich eine große Rolle in meinem Kinderwunsch, und ich mache mir keine Sorgen um eine Schieflage. Ich zähle die Vorteile gegenüber einer Adoption auf: Wir wissen, dass das Kind bewusst und aus Liebe gezeugt wurde, es kommt zu uns als herzliches Geschenk einer guten Freundin, und nicht aus einer tragischen Situation, in der es von seinen leiblichen Eltern entfernt werden musste oder von ihnen verlassen wurde. Wir schließen uns zumindest für ein Elternteil an die Linie der Vorfahren, können im Gesicht unseres Kindes nach Spuren von Opa und Tante suchen und natürlich nach denen vom Papa. Ja, wir können auch nach der leiblichen Mama suchen, eine sensationelle Frau, die unserem Kind bestimmt viel Schönes weitergeben wird, und zu der es auch eine Beziehung haben kann. Wenn es diese Seite seiner Herkunft kennen will, hat es den direkten Draht. Es ist die perfekte Lösung.

Ich suche bei meinen Recherchen auch nach Aussagen von Menschen, die durch eine Leihmutter auf die Welt gekommen sind. Ich will wissen, wie sie zu ihrer Geschichte stehen. Denn obwohl es die perfekte Lösung zu sein scheint, gibt es eine leise, sehr leise Stimme, die mir zuflüstert, dass es einen Haken geben muss. Genauer gesagt ist es ein Bild, das an ein Gefühl gekoppelt ist. Ich stelle mir vor, wie ich das Kind das erste Mal in die Arme nehme, direkt nach der Geburt. Ich schaue auf dieses kleine Wesen hinunter und habe das Gefühl, ich muss mich entschuldigen. Ich schiebe dieses Bild immer wieder weg, möchte mir aber doch handfeste Bestätigung dafür holen, dass wir hier nichts planen, wofür wir uns irgendwann einmal entschuldigen müssen. Es dauert eine Weile, bis ich die richtigen Suchbegriffe finde, aber plötzlich eines Freitagabends, ich wollte später noch auf eine Party gehen: Volltreffer. Ich finde allerlei – englischsprachige – Blogs und Forenbeiträge von jungen Menschen, die durch Leihmütter auf die Welt gekommen sind. Und sie sind nicht glücklich darüber. Ich gehe nicht auf die Party. Bis tief in die Nacht lese ich über Gefühle des Verlassenwordenseins, des Verkauftwordenseins, auch des Geschenktwordenseins, was einige Betroffene als genauso entwürdigend empfinden, wie gegen Geld an ihre sozialen Eltern ausgehändigt worden zu sein. »Ich bin kein Objekt, das man einfach verschenken kann. Ich bin ein Mensch«, schreibt eine Bloggerin, und zerschmettert mit diesem einen Satz unsere schöne Fantasie über das »herzliche Geschenk Kind«. Diese Menschen beschreiben den Bruch, den es für sie bedeutet hat, von ihrer leiblichen Mutter getrennt zu werden, mit der sie, nach eigenen Aussagen, sehr wohl eine Beziehung aufgebaut hatten in den neun Monaten in ihrem Leib. Sie sind wütend und verbittert darüber, dass ihre sozialen Eltern sich keine Gedanken über die möglichen Auswirkungen auf sie gemacht haben, und auf ihre Mütter, die sie für Geld oder eine falsche Vorstellung von Großzügigkeit weggegeben haben.

Ich zeige meinem Mann, was ich gefunden habe, schicke Rita die Links, und vergieße Tränen wie seit meiner Diagnose nicht mehr. Für uns alle drei steht es außer Frage, dass wir unser Projekt abbrechen müssen. Wir trauern alle, ich wohl am heftigsten. Ein paar Freundinnen versuchen uns zu überreden: Bestimmt posten nur die, die eine schlechte Erfahrung gemacht haben, das wird doch nicht die Mehrzahl sein. Ihr könnt doch nicht das ganze Projekt verwerfen, weil da ein paar Leute sauer auf ihre Eltern sind. Aber für uns gibt es kein Zurück. Auch wenn es für jeden Blog, den ich gelesen habe, zehn Leihmütterkinder gäbe, die keine Probleme mit ihrer Geschichte haben: Allein das Risiko, dass mein Kind solche Gefühle haben könnte, ist Grund genug, diesen Weg nicht weiter zu gehen. Und meine diffus gespürten Vorbehalte sind bestätigt. Wenn das Gefühl der Schuld und des Entschuldigenmüssens von Anfang an da ist, dann werde ich meinem Kind erst recht nicht in die Augen schauen können, wenn es mir später ähnliche Vorwürfe macht. Die

Betroffenenperspektive dieser Leihmütterkinder hat mich deutlicher als jede Jugendamtsbroschüre über Adoption erkennen lassen, dass es nicht nur um mich und meinen Wunsch geht. Sondern dass dieser lebendige Mensch, den ich mir da wünsche, Bedürfnisse und Rechte hat, über die ich nicht achtlos hinweggehen darf. »Ich verstehe jetzt, glaube ich, zum ersten Mal wirklich, was es bedeutet, dass die Interessen des Kindes in einer Adoption immer an erster Stelle stehen müssen«, schreibe ich ein paar Tage später an Rita. »Jacob und ich müssen uns jetzt von Grund auf überlegen, was wir wollen, und wie wir sichergehen können, dass wir kein Kind adoptieren, das nicht auch bei seinen Eltern hätte bleiben können.«

Es ist eine wertvolle Erfahrung. Ich bin auf eine zutiefst schmerzhafte Art und Weise damit konfrontiert worden, dass bei der Umsetzung meines Kinderwunsches der Zweck die Mittel nicht heiligt. Dass es möglich ist, sich so sehr ein Kind zu wünschen, dass man sich verleiten lässt, etwas zu tun, was dem Kind schaden könnte. Dass man von dem eigenen Wunsch so geblendet sein kann, dass man nicht mehr sieht, was für dieses Kind wichtig sein könnte. Was mute ich diesem Kind zu, wenn ich es mir auf diesem oder jenem Weg »beschaffe«? Dass das zumindest eine Frage sein sollte, wenn man erwägt, zu ungewöhnlichen Mitteln zu greifen, wird mir durch unsere jäh abgebrochene Leihmuttergeschichte deutlich vor Augen geführt.

Vier Jahre später nehmen mein Mann und ich an einem Seminar über das »Adoptionsdreieck« (wie das Gefüge von Kindern, leiblichen Eltern und Adoptiveltern genannt wird) teil. In der Mittagspause sitzen wir mit den anderen Bewerberinnen oder Interessentinnen – allesamt Paare mit einem lang unerfüllten Kinderwunsch, denen Angst, Hoffnung und verschlungene Leidenswege in den Gesichtern geschrieben stehen – beim Inder um die Ecke. Wir erzählen von gescheiterten Kinderwunschbehandlungen, abgelehnten Adoptionsanträgen, Hoffnungsschimmern. Ein Mann erwähnt eine russische Telefonnummer, die ihm untergekommen sei. »Da ruft man an, zahlt 20 000 €, und kriegt ein Kind. Ganz einfach.« Eine Frau am anderen Ende des Tisches fragt sofort nach der Nummer.

Später reden Jacob und ich über den befremdlichen Austausch. »So stark ist mein Wunsch nun auch wieder nicht«, meint er. Ich stelle in Frage, ob es hier wirklich um einen stärkeren Wunsch geht oder viel eher um einen Mangel an Reflexion. Ich kann mir kaum vorstellen, dass sich diese Menschen intensiver ein Kind wünschen als ich. Trotzdem habe ich eine moralische Hemmschwelle, die mir die Leihmutter verwehrt hat und die mir nicht erlauben würde, von der russischen Telefonnummer Gebrauch zu machen. Jacob zweifelt meine Überheblichkeit an. »Stell dir vor, es gäbe keine Möglichkeit zu adoptieren. Eizellspende wäre auch nicht möglich, alle Türen wären verschlossen, es gäbe nur die Leihmutterschaft oder kein Kind. Ich weiß nicht, ob wir uns darauf eingelassen hätten, aber garantiert hätten wir es noch mal in Betracht gezogen. Wir hätten nach Studien gesucht, die beweisen, dass so und so viele Leihmütterkinder doch mit ihrer Situation glücklich sind. Wir hätten in den Foren gegraben, bis wir eins gefunden hätten, das uns gesagt hätte, hey, macht es, ich habe kein Problem damit. Wir hätten versucht, uns selbst zu überzeugen, wenn es keinen anderen Weg gegeben hätte.«

Er stimmt mich nachdenklich, und ich muss zugeben, dass es in den letzten sieben Jahren Phasen gegeben hat, in denen er Recht gehabt hätte. Ich denke nicht, dass wir gegen unsere Überzeugungen gehandelt hätten, aber ich kann mir vorstellen, dass wir versucht gewesen wären, unsere Überzeugungen zu revidieren. Wenn man eins nach dem anderen versucht hat und immer wieder scheitert, wenn die Jahre verstreichen und man sich schon so verausgabt hat für dieses nie erreichte Ziel, wächst der Druck gewaltig. Dinge, die man womöglich vor Jahren als »zu weit« verworfen hätte, erscheinen plötzlich in einem anderen Licht, wenn sie die einzig verbleibende Möglichkeit darstellen. Die Paare aus dem Seminar hätten sich vermutlich auch nicht am Anfang ihres Weges vorstellen können, eine Handynummer und 20 000 € für eine gute Lösung zu halten. Wenn man aber einmal in den Sog der Erfüllungsmaßnahmen geraten ist, kann es sehr schwer sein, zu erkennen, wie weit zu weit ist.

Vom Umgang mit Enttäuschungen

Vielleicht liegt das Gefahrenpotenzial aber weniger in der Intensität des Wunsches, als vielmehr in seinem Erhärten. Lisa nennt es die »Verselbständigung« des Kinderwunsches, die Jan und ihr irgendwann nicht mehr geheuer war: »Dieser Wunsch bekam bei uns so viel mehr Gewicht, als wenn man einfach schwanger werden würde. Wenn man ICSIs macht und sich ständig damit auseinandersetzt, ob und wie und warum diese Versuche klappen oder nicht, dann verselbständigt sich der Wunsch, ergreift Besitz von einem. Ich denke, das ist genauso bei Leuten, die ein Kind adoptieren wollen und sich mit den entsprechenden Hürden auseinandersetzen. Jeder einzelne Schritt, womit man sich beschäftigt, wenn es auf normalem Weg nicht klappt, erfordert unheimlich viel Auseinandersetzung. Dazu muss man überhaupt keine hysterische Person sein, sondern einfach nur verantwortlich damit umgehen, und indem man das tut, denkt man ja auch die ganze Zeit daran. Und man weiß, sobald man damit aufhört, wird man selbst auf keinen Fall je ein Kind haben.«

Es war diese Vorstellung, die Hoffnung endgültig begraben zu müssen, die hinter Lisas und Jans Entscheidung für einen zweiten Versuch stand, auch nachdem es Komplikationen gab und beide sich mit der Situation nicht mehr wohl fühlten. »Bei einem Paar, das einfach so versucht, schwanger zu werden, kann man sich überlegen: Vielleicht klappt es irgendwann mal, wenn wir gar nicht dran denken. Bei uns war dagegen total klar, wenn wir das aufgeben, ist dieses Thema einfach passé. Und das ist dann eine viel größere Entscheidung. Man hat also diese große Hoffnung auf der einen Seite, und diese Endgültigkeit auf der anderen, und so wird man zum Kinderwunschpaar.«

Als Jan seine Sorge über Lisas Wohlbefinden äußert, ist sie schnell einverstanden, die Behandlungen abzubrechen. »Ich dachte: Ja genau. Es geht ja hier um uns. Und dass wir, auch wenn wir kein Kind haben, ein Leben führen können«, sagt sie. »Ich habe gemerkt, dass das Ganze in meinem Leben einen wahnsinnigen Stellenwert erreicht hatte, und dass ich so nicht werden wollte. Ich wollte nicht jemand werden, der dann vielleicht doch irgendwann irgendwie irgendwoher ein Kind bekommt, aber dafür über Leichen geht. Oder an sich selbst Schaden nimmt. Der Zeitpunkt war gekommen, dass wir wieder Herr über uns werden.« Wer denn Herr über sie gewesen sei, will ich wissen. »Der Wunsch«, antwortet Lisa. »Und eine Folge von körperlichen Veränderungen: Die Hormonbehandlung, die mit einem Karussell fährt, die Schwangerschaft, die mit einem Karussell fährt, ein Schwangerschaftsabbruch, der einen total reinzieht und dessen körperliche Folgen, die einen total fertigmachen. Und dann das Nachdenken über eine neue ICSI oder so etwas, man fährt permanent Karussell.« Lisa erzählt von dem Gefühl, es mit einem Selbstläufer zu tun zu haben, einem Wunsch, der bedingungslos danach verlangt, erfüllt zu werden. »Ich habe angefangen, mir Dinge zu überlegen, die irgendwie nicht gehen, und über die man vielleicht auch gar nicht nachdenken sollte. Da gerät man plötzlich in Bereiche, in denen man sich nicht wiedererkennt. Und irgendwann hat es gereicht mit diesem sich verselbständigenden Wunsch. Es war zu viel des Guten. Zu viel Wunsch.«

Es wäre müßig darüber zu spekulieren, ob Lisas und Jans Kinderwunsch weniger ausgeprägt war als der anderer Menschen, die nicht nach zwei Runden ICSI und einer Fehlgeburt halt machen oder die sich weiter in die entlegeneren Bereiche der Kinderwunscherfüllung hineinwagen. Was die Geschichte der beiden ausmacht, ist, dass sie die Verfestigung ihres Wunsches wahrgenommen haben und davor zurückgeschreckt sind. Das Überschreiten der eigenen Grenzen, das Verdrängen der möglichen negativen Auswirkungen auf sich selbst, das Kind oder andere Involvierte (Spenderinnen, leibliche Eltern und andere) ist nicht, oder nicht nur, auf die Stärke des ursprünglichen Wunsches zurückzuführen. Sondern vor allem auch auf die Zugkraft einer Erfüllungsmaschinerie, die den »Wunsch« vollkommen verhärten lässt. Die Wünschenden, womöglich auch das künftige Kind, müssen sich verbiegen und verzerren, um überhaupt mitzuhalten. Und der Wunsch äußert sich weiterhin in der gleichen, erbarmungslosen Forderung: Ich muss ein Kind haben.

Dass es aber auch möglich ist, sich im Laufe eines langwierigen und mit vielen Rückschlägen verbundenen Prozesses nicht von einem erhärteten Wunsch treiben zu lassen, sondern mit ihm zu wachsen und immer mehr Klarheit darüber zu gewinnen, wer man ist und was man eigentlich will, zeigt die Geschichte von Judith. Die schwungvolle Spätvierzigerin mit frisch gefärbten, rostbraunen Haaren hat schon viele Etappen zurückgelegt auf ihrem Weg, dessen Ausgang noch ungewiss ist. Sie erzählt mir ihre Geschichte an einem diesigen Herbsttag in ihrem Haus in einem kleinen badischen Dorf, aus dem Küchenfenster verliert sich der Blick in Nebelschwaden, hinter denen man grade noch den Schwarzwald ahnt.

Schon als kleines Mädchen wusste Judith, dass sie eines Tages Kinder haben wollte. Als ihr mit 17 klar wurde, dass sie sich von Frauen angezogen fühlte, wandelte sich dieser Wunsch aber scheinbar in ein Ding der Unmöglichkeit. Das bedeutete aber nicht, dass er sich verflüchtigte, und auch wenn Kinder lange Zeit explizit kein Thema waren, »war der Wunsch unterschwellig die ganze Zeit irgendwie da«, wie sie jetzt erkennt. Seit sie Ende 20 ist, meldet er sich mit zunehmender Intensität, bis er konkret wird, als sie mit 36 ihre neun Jahre jüngere Lebensgefährtin Bianca kennenlernt. »Wir haben gleich am Anfang geklärt, dass wir beide Kinder wollen«, erzählt Judith in ihrem leichten bayerischen Akzent. »Dann haben wir uns ein gutes Jahr lang darauf konzentriert, als Paar zusammen zu wachsen. Und dann kam das Thema ziemlich heftig auf den Tisch.« Dabei sei ihr besonders wichtig gewesen, diejenige zu sein, die das Kind austrägt. Für Judith ist der Wunsch, schwanger zu werden, wesentlich deutlicher ausgeprägt als bei ihrer Partnerin, die zu diesem Zeitpunkt auch adoptiert hätte. »Ich wollte das aber wirklich biologisch erleben. Ich wollte eine Schwangerschaft, ich wollte stillen, ich wollte gebären, ich wollte, dass das Kind von mir stammt«, erzählt Judith, und streicht mit den Fingern durch ihren gepflegten Pagenschnitt.

Sie bittet ihren besten Freund um eine Samenspende. Es folgt eine intensive Auseinandersetzung zwischen den beiden, bei denen sie ihre Motivationen und gegenseitigen Erwartungen klären, wohl ähnlich wie die Gespräche zwischen mir und Rita damals. Judith hört mittlerweile ihre biologische Uhr ticken, wie sie sagt, und nachdem die drei sich in allen wesentlichen Punkten geeinigt haben (Kontakt, aber keine Vaterrolle für den Spender, Aufklärung des Kindes von Anfang an), gehen sie die Sache an. »Wir sind zu ihm gefahren, er hat in einem Becher den Samen gesammelt. Ich habe das dann aufgesogen mit einer Spritze und einfach eingeführt, oder Bianca hat's eingeführt. War nicht weiter kompliziert«, erzählt Judith mit dem weichen Lachen, das öfter ihre Aussagen begleitet. Kompliziert wird es, als Judith nicht schwanger wird. Beim ersten Mal nicht, auch beim fünften Mal nicht. Insgesamt 14 Mal fährt das Paar zu dem großzügigen Freund, der in einer anderen Stadt wohnt. Judith holt sich Unterstützung von ihrer Frauenärztin, die ihr mithilfe von Ultraschalluntersuchungen sagen kann, wann ihr Eisprung naht, sie trinkt auch chinesische Tees und wird akupunktiert – alles erfolglos. »Das war ein ständiges Auf und Ab«, sagt sie. Jedes Mal diese Hoffnung, Hoffnung, Hoffnung und dann die große Enttäuschung und dann wieder auf zum nächsten Versuch. »Irgendwann wurde die Fahrerei auch quälend und mein Freund hat gesagt, er kann langsam nicht mehr. Es hat auch unsere Beziehung belastet, wir haben uns immer nur zu diesem Anlass gesehen.« Eine ärztlich begleitete Insemination mit hormoneller Stimulation war in Judiths Frauenarztpraxis nicht möglich, da das Paar damals in Frankreich wohnte, wo Maßnahmen der künstlichen Befruchtung für Lesben verboten sind. Ihre Ärztin empfiehlt ihr, eine In-Vitro-Fertilisation im Ausland zu machen, und Judith und Bianca können tatsächlich ihren Freund dafür gewinnen, mit ihnen nach Belgien zu fahren. »Er hat dann, auch in der Hoffnung, dass wir ihn endlich in Ruhe lassen, seinen Samen dort in der Klinik hinterlassen«, sagt Judith mit einem Schmunzeln. »Das hat aber Spaß gemacht, da zu dritt hinzufahren. Wir wurden dort sehr gut aufgenommen, und Belgien war sowieso Klasse, weil es zum ersten Mal einen offiziellen Rahmen gab, der uns anerkannt hat. Wo unser Bedürfnis, unser Wunsch total ernst genommen wurde und wir auch als Partnerinnen ernst genommen wurden. Das hat uns sehr gut getan.«

Allerdings reagiert die mittlerweile 42-Jährige kaum auf die Stimulation ihrer Eierstöcke, nur zwei Eizellen entwickeln sich, wovon nur eine befruchtet werden kann. »Und die hat sich auch ganz schlecht entwickelt und sich nicht eingenistet«, erzählt sie. »Es war also ein ganz kläglicher Versuch, der aber für mich superwichtig war, weil ich dann gesagt habe, jetzt reicht's. Natürlich war ich sehr geknickt, das war schon ein tiefer Einschnitt. Gleichzeitig war es gut, dass ich das gemacht habe. Ich denke, es ist immer die Gefahr, dass man seine Grenzen nicht erkennt und sich bis ins Unendliche verausgabt, um an ein Kind zu kommen. Es ist schwierig, sich die Grenzen selbst zu ziehen. Für mich war es hilfreich zu sehen, dass meine Fruchtbarkeit einfach nicht mehr voll da ist. Es hatte gar keinen Zweck, das jetzt weiter zu betreiben. Das hat mir geholfen, jetzt wirklich zu sagen, stopp.« Interessant an dieser Aussage ist, dass Judith die Situation so wahrnimmt, als ob sie eine objektive Grenze erreicht hätte – dabei gab es ja noch einen Rest an Fruchtbarkeit, und sie hätte durchaus noch weitere Versuche machen können. Viele Frauen mit ihren Werten und mit gleichem Ausgang nach der ersten Behandlung machen weiter. Judith hat hier viel eher aktiv eine Gelegenheit für die eigene Grenzziehung wahrgenommen, als passiv an einer unbeweglichen Mauer abzuprallen. Einen zusätzlichen, entscheidenden Punkt nennt sie aber im nächsten Atemzug: »Dann ist ja auch ein Vorteil bei einem Frauenpaar, dass es noch eine andere Frau gibt, die jetzt übernehmen kann.«

Trotzdem war die »Übergabe« an Bianca keine einfache Sache: Judith hat ein Jahr gebraucht, um ihre Trauer zu verarbeiten und mit der Hoffnung, schwanger zu werden und zu gebären, abschließen zu können. Es war ein melancholisches Jahr, erzählt sie, aber eines, in dem sie sehr intensiv an sich gearbeitet hat. Sie hat eine Therapie gemacht, viel mit Freundinnen und ihrer Partnerin über das Thema gesprochen. Und sie hat beobachtet, wie sich ihre Sehnsucht verwandelt: »Dieser biologische Wunsch, dieses Begehren, hat mich langsam losgelassen, bis ich sagen konnte, ich freue mich total, wenn Bianca ein Kind kriegt.« Der Weg zu dieser Freude ging durch eine tiefgehende Reflexion der Vorstellungen und Bilder, die sie aus der eigenen Familie und der Gesellschaft übernommen hat, erzählt sie. Als sie erkennen musste, dass sie kein Kind zeugen und austragen kann, war das erst einmal eine tiefe Kränkung. »Ich habe mich in meiner ganzen Weiblichkeit angegriffen gefühlt. Die ganze Existenz war davon betroffen. Ich musste für mich klarkriegen, dass ich auch vollständig bin, ohne ein biologisches Kind zu haben, dass ich genauso eine Frau bin, dass ich genauso weiblich bin.« Judith entdeckt in ihrem eigenen Denken Klischees, die sie als reflektierte Feministin nicht bei sich vermutet hätte: Dass es die Berufung der Frau ist, Mutter zu werden und sie sich nur dann richtig entfalten kann. »Dass ich diesen ganzen Kram in mir habe, hat mich sehr gewundert«, meint sie. Im Zuge der Verarbeitung dieser unterbewussten, aber doch sehr wirkungsmächtig mit sich herumgetragenen Vorstellungen verändert sich auch nach und nach ihr Wunsch: »Mit den Jahren hatte ich dann nicht mehr das körperliche Bedürfnis, ich hatte nicht mehr den Wunsch, dass da so ein Wesen entsteht, das mir total ähnlich ist. Das war eine große Erleichterung.« Der Wunsch verlagert sich auf ein Kind von ihrer Partnerin, und er ist genauso intensiv, wie ihr eigener leiblicher Kinderwunsch gewesen ist, »aber es war nicht mehr das gleiche Begehren. Es hatte andere Komponenten. Der Wunsch nach Familie blieb dafür genauso stark.«

Das Paar fährt wieder nach Belgien, diesmal wird Bianca mit den Samen von Judiths Freund inseminiert. Und wird nicht schwanger. »Das konnten wir uns gar nicht vorstellen. Wenn schon nicht ich, dann wenigstens sie. Da waren wir total verblüfft.« Judith schüttelt den Kopf, als ob sie es immer noch nicht ganz fassen kann. Insgesamt zwölf Mal versuchen sie es in der belgischen Klinik. »Wir waren dann irgendwann auch richtig professionell. Ich habe die Spritzen übernommen, wir hatten ein nettes Hotel vor Ort, das ganze Drum und Dran hatten wir irgendwann gut im Griff. Schlimm war nur diese Enttäuschung jedes Mal.« Ein Umzug nach Deutschland steht in dieser Zeit für das Paar an, und sie lassen sich verpartnern, damit sie die Möglichkeit haben, in einer deutschen Praxis behandelt zu werden und nicht immer nach Belgien fahren müssen. In Deutschland sind assistierte Inseminationen bei lesbischen Frauen nicht ausdrücklich verboten, werden aber aufgrund einer Richtlinie der Bundesärztekammer gegen die Anwendung bei gleichgeschlechtlichen Paaren nur in wenigen Praxen unterstützt. Judith und Bianca finden eine, die mitmacht. Allerdings steht das Paar vor einer neuen Herausforderung: In der Zwischenzeit wurde zum ersten Mal der Spendersamen untersucht – und es hatte sich herausgestellt, dass die Qualität zu wünschen übrig lässt. Ein anonymer Spender ist für Judith und Bianca nach wie vor ausgeschlossen: »Wir waren uns nicht sicher, was das ausmacht, wenn man nie in seinem Leben die Möglichkeit hat, mal nachzuschauen, was der biologische Erzeuger für ein Typ war«, erklärt Judith. Sie stoßen im Netz auf eine große Samenbank in Dänemark, die auch nicht-anonyme Spender führt, und melden sich dort an. Der nächste Schritt ist die Auswahl des Spenders. »Eines Abends saßen wir dann vor dem Computer und haben uns durch die Samenspender geklickt.« Judith muss bei der Erinnerung lachen. »Manche waren dabei mit Fotos von sich als Kinder, manche ohne. Uns war die Idee, den Spender aufgrund eines Fotos auszuwählen, nicht ganz geheuer, die haben wir gleich weggeklickt.« Schließlich entscheiden sie sich für einen Musiker, ohne Foto, »mittlere Größe, mittleres Gewicht, und braune Haare wie wir beide auch«, und zwei Ausweichkandidaten. Die Hoffnung bläht sich wieder auf: Mit den garantiert optimalen, im Labor aufbereiteten Spermien müssten sich die Chancen wieder erhöht haben.

Umso herber die neue Enttäuschung, die sich weitere acht Mal in der deutschen Praxis wiederholt. Nun steht auch bei Bianca eine In-Vitro-Fertilisation an, die die deutsche Ärztin aber wegen der unsicheren rechtlichen Lage nicht durchführen will. Also heißt es, zurück nach Belgien, und wieder die Hoffnungsmaschine ankurbeln. Aber trotz der vielen Eizellen mit »1A Qualität«, die Bianca produziert, schlagen alle Versuche fehl – zweimal werden ihr frische Embryonen eingeführt, fünfmal gibt es Transfers mit eingefrorenen Embryonen (ein Verfahren, das in Deutschland verboten ist).

»Und dann hatte Bianca die Schnauze voll«, sagt Judith, während sie uns Tee nachschenkt. Draußen ist es inzwischen dunkel. Sie versuchte damals nicht, ihre Partnerin zu einem erneuten Versuch zu ermutigen. »Ich hatte schon länger gedacht, dass ich mir das gar nicht mehr mit ansehen kann. Für Bianca war das Ganze auch wirklich furchtbar. Sie ist jemand, der sich sehr wohl fühlt, wenn sie nicht mit Ärzten in Kontakt ist. Und jetzt war sie in ein total klinisches Gefüge hineingeraten, in dem immer mehr dazu kam – es gab Komplikationen, ihr mussten Polypen entfernt werden, dann wurde ein gutartiger Tumor entdeckt, der mit Hormonen behandelt werden musste. Das hat sie alles sehr unglücklich gemacht. Nach dem zweiten IVF-Versuch wollte sie nicht mehr.« Und so heißt es für Judith, sich erneut dem Aus ihres bereits transformierten Wunsches zu stellen. Nach dem schmerzhaften Abschied vom leiblichen Kind nun auch der Abschied von einem leiblichen Kind der Partnerin. Wie bisher unterscheidet Judith präzise zwischen dem Aufgeben einer bestimmten Strategie und der Verarbeitung beziehungsweise Neuordnung des Wunsches: Nun ist sie mit Bianca an dem Punkt angelangt, an dem sie nicht mehr auf die Medizin setzen wird. Das heißt aber nicht zwangsläufig, dass der Wunsch nach einem Kind aufgegeben werden muss. Es gibt noch andere – wiewohl für ein lesbisches Paar in Deutschland nicht besonders aussichtsreiche – Möglichkeiten.

Der Wasserkocher in Judiths und Biancas gemütlicher Wohnküche hat an diesem Abend noch gut zu tun, denn diese Geschichte ist nicht so schnell bis zu ihrem vorläufigen Ende erzählt. Ich werde später den Faden wieder aufnehmen – aber schon jetzt zeigt Judiths Erzählung deutlich, wie erfolglose »Kinderwunschbehandlungen« dennoch erfolgreiche »Kinderwunschbearbeitungen« auslösen können. Ob man sich, wie Lisa und Jan, am Ende einer solchen Erfahrung für die Kinderlosigkeit entscheidet oder wie Judith und Bianca andere Wege zu einem anderen Kind sucht, der fruchtlose Ausgang der reproduktionsmedizinischen Versuche – wie es nach wie vor für die Mehrzahl der Patientinnen der Fall ist – muss nicht auf allen Ebenen fruchtlos sein. Wenn man sich so sehr ein Kind wünscht, dass man sich dafür wiederholt unters Messer begibt und mit Medikamenten vollpumpen lässt, dann ist das erst mal ein schwacher Trost. Noch vor einem halben Jahr träumte ich, dass ich aufgrund einer Eizellspende schwanger bin und mich an meinem Liefertermin ins Krankenhaus begebe. Die Ärztinnen untersuchen mich und stellen fest, dass ich gar nicht schwanger bin. Ich bin niedergeschmettert, werfe mich schluchzend auf den Boden. Ich habe das Gefühl, an meinem Kummer zugrunde zu gehen. Die heftigen Tränen reißen mich aus dem Schlaf – und die Erlösung stellt sich nicht ein. Denn es stimmt, was die Traumärztinnen sagten.

Ich bin nicht schwanger.

Noch jetzt nach den vielen Jahren der Verarbeitung klagt etwas in mir darüber. Natürlich hat das in erster Linie damit zu tun, dass ich »adoptionsschwanger« bin, mir die Hoffnung auf ein Kind also noch offen halte – und mir Sorgen mache, dass sich diese Hoffnung möglicherweise als Illusion herausstellen könnte. Gleichzeitig habe ich mich verändert, hat sich der Wunsch verändert, habe ich mich weiterbewegt – und mein Unterbewusstsein hat begriffen, dass ich keine Eizellen habe. Auch wenn ein solcher Prozess nie nur in eine Richtung verläuft, auch wenn ich nach Jahren manchmal mit einer rohen Trauer wie am Anfang konfrontiert bin: Ich bin nicht stehen geblieben. Die Geschichte geht weiter.

Allein geht es nicht
Kinderwunsch ohne Partner

Yerma: Ich weiß, dass ein Kind von Mann und Frau gezeugt wird.
Ach, könnte ich es doch allein bekommen!

Franziska erinnert sich noch an das »alberne Ritual«, das sie mit einer Freundin gemacht hat, als die beiden 32 waren, noch keinen Partner gefunden hatten, und sich Kinder sehr wünschten. »Wir haben Blumensamen ausgestreut und gesagt, so, das sind jetzt die Samen, die säen wir aus, und wenn die aufgehen, dann kriegen wir Kinder.« Die jung wirkende 40-Jährige lächelt leicht verlegen. Wir sitzen auf einem weinroten Sofa in ihrer kleinen Wohnung in Hannover. Es ist ein heißer Sommertag, die Fenster stehen offen. Kinderspielzeug liegt verstreut auf dem Boden. Franziska hat von der furiosen Intensität ihres Kinderwunsches erzählt. Jetzt berichtet sie, wie sie ihn erfüllt hat. Denn, tatsächlich nicht lange nach dem Ritual, ist es so weit gewesen.

Bei den damals eng miteinander verwobenen Wünschen nach einer Beziehung und einem Kind fiel der letztere eindeutig mehr ins Gewicht, erzählt sie. »Der Gedanke war schon: Wenn ich nicht bald einen Mann finde, dann wird das nichts mehr. Diese berühmte Torschlusspanik, wobei das mit 32 ein ziemlicher Quatsch ist, aber Gefühle sind halt so, die sind nicht logisch.« Zufällig läuft sie einem alten Bekannten über den Weg, mit dem sie schon vor einem Jahr eine kurze Affäre (»keine Liebesaffäre«, wie sie präzisiert) gehabt hatte. Mittlerweile ist er verheiratet – aus Papiergründen. Der Ägypter, nennen wir ihn Abdel, hatte Franziska schon vor der ersten Affäre sein Anliegen vorgetragen: Er suchte eine Frau, um seinen illegalen Status in Deutschland endlich zu sichern. »Wir saßen uns in einem Café gegenüber und er hat gesagt, ich will jetzt heiraten, und ich habe gesagt, ich will jetzt ein Kind«, erinnert sich Franziska. Ohne zu zögern schlugen sie sich ihren Wunsch gegenseitig aus. Trotzdem gab es eine Anziehungskraft zwischen den beiden, die auch bei der zweiten Begegnung ein Jahr später wieder wirkt, obwohl Abdel mittlerweile eine Frau zum Heiraten gefunden hat. Franziska und Abdel landen wieder im Bett – und Franziska wird, zu ihrer kompletten Überraschung, prompt schwanger.

Diese Fügung war einerseits kein bewusster Vorsatz, andererseits aber klar auf Franziskas Kinderwunsch zurückzuführen. »Ich habe es nicht geplant und habe nicht gesagt, so, du bist es, jetzt legen wir mal los. Die Situation war viel zu kompliziert, und seine Haltung war ja auch sehr klar«, sagt sie. Zwar wird nicht verhütet, aber Franziska fühlt sich auf der sicheren Seite, völlig überzeugt davon zu wissen, wann ihre fruchtbaren Tage sind. »Das war aber totaler Quatsch. Es war genau andersrum.« Im Nachhinein denkt sie, dass das kein vollkommen unschuldiges Versehen war. »Wahrscheinlich war es schon im Hintergrund, oder in meinem Unterbewusstsein präsent«, meint sie. »Ich habe die Option schwanger zu werden auf jeden Fall riskiert, sonst hätte ich darauf gepocht, dass auf irgendeine andere Weise verhütet wird. Es kann schon sein, dass ich da ein bisschen Lotto gespielt habe.« Angefühlt hat sich die Schwangerschaft dann tatsächlich wie ein Sechser: »Ich habe mich unglaublich gefreut, und es gab auch keine Sekunde lang Zweifel. Es war sofort klar, dass ich das Kind auf jeden Fall haben will, und dass ich das auch alleine machen kann und will und tue.« Denn Abdels Reaktion auf die Nachricht – Wutausbruch, massiver Druck, sie zu einer Abtreibung zu überreden – ist keine Überraschung. Für ihn ist die Schwangerschaft eine existentielle Bedrohung, da eine Trennung von seiner Frau seinen Aufenthaltsstatus gefährden würde. Franziska lässt sich von alldem nicht beeindrucken: »Ich habe gesagt, nein, ich will das Kind haben, und mache das alleine und lass mich in Ruhe.« Ihre Wünsche an den künftigen Vater sind zu dem Zeitpunkt sehr niedrig: Er soll einfach nur zustimmen, unter der Prämisse, dass sie für das Kind Verantwortung übernimmt, und er sich nicht kümmern muss. Aber nicht einmal das ist von Abdel zu bekommen und der Kontakt zwischen den beiden bricht ab. Franziska gibt beim Amt »Vater unbekannt« an, um ihn zu schützen, was für sie als damalige Arbeitslosenhilfeempfängerin nicht wenig Ärger bedeutet. Sie muss mehrmals eine glaubwürdige Geschichte zusammenbasteln. Heute noch, da sie als Alleinerziehende staatlichen Unterhaltsvorschuss bezieht, kommt in regelmäßigen Abständen Post mit der Nachfrage, ob der Vater nach wie vor unbekannt sei und ob sie nicht doch eine Telefonnummer von ihm hätte. Für Franziska ist das äußerst unangenehm – aber sie hatte versprochen, Abdel nicht zu verraten, zum einen, weil klar war, wie viel für ihn auf dem Spiel stand, zum anderen mit der Hoffnung, er würde sich irgendwann doch zu seinem Sohn bekennen.

Die Wut und der Schmerz darüber, dass er das bis heute nicht getan hat, kommt das erste Mal im Wochenbett hoch, und seitdem immer wieder. Während der Schwangerschaft noch nicht – da ist das Glück über den erfüllten Wunsch zu groß. Zwar erreichen Franziska von verschiedenen Seiten, von ihren Eltern und von Freundinnen mit Kindern, warnende Worte, dass das als Alleinstehende nicht einfach wird, aber das schiebt sie weg und denkt: Ich schaff' das schon. Die Schwangerschaft ist für sie ein Geschenk, eine unverhoffte Wunscherfüllung, bei der sie das Gefühl hat, dass etwas anderes außerhalb von ihr mitentscheidet, »auch wenn sich das esoterisch oder fromm anhört.« Franziska greift beim Erzählen nach einer Krokodilhandpuppe, zieht sie sich an, öffnet und schließt das große Maul mit den weißen Filzzähnen. »Zum Glück«, sagt sie, ihre Augen immer noch auf das Krokodil gerichtet, »konnte ich mir das vorher nicht vorstellen, was das bedeutet, ganz alleine ein Kind auf die Welt zu bringen und großzuziehen.« Der Einstieg in diese Realität kommt mit der schwierigen Geburt und dem Gefühl, im Krankenhaus sitzengelassen worden zu sein. Sie schickt Abdel die Geburtsankündigung seines Sohnes per SMS. Es kommt nichts zurück. »Das war furchtbar schmerzhaft, dass zur Geburt des Kindes nichts anderes passiert als eine SMS ohne Reaktion. Ich war da eine Zeitlang sehr unglücklich. Dieser Schmerz darüber, dass ich wirklich mit dem Kind allein bin, der hat mich umgehauen, als es da war«, sagt Franziska, und es ist ihr anzusehen, dass das Thema noch nicht abgeschlossen ist.

Ein heftiger Kinderwunsch, der sich seine Erfüllung verschafft und am Ende einer alleinstehenden Frau einen gesunden kleinen Jungen beschert: Eine Geschichte, die sowohl glücklich als auch unglücklich ausgeht. Dass Franziska Freude an ihrem kleinen Nico hat, ist augenscheinlich, sie spricht voller Stolz und Zärtlichkeit von ihm. Doch das Bündel an Herausforderungen, das sie als alleinstehende Mutter zu tragen hat, treibt sie immer wieder bis an ihre Grenzen. Finanzielle Fragen stehen hierbei ganz vorn: Obwohl Franziska nicht mehr arbeitslos ist, ist ihre berufliche Situation nach wie vor prekär, sie verfügt nur über ein niedriges, schwankendes Einkommen. »Ich bin beruflich nicht so gefestigt, dass ich sagen könnte, ach komm, ich nehme mir ein Kindermädchen oder so, sondern es ist eher Existenzminimum. Alleinerziehend zu sein, ist ein hohes Armutsrisiko.« Dies bestätigen die Zahlen des Statistischen Bundesamtes: 2009 musste ein Drittel der Haushalte von Alleinerziehenden mit weniger als 1100 Euro im Monat auskommen, wobei alleinerziehende Frauen – die rund 90 Prozent aller Alleinerziehenden ausmachen – wesentlich stärker von Armut betroffen sind als alleinerziehende Männer. Im Alltag bedeutet das nicht nur Existenzsorgen, sondern auch Einsamkeit: »Mir Freiraum zu schaffen, abends mal auszugehen, das ist kaum möglich, weil ich mir keinen Babysitter leisten kann. Vorher hatte ich gedacht, das kriegt man schon irgendwie hin, man wechselt sich ab oder so. Aber das ist schwer, es sind ja alle beschäftigt, und wenn man mal nachmittags einen Termin hat, ist man oft aufgeschmissen.« Franziska erzählt von dem (mir bisher unbekannten) Klischee »von der superunzufriedenen, immer mosernden, immer überarbeiteten Alleinerziehenden, die ständig dabei ist, ihr Kind irgendwo abzugeben. Natürlich wehre ich mich dagegen und versuche das nicht zu sein, aber manchmal fühle ich mich schon so.«

Zu der knappen finanziellen Lage kommt noch ein weiterer, schwerwiegender Mangel: Je älter Nico wird, desto mehr fehlt eine zweite Bezugsperson, damit die gesamte Erziehung nicht nur auf Franziska lastet. »Kinder lernen einfach am allermeisten über das Vorbild, darüber, was sie sehen. Das ist natürlich auch anstrengend, und es wäre schön, wenn das jemand noch mittragen würde.« Franziska vermisst den Austausch mit jemandem, der Nico genauso gut kennt wie sie und ähnlich viel Zeit mit ihm verbringt, mit dem sie sich über seine Bedürfnisse verständigen könnte. »Ich bereue meine Entscheidung bis heute auf keinen Fall«, sagt sie ruhig. »Aber ich würde es nicht noch mal machen.« Und warum nicht? »Es ist sowohl für mich als auch für das Kind eine echte Zumutung«, antwortet sie, und erzählt von einer Freundin, die ihren Entschluss, die Schwangerschaft nicht abzubrechen, als egoistisch bezeichnet hat. »Vielleicht hat sie auch nur nachgefragt, ob ich mir Gedanken darüber gemacht habe, was das für das Kind bedeutet. Bei mir ist aber der Vorwurf angekommen, ich hätte meinen Wunsch durchgesetzt ohne mir die Auswirkungen auf das Kind vor Augen zu halten. Das hat mich hart getroffen.« Die aufgestellten Knie mit den Armen umschlungen, schweift Franziskas Blick in die Ferne. »In der Tat habe ich mir nicht ausgemalt, wie es für ein Kind sein muss, ohne Vater aufzuwachsen. Ich habe das einfach nicht in meine Entscheidung mit einbezogen. Das ist, glaube ich, auch der Grund, warum ich es nicht noch mal so machen würde. Wenn der Vater das Kind partout nicht haben will, dann lautet die Botschaft für das Kind ein Leben lang: Mein Vater liebt mich nicht und will mich nicht haben. Das ist furchtbar. Das ist ein Thema, wenn ich das an mich ranlasse, dann ... das ist nicht gut. Das wünsche ich überhaupt gar nicht meinem Kind.«

Franziskas Geschichte führt die Verzwicktheit der banalen Tatsache vor Augen, dass (mindestens) eine Frau und ein Mann die notwendige Voraussetzung für die Entstehung eines Kindes sind. Frauen sind hier ein stückweit unabhängiger von den Männern als anders herum, können sie doch mit dem Samen eines Mannes, über den sie nichts wissen und mit dem sie nie in Kontakt treten werden, ein Kind zeugen und austragen, während Männer ohne eine Partnerin nicht nur eine Eizellenspenderin brauchen, sondern auch eine Austragende. Keiner kann aber ohne das Mittun des anderen auskommen, und möge in den Extremfällen die Verbindung zwischen den Parteien auch noch so anonym und unverbindlich sein: Jeder Mensch besteht zu gleichen Teilen aus dem Erbgut eines Mannes und einer Frau, was für das gesamte Leben von Bedeutung ist. Franziska, die den Vater ihres Sohnes nie geliebt hat, spürt dennoch, wie stark dessen Abwesenheit im Leben ihres Kindes ist, und sie nimmt sehr wohl wahr, dass auch Nico diese Leerstelle fühlt. »Natürlich gibt es auch Väter, die Scheiße sind, und es ist auch die Frage, ob ein schlechter Vater besser ist als gar kein Vater«, sagt sie. Trotzdem ist Franziskas Wunsch nach jemandem, der mit ihr die Erziehung teilt, intensiv. Die Sehnsucht nach einem Leben mit einem Kind ist nicht nur zufällig in den allermeisten Fällen an die Vorstellung gekoppelt, dies mit dem anderen Elternteil (der gängigste Wunsch), einer sonstigen Partnerin oder in einer größeren Familien- oder Freundschaftskonstellation zu tun. Sie spiegelt die Tatsache wieder, dass nicht nur die Entstehung eines Kindes, sondern auch sein Gedeihen in einem Gewebe von Beziehungen stattfindet.

Laut der eingangs zitierten Umfrage des Instituts für Demoskopie Allensbach zur ungewollten Kinderlosigkeit in Deutschland ist der Mangel an einem richtigen Partner oder einer richtigen Partnerin die meistgenannte Ursache für den unerfüllten Kinderwunsch in Deutschland. Für 46 Prozent der Kinderlosen mit Kinderwunsch ist dies mindestens einer der Gründe für den unerfüllten Wunsch sowie für weitere 11 Prozent derjenigen, die schon mindestens ein Kind haben, sich aber weitere wünschen. Wie auch Franziska, Anja und andere meiner Gesprächspartnerinnen bezeugen, ist der Wunsch nach einem Kind sehr eng verflochten mit dem Wunsch nach dem »richtigen« Partner. Ich frage Sandra, Hausfrau, Mutter von zwei Töchtern und Teilzeitbuchführerin im Schlosserbetrieb ihres Mannes, nach der Priorität ihres ehemaligen, intensiv verspürten Partner- beziehungsweise Kinderwunsches. Die etwas schüchterne, aber herzliche Frau mit einem oft wiederkehrenden Lächeln hätte gern schon mit Anfang 20 geheiratet und Kinder bekommen, aber sie blieb jahrelang Single – und haderte sehr damit. »An erster Stelle ging es mir darum, einen Mann zu finden«, sagt die Brandenburgerin, »jemanden, der mich so liebt, wie ich bin.« Als sie Robert mit 27 in einer Partnerbörse im Internet kennenlernt, ist sie aber vor allem von seiner Kinderliebe angezogen – »und Kinderliebe war auch mehr oder weniger die Eigenschaft, die mir bei Männern am wichtigsten war. Hätte das gefehlt, hätte ich mich nicht in ihn verliebt.« Für Sandra, wie für viele andere auf der Suche nach dem Vater oder der Mutter für ihre Wunschkinder, macht es einfach keinen Sinn, die zwei Wünsche voneinander zu trennen.

Auch Anja, die 35-jährige Kostümbildnerin aus Leipzig, gehört zu diesen 46 Prozent. Wir sitzen in ihrem kleinen Atelier in einem alten Industriegebäude in Leipzig. Auf dem großen Arbeitstisch liegen Stoffe und Skizzen der Kleider, die die Kostümbildnerin gerade für eine Theatervorstellung entwirft. Sie erzählt von dem Ineinanderübergehen ihres Kinder- und Partnerwunsches: »Ein Kind oder Kinder zu bekommen, ist für mich stark gekoppelt an eine funktionierende Beziehung. Es gibt ein Bild der heilen Familie, an der ich irgendwie hänge. In den Beziehungen, die ich bisher hatte, war es einfach zu unruhig, es hat sich nie so angefühlt, als wäre die Zeit reif, eine Familie zu werden. Diese Beziehungen wurden meinem Kinderwunsch nicht gerecht.« Es wäre verkürzt zu behaupten, dass sie sich in erster Linie aus diesem Grund von ihren Partnern getrennt hat, aber er ist auch nicht davon wegzudenken: »Ich habe mich persönlich nicht wohl gefühlt, das war der erste Schritt. Auf einer tieferen Ebene hat dann aber wohl auch mitgespielt, dass ich mir mit diesem Mann keine Familie vorstellen kann.« Anja erlebt ihren Kinderwunsch, oder die intensiv verspürte Bereitschaft, gebären zu können, als Kraft, die manchmal so groß ist, dass sie sich aus dem Zusammenhang eines Familienwunsches herauslöst. »Wenn der Wunsch nach dem Kind sehr präsent ist und die Wichtigkeit einer dazugehörenden Partnerschaft verdrängt, habe ich aber das Gefühl, ich übergehe den ersten Schritt. Vielleicht muss es ja nicht unbedingt so sein, aber meistens glaube ich sehr daran.« Dieser Glaube bedeutet jedoch nicht, dass das Kind so lange irreal bleibt, bis der Vater da ist, um es wirklich werden zu lassen. »Ich musste das Kind, mein Kind, in den ganzen Beziehungen immer wieder beerdigen, weil die Sicherheit nicht gegeben war«, sagt sie, und es ist ein eindrückliches Bild von einem Kind, das nicht existiert, aber trotzdem sterben kann, und zwar wiederholt. Es ist ein Bild, mit dem ich sehr vertraut bin. Keinen (richtigen) Partner zu finden, kann zu dem gleichen Gefühl des Beraubtseins führen, wie einen Körper zu haben, der nicht richtig funktioniert – wobei im ersten Fall die verlockende Möglichkeit, das Kind mit einem »falschen« Partner zu zeugen, noch erschwerend im Hintergrund schweben kann, vor allem bei Frauen.

Partner ohne Kinderwunsch

Monika, eine 40-jährige Yogalehrerin aus Münster, beendete vor zwei Jahren eine langjährige Beziehung mit einem Mann, der keine Kinder wollte. »Wir hatten uns schon lange über das Kinderthema gestritten. Seine Position war von Anfang an unklar, er wollte sich nie festlegen. Als ich ihn vor eine Entscheidung stellte, entschied er sich für die Trennung.« Obwohl Monika seitdem allein ist, und ihr unerfüllter Kinderwunsch nach wie vor zu den ungelösten Fragen ihres Lebens gehört, geht es ihr jetzt besser als in ihrer letzten Beziehung. »Es war einfach absurd, das zu verhüten, was ich mir sehnlich wünsche. Mit meinem Freund zu schlafen, aber dabei eine Schwangerschaft auszuschließen, das hieß, so nah zu sein, aber doch kilometerweit entfernt. Jetzt, da ich alleine bin, ist es irgendwie einfacher«, sagt sie. Ich muss an eine Stelle in Jonathan Franzens Roman *Freiheit* denken: Der schon zweifache Vater Walter, der Leiter einer Kampagne gegen Überbevölkerung, verspürt den starken Wunsch mit Lalitha, seiner neuen Partnerin und Mitarbeiterin, ein Kind zu bekommen – so sehr das gegen seine Prinzipien verstoßen würde. Sie ist eindeutig dagegen, nicht nur aus politischer Überzeugung, sondern aus einer inneren Kinderwunschlosigkeit heraus. Walter versucht, sich diesen Wunsch aus dem Kopf zu schlagen, »dennoch konnte er nicht von der Vorstellung lassen, Lalitha ein Kind zu machen. Es lag ihrem ganzen Gevögel zugrunde, war der verschlüsselte Sinn dessen, wie schön er ihren Körper fand.« Hier zeigt sich eine Unauflöslichkeit von sexueller

Liebe und Kinderwunsch, bei der Ursache und Wirkung nicht eindeutig festzustellen sind (liebt Walter Lalithas Körper, weil er sich noch einmal fortpflanzen will, oder will er sich noch einmal fortpflanzen, weil er Lalithas Körper liebt?). Die Liebe zu einem anderen Menschen, die körperliche Liebe mit ihm und die Liebe zu einem noch nicht gezeugten Kind gehen manchmal nahtlos ineinander über, oder, nüchterner gesprochen: Hinter dem Sex zwischen einer Frau und einem Mann schwebt bis zu einem gewissen Alter immer, möge es noch so ungewollt, verdrängt oder verhütet sein, die Möglichkeit eines Kindes. In Sigmund Freuds Aufsatz »Die Sexualität in der Ätiologie der Neurosen«, steht der oft zitierte Satz: »Theoretisch wäre es einer der größten Triumphe der Menschheit, eine der fühlbarsten Befreiungen vom Naturzwange, dem unser Geschlecht unterworfen ist, wenn es gelänge, den verantwortlichen Akt der Kinderzeugung zu einer willkürlichen und beabsichtigten Handlung zu erheben und ihn von der Verquickung mit der notwendigen Befriedigung eines natürlichen Bedürfnisses loszulösen.« Dieser Triumph ist spätestens mit der Vermarktung der Antibabypille 1960 zumindest einem Teil der Menschheit gelungen, und stellt in der Tat eine große Befreiung, zumal für Frauen, dar. Wenn sich aber eine Kinderwünschende mit einem Kinderwunschlosen (oder andersherum) verpaart, kann diese Entflechtung von Sex und Zeugung als eine schmerzhafte Kränkung erscheinen, und jede Begegnung im Bett eine bittere Erinnerung daran werden, dass der andere Teil sich dem »folgerichtigem Ende« des Aktes verwehrt. André, dessen lang gehegter Kinderwunsch mit 41 noch nicht in Erfüllung gegangen ist, erinnert sich an eine abwegige Situation, als er mitten in der Nacht mit seiner damaligen Freundin vor einer Notapotheke stand und nach der Pille danach fragte. »Ich hätte es mir von ihr so sehr gewünscht, ein Kind«, sagt der Bremer Musikredakteur. »Aber für sie war es nicht die richtige Zeit, und da bin ich natürlich mit ihr hin und wir haben die Pille gekauft. Schon ein bisschen ...«, er sucht nach dem richtigen Wort, »... verquer«.

Wie viele Menschen sich in einer solchen Schieflage hinter dem Rücken der Partnerin Abhilfe schaffen (Loch im Kondom, heimlich die Pille absetzen, oder Ähnliches), weiß man nicht. Von den Forenbeiträgen im Internet zu schließen, wird es doch von einigen zumindest in Betracht gezogen. Heike, eine erfolgreiche Unternehmensberaterin aus einer Thüringer Kleinstadt, fand sich mit 30 in einer Langzeitbeziehung mit einem Mann, der keine Kinder wollte. Für die dunkeläugige, dynamische Frau war es von jeher klar, dass sie Kinder wollte, aber ihr Freund blieb auch nach zahl- und endlosen Gesprächen unbeweglich. »In meinem Umfeld wurden gerade alle schwanger«, erzählt sie, »und ich bin bei jeder neuen Ankündigung heulend zusammengebrochen. Ich habe es einfach nicht ausgehalten.« Eines Abends steht sie im Bad und greift nach dem Zähneputzen automatisch in den Spiegelschrank nach ihren Pillen – und hält inne. »Irgendwas in mir hat gesagt: Was ist das für ein Wahnsinn, den du dir grade antust?« Ihr Herz schlägt ihr plötzlich bis in die Kehle. Der Gedanke war ihr bisher gar nicht gekommen, aber er erscheint jetzt verblüffend klar und überzeugend. Die Pille landet in der Toilette. Wie auch die nächsten Wochen und Monate. Wie sie sich damals die Zukunft vorstellte, falls eine Schwangerschaft eintreffen sollte, will ich von ihr wissen. »Auch wenn er sich gegen die Vorstellung wehrte – ich war mir hundertprozentig sicher, dass er trotzdem ein Kind akzeptieren würde«, sagt sie bestimmt. »In seiner vorherigen Beziehung gab es ein Kind, das noch nicht einmal seines war, und er hat es abgöttisch geliebt. Ich war mir sehr sicher, dass er sein eigenes auch nicht weniger lieben würde.« Heike erfährt nie, ob sie Recht bekommen hätte: Sie wird nicht schwanger und die Beziehung geht auseinander.

Es folgen kürzere Beziehungen, in denen die junge Frau sich kein Kind vorstellen kann. Mit 33 lernt sie dann jemanden kennen, der auch unbedingt Kinder will, und zwar sofort. Heike wird dann auch prompt schwanger und hat das Gefühl, endlich dort angekommen zu sein, wo sie sich schon seit Jahren hinsehnte. Doch in der Nackenfaltenuntersuchung in der elften Schwangerschaftswoche stellt sich heraus, dass ihr kleines Mädchen eine Chromosomenmutation hat. Heikes Freund möchte eine Abtreibung, aber nach viel Recherche und Gesprächen mit

Betroffenen, entscheidet sich Heike dafür, das Kind trotz Behinderung auszutragen. »Damit konnte er aber nicht leben«, sagt sie. »Er hat sich flugs aus dem Staub gemacht, als klar wurde, ich lasse mich nicht umstimmen.« Wieder ist Heike mit einer Situation konfrontiert, in der ihr Partner ihren Kinderwunsch nicht mitträgt – in diesem Fall wird aber ein konkretes, schon existentes Kind abgelehnt. Und damit auch sie selbst. »Dann habe ich mich eben darauf eingestellt, dieses Kind alleine großzuziehen«, sagt sie, und man glaubt ihr sofort, dass sie das Durchsetzungsvermögen gehabt hätte. Aber es kam anders. Wie 99 Prozent der Embryonen mit Turner-Syndrom stirbt auch Heikes Kind im Mutterleib – allerdings sehr spät, erst im sechsten Monat, und es muss unter Einleitung von Wehen auf die Welt gebracht werden.

Dieses Ereignis wird Heike lange begleiten. Sie macht eine Therapie, aber der Schmerz über den Verlust ihrer Tochter, für die sie eine Beziehung geopfert hatte und für die sie bereit gewesen war, viele Herausforderungen auf sich zu nehmen, schwappt auch Jahre später immer wieder hoch. Sie geht längere Zeit keine neue Beziehung ein, wohl auch, um der Kinderfrage auszuweichen. Sie stürzt sich in den Beruf, ist viel in der Welt unterwegs, verdrängt mehr oder weniger erfolgreich ihren Wunsch. »In der Zeit habe ich oft gedacht, na ja, geht auch ohne Baby«, sagt sie. »Mein Beruf macht mir ja Spaß. Der Wunsch nach einem Kind kam zwar immer wieder hoch, aber genauso oft der Gedanke, dass ich auch ohne Kind gut leben kann.« Mit 36 verliebt sie sich in ihren heutigen Lebensgefährten: einen geschiedenen vierfachen Vater, der sich nach seinem letzten Kind sterilisieren lassen hat. »Da ging's erst mal nicht um meinen Kinderwunsch«, sagt sie mit einem Lachen. »Es war ja eine ziemlich eindeutige Situation mit seinen durchgetrennten Samenleitern. Und seine Kinder waren zu der Zeit schon fast erwachsen, viel zu alt, um als Kinderersatz für mich zu gelten.« Heike freut sich erst mal über diesen Mann und darüber, nicht mehr Single zu sein. »Ich dachte, das ist es jetzt. Mein Beruf, Peter, das muss reichen für mein Leben. Und das war auch okay so.« Aber nicht lange. Als sie auf die 40 zugeht, regt sich der Wunsch erneut in ihr und lässt sich dieses Mal nicht wieder verdrängen.»Als klar wurde, jetzt oder nie, wusste ich mit überwältigender Sicherheit: Ich kann mir mein Leben ohne Kinder nicht vorstellen.« Eine Samenspende kann sie sich aber auch nicht vorstellen, zudem hat sie große Angst vor einer erneuten Schwangerschaft. Im Frühjahr 2007, sie ist jetzt 39, googelt Heike das Wort Adoption ... Knapp drei Jahre später, nachdem sie Peter überzeugt hat und nach einer Odyssee durch den Wilden Westen der amerikanischen Adoptionswelt, wozu »schöne viele Dollars« und mehrere in letzter Minute geplatzte Vermittlungen (bei denen die leiblichen Mütter es sich nach der Entbindung anders überlegt hatten) gehörten, nimmt Heike ihre Tochter in einer Klinik in Florida in die Arme. »Heute sind wir die glücklichste kleine Familie der Welt«, sagt sie. »Jede einzelne Träne hat sich gelohnt.«

Wie gemeinsam ist der gemeinsame Wunsch nach einem Kind?

Heikes Geschichte führt eindrücklich vor Augen, welch gewichtige Rolle der Partner in Sachen Kinderwunsch spielt – auch wenn man, wie Heike, bereit ist, dem (erhofften) Kind eine Priorität in Bezug auf den Lebensgefährten einzuräumen. Ein dringender Kinderwunsch kann eine langjährige Beziehung untergraben, kann Menschen, die sich lieben, vor eine Wahl stellen, die man vorzugsweise vermeiden würde. Er kann Sprachlosigkeit und Verständnislosigkeit zwischen zwei Menschen auslösen, die sich sonst sehr nahe stehen. Er kann, wie in den vorhergehenden Geschichten, den Wunsch nach dem »richtigen« Menschen für eine Partnerschaft noch akuter werden lassen. Er kann aber auch neue Dimensionen in bestehende Beziehungen bringen, kann zu dem Zündstoff einer neuen Liebe werden, kann Partnerschaften zusammenschweißen.

Ich habe im ersten Kapitel erzählt, wie mein Mann seinen seit der Kindheit beständigen Kinderwunsch aufgrund meines Unwillens, mich fortzupflanzen, aufgeben musste. Es ist mein großes Glück, dass er sich nicht nach einer geeigneteren Partnerin umgesehen, mir diese Entscheidung nie zum Vorwurf gemacht hat. Ich habe mir oft gedacht, dass die Sache eventuell nicht so glimpflich verlaufen wäre, wäre es anders herum gewesen: Wenn er jahrelang gesagt hätte, Kinder auf gar keinen Fall, obwohl ich wollte, und sich dann umentschieden hätte, kurz bevor er herausfand, dass er zeugungsunfähig ist. Seien wir ehrlich: Ich bin sicher, es wäre nicht so glimpflich verlaufen. Ich hätte mich nicht von ihm getrennt. Aber ich hätte ihm Vorwürfe gemacht. Ich wäre böse geworden. Ich hätte laut und lang mit mir und ihm gerungen, bevor ich ihm verziehen hätte. Ich wäre nicht so großzügig gewesen, wie er es mir gegenüber ist. Er führt seine Nachsicht auf die Tatsache zurück, dass ihm ja keine Schwangerschaft verwehrt wurde durch meine Entscheidung beziehungsweise durch meine verfrühten Wechseljahre. »Ich wünsche mir ein Kind, aber es ist eine Idee und ein Gefühl, es ist nichts Körperliches. Es ist dieser körperliche Wunsch, der so an dir zehrt und weswegen du dich so hast aufreiben lassen«, sagt er. Gewiss ist der Aspekt der Schwangerschaft kein zu vernachlässigender Unterschied zwischen dem männlichen und dem weiblichen unerfüllten Kinderwunsch, wobei ich ihn nicht als Begründung gelten lassen will für eine angeblich größere Verzweiflung bei den Frauen. In ihrem Buch *Männliche Unfruchtbarkeit und Kinderwunsch,* an dem zeugungsunfähige Männer mitgeschrieben haben, widerspricht die Sozialtherapeutin Petra Thorn der Annahme, dass Männer weniger unter der ungewollten Kinderlosigkeit leiden als Frauen, eine Vorstellung, die sie auf ein »stärkeres Redebedürfnis« bei Frauen als bei Männern zurückführt. »In vielen Fällen sagt das Maß des Mitteilungsbedürfnisses wenig über die Intensität des Kinderwunsches oder das Leiden unter der Diagnose aus«, schreibt sie – und die Erfahrungsberichte im Buch belegen ein großes männliches Leiden (sowie, nebenbei gesagt, ein starkes Mitteilungsbedürfnis!). Mir ist kein Buch bekannt, das sich den Erfahrungen zeugungsfähiger Männer mit unfruchtbaren Frauen widmet. Ein kurzer Blick in die Geschichte und in andere Kulturkreise zeigt aber, dass in unzähligen Fällen Männer ihre unfruchtbaren Frauen ganz selbstverständlich verlassen und sich eine zweite oder Nebenfrau nehmen, die ihnen Kinder gebären kann. In vielen Ländern und im islamischen wie auch im jüdischen Recht gilt Unfruchtbarkeit für beide Partner als legitimer Scheidungsgrund, wobei es in der Praxis aus wirtschaftlichen und kulturellen Gründen viel häufiger zu einer Scheidung ausgehend vom Mann als von der Frau kommt. Der Frau steht auch in solchen Zusammenhängen die Möglichkeit nicht zu, sich einen zeugungsfähigen Nebenmann zu nehmen. Es scheint keineswegs selbstverständlich, dass Männer weniger mit einer unfruchtbaren Partnerin hadern als Frauen mit einem unfruchtbaren Partner. »Für meinen Mann war es ein Riesenthema, dass wir keine Kinder bekommen können«, erzählt Nicki, die an Endometriose leidete. »Die ganzen Versuche in der Klinik, der Sex nach Plan, dieser ganze Druck, hat sich wie ein böser Schatten über unsere Beziehung gelegt. Irgendwann habe ich es nicht mehr ausgehalten, dass ich ihm ein Kind verwehre durch meine Unfruchtbarkeit. Ich habe mir immer mehr gewünscht, dass er einfach weggeht und sich eine Frau sucht, mit der er Vater werden kann.« Das Paar lässt sich tatsächlich scheiden. Roman ist inzwischen neu verheiratet.

Andrea erzählt, wie es ihr ging, nachdem die Zeugungsunfähigkeit von Thomas festgestellt wurde: »Für mich war es erst mal ein ganz komisches Gefühl, weil ich ja Kinder kriegen kann. Die Leute haben das aber immer als Paarproblem gesehen. Selbst gute Freundinnen, für die hatten wir, Thomas und ich als Einheit, ein Problem. Ich hätte mir aber so gewünscht, dass jemand nur mich sieht. Während Thomas sich mit seinen Versagensängsten und Schuldgefühlen herumgeschlagen hat, ging mir auch immer wieder durch den Kopf: Ich könnt's ja.« Die Statistik, die stets von unfruchtbaren Paaren oder von Unfruchtbarkeit betroffenen Paaren spricht, versperrt die Sicht auf diesen für die persönliche Auseinandersetzung nicht unwesentlichen Punkt. Es gibt unfreiwillig kinderlose Paare. Aber in 80 Prozent der Fälle hat nur eine Person eine Fruchtbarkeitsstörung (wovon die eine Hälfte männlich, die andere weiblich ist). Bei vielen Paaren löst diese Tatsache Schuldgefühle oder Vorwürfe aus, die, so unlogisch sie sein mögen, auch nachvollziehbar sind und bearbeitet werden müssen.

Thomas und Andrea streiten sich in der Kinderwunschbehandlungszeit viel und heftig, wobei Andreas Gemütsschwankungen aufgrund der Hormone wesentlich zu der Spannung beitragen. »Wir hatten unendlich anstrengende, zermürbende Gespräche«, erinnert sich Thomas, »bis zur Erschöpfung«. Oft geht es darum, abzuwägen, wie viele Versuche sie noch machen werden – eine Frage, bei der die Schieflage der Belastung unübersehbar ist und die Thomas besonders quält: »Jedes Mal, wenn ich ihr eine Spritze geben musste, fiel es mir wahnsinnig schwer, weil ich ja gesehen habe, wie schlecht es ihr damit geht. Und ich habe mich schuldig gefühlt, dass sie das meinetwegen alles durchmachen muss.« Bei Andrea treffen diese Schuldgefühle teilweise auf Irritation, teilweise auf Bestätigung. »Wir haben uns oft deswegen gestritten, weil er so depressiv wurde und sich die Schuld gab, und ich konnte das nicht mehr hören«, erzählt sie. »Es kann doch keiner etwas dafür, das bringt uns doch nicht weiter.« Gleichzeitig, wie sie im nächsten Atemzug hinzufügt, war sie auch »irgendwie sauer auf ihn. Oder auf die Situation, was sich natürlich auf ihn überträgt«. Diese körperlich und seelisch äußerst belastenden Behandlungen über sich ergehen lassen zu müssen, obwohl sie völlig gesund und fruchtbar ist, fühlt sich für Andrea immer wieder wie eine Zumutung und eine Ungerechtigkeit an. »Auch nach den Behandlungen wurde ich jeden Monat daran erinnert, dass ich Kinder kriegen kann. Und jedes Mal war das so: Toll, jetzt hast du wieder deine Regel, wozu eigentlich? Wenn ich mit einem anderen zusammen wäre ...« Andrea hat aber nie ernsthaft darüber nachgedacht, Thomas zu verlassen. Stattdessen entscheidet sie sich noch einmal bewusst für ihn. »Das war schon ein Prozess für mich. Mir klar zu machen, das Päckchen musst du jetzt auch tragen.« Angst, dass sie sich trennt, hatte Thomas nicht, wie er mir auch in unserem getrennten Gespräch bestätigt. »Er hat wohl gespürt, dass ich innerlich noch einmal Ja zu ihm und zu der ganzen Situation gesagt habe«, meint Andrea, obwohl sie das ihm gegenüber nie explizit ausgesprochen hat. »Ich hatte aber auch nie Pläne im Kopf, wie ich mich da rausziehen könnte.« Thomas erzählt, dass er sich auf die Standfestigkeit der Beziehung verlassen konnte, ihm aber sehr wohl bewusst war, dass sich andere in einer ähnlichen Situation von ihrem Partner verabschieden würden. »Dadurch, dass wir schon sehr lange sehr intensiv zusammen sind und eine Gesprächskultur haben, in der wir Konflikte oder Verzweiflungen immer und auch mit aller Härte austragen, entstehen keine versteckten Frustrationen, unter deren Last dann irgendwann alles zusammenbricht«, sagt er. Gleichzeitig hatte er mit Gefühlen des Zurückgesetztseins zu kämpfen, weil er seiner Frau etwas Wesentliches nicht bieten kann: »Es gibt einen Teil der Partnerschaft, der nicht eingelöst wird, und das liegt an mir, ganz eindeutig.« Diese Gefühle sind dann auch der Grund, warum Andrea das Angebot eines Freundes, seinen Samen zu spenden, ohne zu zögern ausschlägt. »Wir hatten ja schon den Konflikt, dass er dieses Unvermögen in sich trägt, und ich darunter leide«, sagt sie. »Wenn ich dann noch von einem anderen ein Kind gekriegt hätte, dann wäre Thomas wirklich außen vor gewesen. Das würde so ein Ungleichgewicht geben, das geht gar nicht.« Ihre Position ist so eindeutig, dass sie nicht einmal mit dem Gedanken spielt, sich ausmalt, wie das wäre. »War zwar lieb gemeint«, fügt sie mit einem Lächeln hinzu, »aber keine Option für uns«.

Ich frage beide in den getrennten Gesprächen nach ihrem Fazit. Hat sie der ganze Wahnsinn vielleicht auch einander näher gebracht? Sie antworten beide fast identisch: Näher gebracht hat sie es nicht, denn nahe seien sie sich schon immer gewesen. Dann legen beide ihren je eigenen Schwerpunkt: »Was es insgesamt gebracht hat, ist ein Verlust der Unbeschwertheit«, sagt Thomas nachdenklich. »Wenn es nicht klappt und nicht klappt und nicht klappt, wenn es immer nur kompliziert ist und das über einen so langen Zeitraum, dann verliert man ein bisschen vom Vertrauen ins Leben.« Andrea betont dagegen die Verbundenheit mit Thomas, die sich durch das viele Kämpfen noch einmal bestätigt hat: »Wir haben alles zusammen durchlitten, jeder hat seine eigenen Probleme damit gehabt, aber es war immer klar, wir halten zueinander und stehen das gemeinsam durch. Es hat auch etwas für sich, dass wir jetzt sagen können, unsere Beziehung hat schon einiges ausgehalten. Wir sind jetzt erprobter.«

Zusammengeschweißt oder zugrunde gegangen, und alles, was dazwischen liegt: Almut Dorn empfängt Paare mit jeder erdenklichen Konstellation in ihrer Praxis. »Es gibt nichts, was es nicht gibt«, sagt sie: Frauen, die morgens mit ihrem Mann in der Kinderwunschpraxis einen Termin wahrnehmen und nachmittags fremdgehen und »es dabei bewusst auf eine Schwangerschaft anlegen, wenn sie wissen, ihr Mann hat eine niedrige Spermienqualität«, Paare, die gestärkt am anderen Ende des gemeinsamen Spießrutenlaufs hervorkommen – mit oder ohne Kind. Für jeden Ausgang lässt sich auch eine belegende Studie finden: Kinderlose Paare weisen ein höheres Scheidungsrisiko auf (laut der »Mannheimer Scheidungsstudie« von 1997, die allerdings nicht zwischen gewollter und ungewollter Kinderlosigkeit unterscheidet); Paare nach einer erfolgreichen Kinderwunschbehandlung sind genauso zufrieden oder unzufrieden miteinander wie Eltern, die ohne medizinische Unterstützung ein Kind bekamen (so eine finnische Studie, die 2007 in *Human Reproduction* veröffentlicht wurde); Paare nach einer erfolglosen Behandlung scheiden sich weit seltener als die allgemeine Bevölkerung (so die Daten eines laufenden Forschungsprogramms der Universität Kopenhagen); die Liste ließe sich noch beliebig fortführen.

Fakt ist, genau so wie ungewollte Kinderlosigkeit einen Menschen niederschmettern kann, kann sie eine Paarbeziehung ins Wanken bringen – aber sie kann auch ungeahnte Potenziale und Kräfte hervorrufen.

Einige Wochen vor meinem 36. Geburtstag, fast vier Jahre nach der Diagnose: Dieses Jahr sollen unsere Bemühungen um eine Adoption endlich konkret werden. Jacob, der sein Restaurant verkauft hat und seitdem nur mit sporadischen Aufträgen Geld verdient, soll bald eine neue Stelle antreten. Erst dann können wir nach etlichen Rückschlägen unseren Sozialbericht erstellen lassen, eine Hürde, die wir längst hätten passieren sollen nach zweieinhalb Jahren. Und dann kommt die E-Mail: Die Stelle wird doch nicht besetzt, die Firma hat sich entschieden, einen Sparkurs zu fahren, Finanzkrise, tut uns leid. Es ist ein heftiger Schlag für meinen Mann und seine berufliche Zukunft, und es ist ein großer Schlag für unsere Adoption. Mit meinem Einkommen allein werden wir nicht zugelassen. In meiner Verzweiflung durchforste ich das Internet nach Jobangeboten, für ihn, für mich, irgendwas, Hauptsache, wir verdienen mehr Geld als momentan, Hauptsache, es kommt mindestens zu einer Festanstellung. Wenn ich statt meines freien, schwankenden Einkommens irgendwo angestellt wäre und richtig gut verdiente, würde es vielleicht auch ohne eine feste Stelle von Jacob reichen. In eine Art Rage versetzt, fange ich an, eine Bewerbung für eine Stelle in einem Übersetzungsbüro zu schreiben, die ich nicht will. Überhaupt nicht. Aber wenn ich das nicht tue, bekomme ich kein Baby. Meine berufliche Freiheit oder ein Kind. Entweder oder.

Ich schicke die Bewerbung nicht ab. In einem klaren Moment erkenne ich, wie ich mich unter Tränen für einen Job bewerbe, der mich todunglücklich machen würde, damit ich möglicherweise eine Adoptionszulassung bekomme, damit ich möglicherweise irgendwann in x-Jahren ein Kind bekommen kann, und denke: Nein. Zwar habe ich keine Lösung. Aber das ist auch keine. Dass ich in den nächsten Wochen und Monaten nicht wieder in eine ähnliche unzurechnungsfähige Verzagtheit hineinschlittere, verdanke ich vor allem meinem Mann. Obwohl seine Lage problematischer ist als meine und der Druck auf ihn enorm, ist er es, der sich einen tendenziell uncharakteristischen Optimismus aneignet und mich immer wieder aufbaut. In seinem ganzen Wesen strahlt er in dieser Zeit Zuversicht aus –, dass er Arbeit finden wird, dass wir ein Kind bekommen werden, dass alles gut wird. Er bekräftigt meine Entscheidung, nicht den nächstbesten Job anzunehmen, nur damit ich eine Festanstellung vorweisen kann. Er macht uns beiden Mut. Und es funktioniert. Ich wage langsam wieder zu hoffen, verbanne die in jeder Adoptionskrise wieder aufflackernden Schwangerschaftsfantasien, schaue mit ihm zusammen nach vorn. Er findet Arbeit. Nur drei Monate später sitzen wir wieder an den Sozialberichtsfragebögen.

Die Kehrseite seiner rettenden Haltung, die freilich weit weniger ins Gewicht fällt, aber doch immer wieder Thema ist, ist seine mich wahnsinnig machende Gelassenheit. Wenn unsere Hoffnungen einmal wieder auf unbestimmte Sicht vertagt werden müssen und ich erschüttert bin über die Zeit, die uns davonläuft, antwortet er gern mit dem konfuzianischen Satz: »Ich bin jetzt schon zu alt. Was ist also noch ein Jahr?« Besänftigend wirkt das nicht, um es vorsichtig auszudrücken. Eine andere mir unverständliche Bemerkung, die er gern im Angesicht einer neuen Enttäuschung hervorbringt, lautet: »Es muss doch nicht jetzt sofort passieren.« Spätestens nach ein paar Jahren der Wiederholung einer solchen Aussage verliert sie jegliche Überzeugungskraft, die sie bei mir allerdings auch schon zum ersten Mal nicht hatte. Ein Rückschlag in einem Adoptionsverfahren bedeutet nicht, dass es nicht sofort passiert, sondern dass es wahrscheinlich mindestens ein Jahr länger dauert. Oder drei. Für ihn ist aber Eile nie gegeben, Ungeduld auch nicht – im großen Unterschied zu mir. Das hat bei mir auch gelegentlich zu dem Gefühl geführt, er will das alles nicht so sehr wie ich, er kann meine Trauer und meine wilde Sehnsucht nicht verstehen, lässt mich damit allein. Fremd und einsam war ich dann, habe ihn von Weitem, aus dem Tunnel meines Unglücks beobachtet, wie er da in seiner heilen Welt philosophische Dinge sagt und Zeit hat. Wie ein Verrat fühlte sich das an.

Die Wahrheit aber ist: Es ist gut, dass es so war. Denn stünde er wie ich jedes Mal am Rande des Abgrunds, wenn es wieder nicht weitergeht, wären wir vermutlich beide längst hineingestürzt. Wie oft habe ich schon gedacht: Es ist vorbei, wir bekommen kein Kind, und wie oft hat er sich schon ruhig zu mir gesetzt und gesagt: Warte doch erst mal ab. Oft wollte ich das in dem Augenblick gar nicht hören. Aber wenn er es nicht gesagt hätte, in der Art und Weise, wie er es gesagt hat, wäre es schlimm um mich bestellt gewesen.

In einer derartig belastenden Situation kann das Paarleben zum Balanceakt sondergleichen werden. Auch wenn beide wollen: Wollen sie wirklich gleich *arg*? Wenn nicht: Wie gehen sie damit um? Schätzen sie die Möglichkeiten, die ihnen offen stehen, ähnlich ein? Was brauchen sie vom anderen? Was fordern sie? Ein anfangs gemeinsamer Wunsch ist nicht unbedingt von

Dauer und noch weniger ein gemeinsamer Plan. Die Amerikanerin Kristin, die nach ihrem ersten Kind nicht wieder schwanger wurde und schließlich mit ihrem Mann Alex zwei Töchter adoptierte, berichtet von dem starken Zweitkinderwunsch, den sie und Alex beide gleichermaßen verspürt haben. Die Achterbahn der erfolglosen Kinderwunschbehandlungen und der anschließenden Adoptionsverfahren hat sie einander näher gebracht. »Aber er ist schon anders damit umgegangen«, sagt sie. »Weniger emotional als ich, aber das ist einfach Ausdruck unserer unterschiedlichen Persönlichkeiten. Das hat die Beziehung nicht belastet, eher gestärkt.« Die Spannung trat dann zutage, als Kristin nach der zweiten Adoption, mit nunmehr drei Kindern, noch eins wollte – und Alex nicht. Da es sich bei der zweiten Adoption um die vierjährige leibliche Schwester der damals als Säugling adoptierten Vianna handelte, spürte Kristin noch einen weiteren »Babywunsch«, wie sie es formuliert. »Bei Vianna dachte ich, wir adoptieren bestimmt noch ein Baby, aber als wir dann Alisa bekommen haben, war sie längst kein Baby mehr. Und eigentlich wünsche ich mir immer noch dieses letzte Baby, und er nicht.« Im Laufe unseres Gesprächs wird deutlich, wie schwer Kristin das Abschließen fällt. Mal spricht sie von Akzeptanz gegenüber der Entscheidung ihres Mannes und der Tatsache, dass sie 41 Jahre alt ist, mal ist die Frustration zu hören. »Manchmal wünsche ich mir, dass er es einfach respektieren würde, dass ich noch eins will und sich damit abfindet«, sagt sie lachend, wie es ihre Art ist. »Aber ich glaube nicht, dass das passieren wird.«

Wir sind wieder bei der manchmal verflixten Sachlage, dass es im Regelfall zweier Wünsche bedarf, um aus einem unerfüllten Kinderwunsch einen erfüllten zu machen. Da, wo sich die Vorstellungen nicht treffen, gibt es die Wahl zwischen trennen, hintergehen, abfinden – oder, und dies dürfte bei den meisten ungewollt kinderlosen Paaren eine Rolle spielen, man geht einen Weg mit, den man selbst nicht gewählt hätte.

Bei Judith und Bianca war von Anfang an klar, dass für Judith das leibliche Kind eine größere Rolle spielte als für Bianca, der schon immer eine Adoption lieber gewesen wäre. Trotzdem lässt die arztscheue Bianca etliche Inseminationsversuche und zwei IVF-Behandlungen über sich ergehen. »Anfangs hatte ich immer den Verdacht, sie macht das, weil sie muss«, sagt Judith. »Damit das weitergeht.« Zwar entwickelt Bianca im Laufe der Versuche auch den Wunsch, selbst ein Kind zu bekommen, aber auch da hält sich ihre Lust auf das Schwangersein in Grenzen. »Sie hatte auch nie Lust zu stillen, und hat sich vor der Geburt gefürchtet«, erzählt Judith. Seit zehn Jahren versuchen die beiden mittlerweile zusammen eine Familie zu gründen – zu ernsthaften Spannungen ist es trotzdem nie gekommen, obwohl sich Bianca auch auf Dinge eingelassen hat, die sie von sich aus nicht angestoßen hätte. Judith berichtet von mitunter auftretenden Übermüdungserscheinungen, vor allem in den letzten ein, zwei Jahren, »in denen wir das Gefühl hatten, wenn wir so weitermachen, tun wir uns nichts Gutes. Es gab schon auch Momente, da hat vor allem Bianca gesagt, sie kann jetzt nicht mehr, sie will nicht mehr. Und ich habe immer gesagt, komm, probieren wir's doch noch mal oder suchen wir eine Alternative.« Andererseits gab es auch Momente, in denen Bianca, nachdem sich das Paar schon länger um eine Adoption bemüht hatte, laut darüber nachdenkt, doch noch einmal nach Belgien zu fahren, wo sie noch tiefgefrorene Embryonen liegen hat – und Judith sich nicht mehr mit einem erneuten Wagnis mit der Reproduktionsmedizin anfreunden kann. Letztlich hätten sie beide die Belange der anderen aber immer respektiert und alle Entscheidungen zusammen getragen, sagt Judith. Inwieweit sich die eigenen Wünsche und Hoffnungen mit denen der Partnerin vermengen, durch die andere potenziert oder umgeleitet werden, wo genau die Grenze zwischen nachgeben und sich öffnen verläuft, ist hier wie bei vielen Kinderwunschpaaren schwer zu entscheiden.

Im Fall von Frieda und Tom gibt es von Anfang an eindeutig unterschiedliche Bedürfnisse: Frieda will ein Kind, Tom nicht. Beim ersten Mal freundet er sich relativ konfliktlos mit der Idee an, beim zweiten Mal bedarf es einer regelrechten Tragödie in ihrem Leben, bevor auch er will. Dieses Wollen ist dann auch, wie Tom beschreibt, in erster Linie die Frucht seines Bedürfnisses, seine Frau wieder glücklich zu machen und das tiefe Bedauern, das beide aufgrund der Abtreibung martert, durch ein zweites Kind zu lindern. »Für mich ist es auch gut und richtig, dass eine Beziehung so funktioniert«, sagt Tom. »Dass man darum bemüht ist, sich gegenseitig glücklich zu machen. Und dadurch kann dann etwas Neues, Unverhofftes dazu kommen, in unserem Fall dieses neue Wesen.« Er setzt dann auch alles daran, dass es zum zweiten Kind kommt, übernimmt das Ruder, wenn Frieda zwischendurch verzagt und aufgeben will. So kann sich ein Kinderwunsch zwischen Partnern hin- und herschieben, mutieren.

Für meinen Mann war die Trauer darüber, keine Kinder zu haben, weil ich keine wollte, eine größere und tiefere als die nach meiner Diagnose. »Im ersten Fall war ich meinetwegen traurig. Darüber, dass ich kein Vater werden würde. Im zweiten Fall war ich dann eher für dich traurig, habe gesehen, wie zerrissen du warst und das hat mir sehr weh getan«, sagt er. Für ihn ist seitdem der eigene Kinderwunsch und das, was er willens ist, dafür zu tun, untrennbar von seinem Wunsch, mich glücklich zu sehen. Und dadurch gerät er auch gelegentlich in einen, zumindest gedanklichen, Zwiespalt. Als ich anfange, für dieses Buch zu recherchieren, führen wir ein längeres Gespräch darüber. »Es gab eine Zeit, wo dein Begehren so stark war, dass du praktisch alles dafür getan hättest«, sagt er. »Oder zumindest hat es sich für mich so angefühlt. Auch Dinge, die eigentlich gegen deine Prinzipien verstoßen. Ich weiß, dass du letztlich nicht so weit gegangen wärst, du wärst vorher schon zur Vernunft gekommen – oder eher, und das war zwischendurch eigentlich meine Befürchtung, du hättest die Grenze nicht überschritten, aber dafür wärst du in deiner Verzweiflung steckengeblieben. Und in einer solchen Situation kann ich mir vorstellen, dass ich weiter gegangen wäre, als mir lieb wäre, einfach um das zu verhindern.«

Ich bin etwas erschrocken und will wissen, was genau er damit meint. Die Antwort: das leidliche Thema Eizellspende. Leidlich, weil es ein Thema ist, das in den letzten Jahren immer wieder verworfen wurde, um dann doch wieder auf dem Tisch zu landen. Wenn es mal wieder besprochen wurde, konnten wir uns oft nicht erinnern, warum wir uns beim letzten Mal dagegen entschieden hatten. Ein Grund, den Jacob immer wieder nannte, war die Angst vor einer Fehlgeburt. Er befürchtete, ich, wir würden uns davon nicht erholen. Sein Horrorszenario: Wir geben unser ganzes Geld in Tschechien oder Spanien aus, machen mehrere Zyklen durch, auch beim dritten oder vierten Mal hat es nicht geklappt, wir sind am Boden zerstört und haben weder das Geld noch den inneren Mut mehr, eine Adoption anzugehen. Ich konnte diese Angst verstehen, wäre aber das Risiko eingegangen, wenn mich andere Dinge nicht beunruhigt hätten: Aus ähnlichen Gründen wie unsere Entscheidung gegen eine Leihmutter lehnten wir beide eine anonyme Eizellspende ab. Wir wollten keine Entscheidung für unser Kind treffen, die ihm die Möglichkeit der Kontaktaufnahme mit seiner genetischen Mutter oder auch bloß Informationen über sie versperrt. Einer nicht-anonymen Spende, also einer Spende von einer Freundin oder einer meiner Schwestern, die sich bereit erklären würden, offen mit dieser Verbindung zum Kind umzugehen und eine Beziehung zu ihm zu pflegen, stand ich weniger skeptisch gegenüber. Bis ich in einer langen Nacht wieder einmal das Internet befragt habe, dieses delphische Orakel, das mir so oft Hoffnungen gemacht und wieder zerstört hat: Dort fand ich Studien und Fallberichte über mögliche Risiken für die Spenderinnen. Wie bei jedem reproduktionsmedizinischen Thema, gibt es auch hier divergierende Statistiken und Schlussfolgerungen, aber zweifellos ist festzuhalten, dass Spenderinnen mindestens das gleiche Risiko auf sich nehmen wie IVF-Patientinnen: Durch die Hormongabe kann sich das Krebsrisiko erhöhen, entsteht die Möglichkeit von Schäden am eigenen Reproduktionssystem. Auch wenn die Zahl der Spenderinnen, die tatsächlich aufgrund der Behandlung unfruchtbar werden oder an Krebs erkranken nicht sehr hoch und auch nicht definitiv belegt ist (es gibt einen eindeutigen Mangel an Langzeitstudien zu den gesundheitlichen und seelischen Folgen für Spenderinnen), war für mich klar, dass ich keine Schwester oder Freundin bitten könnte, ein solches Wagnis für mich einzugehen.

So sahen die Bedenken aus, die wir immer wieder thematisierten, aber ich zumindest blieb offen für Gegenargumente oder

Fantasieszenarien: Eine (möglichst junge, aber emotional sehr reife!) Freundin macht mir das Angebot, nachdem sie sich ausführlich mit den Risiken beschäftigt hat und für sich zu dem Schluss gekommen ist, dass sie das trotzdem will und verantworten kann. Oder: Über eine Klinik finde ich eine nicht-anonyme Spenderin, die bereit wäre, mit dem Kind Kontakt zu halten und sich auch ausreichend über die Problematiken informiert hat. Obwohl ich meinen Mann nicht an diesen Fantasien teilhaben ließ, nahm er wahr, dass ich immer wieder an die Gegenargumente erinnert werden musste und offensichtlich die Tür noch einen Spalt breit offen gelassen hatte. Und so, gesteht er mir jetzt, konnte er sich eine Situation vorstellen, in der alle Möglichkeiten ausgeschöpft wären, ich auf eine Eizellspende drängen würde, und er sich trotz großer Vorbehalte überreden lassen würde: »Und nicht mit irgendwelchen wissenschaftlichen Studien oder so, sondern allein aus dem Grund, dich nicht mehr leiden sehen zu wollen.« Er beschreibt den inneren Kampf, den er schon ansatzweise bei unseren Eizellspende- und Leihmutterdiskussionen mit sich führte, und bei dem er keine Garantie dafür geben kann, wie er sich entscheiden würde, wenn es wirklich hart auf hart käme: Einerseits hat er das eindeutige Gefühl, der Schritt stimmt für ihn nicht, andererseits sieht er, dass ich außer mir bin, und dann soll er mir die letzte Hoffnung nehmen?

Nicht wenige Paare mit unerfülltem Kinderwunsch finden sich in solchen Zwickmühlen wieder, in denen es um das Wohl, das Leben, mindestens dreier Menschen geht, die möglicherweise alle unterschiedliche Bedürfnisse und Begehren haben. Der Kinderwunsch kann nicht nur uns umtreiben, sondern auch die Menschen, die uns am nächsten stehen.

So aufreibend und herausfordernd die unterschiedlichen Haltungen und Bestrebungen sein können, letztlich ist es jedoch ein Gewinn, wenn man seinen unerfüllten Kinderwunsch mit jemandem teilen kann, der allein dadurch, dass er ein anderer Mensch ist, eine andere Perspektive in die Situation mit einbringt. Manchmal kann auch das Veto eines skeptischen Partners wie eine Erlösung daherkommen – man selbst hätte in der

Hitze des Gefechts nach der stärksten Waffe gegriffen, aber wenn der andere dazwischenfährt und eine Denkpause einfordert, kann man dafür durchaus dankbar sein. Auch wenn wir uns teilweise aus Liebe mitreißen lassen, kann es der Reflexion und somit der Kinderwunschbearbeitung beziehungsweise -erfüllung nur dienlich sein, wenn sich Paare genug Distanz erhalten, um ihre jeweiligen Positionen und Vorbehalte geltend zu machen.

Die Geschichte von Lisa und Jan läuft viele der möglichen Stadien eines kinderwünschenden Paares ab und endet, obwohl ohne Kind, für die Partnerschaft glücklich. Für Lisa wird der Wunsch überhaupt erst aus der Beziehung heraus geboren – sie hatte sich kaum Gedanken über das Thema gemacht, als sie mit 36, von ihrem Freund einen, so könnte man sagen, Kinderantrag bekommen. »Ob wir nicht ein, sondern zwei Kinder wollten, hat er mich eines Tages plötzlich gefragt«, erzählt sie. »In diesem Moment war ich total gerührt und habe gedacht, dass ich das wirklich gern mit ihm zusammen machen würde.« Der Wunsch wird schnell auch zu einem ganz persönlichen, der aber immer eng an die Vorstellung gekoppelt ist, »mit einem Kind diese Partnerschaft zu erfüllen. Das fand ich eine schöne Idee.« Als sich Komplikationen und dann der schlimmstmögliche Ausgang einstellen: eine Fehlgeburt mit anfangs scheinbar irreversiblen Schäden an Lisas Körper, haben die beiden zeitweise unterschiedliche Auffassungen, welche Möglichkeiten noch verfolgt werden sollten. Sowohl eine Leihmutter als auch eine Adoption stehen zur Debatte – Lisa ist es, die zu Leihmüttern recherchiert, und Jan, der seine Bedenken äußert. Ihm ist vor allem die Gefahr, dass arme Frauen ausgebeutet werden können, um ihm zu seinem Wunschkind zu verhelfen, nicht geheuer, und Lisa ist schnell einverstanden, dass das nicht die Lösung sein kann. Die Adoptionsfrage führt dagegen zu größeren Spannungen. Eine Inlandsadoption schließen sie von Anfang an aus, da Lisa 38 ist und die Wartezeiten gewöhnlich lang. Sie informieren sich über Auslandsadoptionen, und nun kann Lisa kein gutes Gefühl entwickeln: »Wenn es so wäre, hier gibt es die Kinder in Not und die brauchen dich, und du gehst hin und sagst, ja, ich sorge für dich, Kind, dann hätte ich das viel eher gemacht als bei diesem Zirkus, der da ansteht, wo man zum Bittsteller wird und sich seinen eigenen Wunsch erfüllen will und nicht der Retter ist von jemandem«, sagt sie. »Und irgendwann ekelte es mich auch an, dass alle diese ganz kleinen Babys wollen.« Die Überzeugung reift in ihr, dass die für sie einzige verantwortbare Adoption die eines älteren Kindes wäre, das sonst keine Chancen auf eine Familie hätte. Jan, der gegenüber einer Adoption eines Kleinkindes aufgeschlossen ist, kann sich die Annahme eines älteren Kindes dagegen nicht vorstellen. Er traut es sich nicht zu, die beträchtlichen Herausforderungen, die oftmals mit der Adoption eines Kindes im Grundschulalter einhergehen, zu bewältigen. »Er hatte Angst, dass wir dann alle daran zerbrechen könnten«, erzählt seine Frau. »Und ja, mein Gott, wie soll ich das jemandem ausreden. Es gibt diese Beispiele, und davon wird das Kind auch nicht glücklicher.« Trotz ihres Verständnisses kann Lisa sich nicht ohne Weiteres mit Jans Haltung zufrieden geben, sie hat noch eine Weile daran zu knabbern. Sie spricht von der Frustration, dass er ihr in der Hinsicht nicht entgegenkommen kann, sie einfach nicht versteht: »Eigentlich ist das der Vorwurf, du fühlst nicht wie ich, bei dir überwiegt etwas anderes. Den kann man schlecht machen, aber man macht ihn natürlich trotzdem.«

Insgesamt dominiert aber das Gefühl, dass der Abschiedsprozess vom Kinderwunsch genauso aus ihrer Liebe erwachsen ist wie der Wunsch selbst. Als Jan wegen seiner Sorge um Lisas Gesundheit einlenkt und keine weiteren ICSI-Versuche machen will, findet sie es »eigentlich sehr schön, dass ich wichtiger bin als der Kinderwunsch«. Das Gleiche gilt auch anders herum: Sie hat sich nie gedanklich damit aufgehalten, dass sie womöglich mit jemand anderem ein Kind hätte bekommen können – eben weil der Wunsch eindeutig ein Wunsch mit Jan war. Als er sich anfangs unglücklich darüber zeigt, dass er durch seine Zeugungsunfähigkeit ihre Kinderlosigkeit verursacht, weist sie diesen Gedankengang entschieden zurück. »Ich war erschüttert, dass er überhaupt so denken konnte. Es ist ja nichts, woran einer irgendwie Schuld hätte«, sagt sie mir, wie sie es auch ihm immer wieder gesagt hat, bis er es mit den Schuldgefühlen sein ließ. Als sie zusammen endgültig die Entscheidung treffen, jegliche Bemühungen um ein Kind einzustellen, »haben wir uns auch sehr auf unsere Liebe zueinander besonnen. Es war insofern auch irgendwie eine schöne Sache. Es ging uns gegenseitig um uns und darum, uns keinen Schaden zuzufügen«.

Auch Bea beschreibt das Erwachen ihres Kinderwunsches mit 36 als eng verwoben mit der Beziehung zu ihrem Lebensgefährten. Das Paar war damals schon lange zusammen, hatte sich aber gerade nach einer schwierigen Phase auf eine eindeutigere Art und Weise zueinander bekannt. Neu verliebt in ihren Freund, verliebte sich Bea dann in das imaginierte Kind, das sie zusammen haben könnten. Und wenn er sich damals dagegen gestellt, oder, als sich Schwierigkeiten ankündigten, die medizinischen Prozeduren und den Sex nach Stundenplan verweigert hätte? »Ich glaube nicht, dass wir uns getrennt hätten«, sagt sie sofort. Nach einer Pause fügt sie dann hinzu: »Ich kann aber nicht mit Sicherheit ausschließen, dass ich in dem Fall nicht den Wunsch auf einen anderen Menschen projiziert hätte, so nach dem Motto: Ich will von dem unbedingt ein Kind.« Sie überlegt noch einmal und schüttelt dann langsam mit dem Kopf. »Ich glaube eigentlich nicht, dass das passiert wäre. Aber ich bin mir nicht sicher.«

Wenn die Lust abhanden kommt

Die Verschmelzung zwischen Kinderwunsch und Verliebtsein kann sehr beglückend sein und – bei heterosexuellen Paaren – sehr zweckmäßig. Der Genuss einer mit Absicht vorgenommenen Zeugungsphase verflüchtigt sich allerdings kurzerhand, wenn dieser Zweck in einem bestimmten Zeitraum nicht erreicht wird. Der intime, mit Hoffnung und Vorfreude besetzte Akt kann dann schnell in eine Pflichtübung mit großem Leistungsdruck umschlagen. Kristin hat mit ihrem Mann drei Jahre lang auf natürlichem Wege versucht, eine zweite Schwangerschaft herbeizuführen: »Es hat buchstäblich keinen Spaß gemacht«, sagt sie und verdreht die Augen. »Wenn es nur darum geht, ein Baby zu zeugen, ist es wirklich nicht mehr lustig. Die Spontanität ist futsch, es geht auch nicht mehr um Nähe, sondern nur darum: Okay, jetzt sind meine fruchtbaren Tage, los. Wir haben praktisch nur zu diesen Zeiten miteinander geschlafen.« Es ist das Klagelied etlicher Kinderwunschpaare. Obwohl Jacob und ich nur eine relativ kurze Zeit – während der Behandlung mit chinesischer Medizin – aktiv versucht haben, ein Kind zu zeugen, verband sich Sex für mich noch lange mit der entfernten Hoffnung auf ein »Wunder«. Erotik sieht anders aus.

In nicht wenigen Fällen kippen diese hohen Anforderungen an den Sex in dessen scheinbar paradoxe Vermeidung. Wie bei Monika, deren Freund kein Kind wollte, kann der Geschlechtsakt auch bei unfruchtbaren Paaren so sehr an den Mangel erinnern, dass er nicht mehr zu ertragen ist. Teresa, eine Hausfrau Anfang 50 aus Niederösterreich, erlebte sieben Fehlgeburten und die Totgeburt von Zwillingen. Obwohl sie schließlich drei Kinder zur Welt brachte, die überlebten, schießen ihr jetzt noch Tränen in die Augen, wenn sie sich an die vielen Jahre der Erwartung und des Entsetzens erinnert. »Irgendwann wollte ich nicht mehr mit meinem Mann schlafen. Es war einfach zu schmerzhaft – diese Kombination aus Hoffnung und Angst, die jedes Mal im Raum stand. Natürlich wusste ich, dass ich anders keine Chance habe, ein Kind zu bekommen. Aber es gab auch lange Strecken, in denen ich es lieber verdrängt habe, und Sex so weit wie möglich von mir geschoben habe – was auch zu Spannungen zwischen uns geführt hat«, erzählt sie. Matteo, ein gebürtiger Italiener, der in der Nähe von Stuttgart lebt, erzählt von der Bedrängnis im Schlafzimmer, als seine Frau nach einem Jahr des Versuchens nicht schwanger wurde. »Sie hat mich unter Druck gesetzt, ich habe mich selbst unter Druck gesetzt. Es musste immer richtig getimet zu ihrem Eisprung passieren und das hat mich dann irgendwann überfordert, und ich konnte einfach nicht.« Bevor sich die Situation noch weiter zuspitzt, schlägt er vor, es mit einer Insemination zu versuchen, was wunderbar funktionierte. »Beim zweiten Kind sind wir dann sofort in die Klinik«, sagt er mit einem leicht beschämten Lächeln und zuckt mit den Achseln. »Ansonsten habe ich ja keine Probleme in der Hinsicht, aber wenn's darauf ankommt ...«

Almut Dorn kennt solche Fälle zuhauf, und sie geben für sie die Erklärung ab für die vermeintlichen »Wunder« oder »Heilungen«, von denen man immer wieder hört – Frauen, die plötzlich schwanger werden, nachdem sie den Wunsch »losgelassen« haben, ein Adoptiv- oder Pflegekind zu sich genommen haben oder bei einem bestimmten Heilpraktiker waren: »Wissen Sie, warum diese Frauen schwanger werden? Weil sie mit ihrem Partner schlafen.« Denn viele täten genau das eben nicht in einer Zeit der akuten Behandlungen, Wunschauseinandersetzungen, Trauerprozesse oder Adoptionsvorbereitungen. »Wenn Sie mich fragen, welche Rolle die Psyche bei der Unfruchtbarkeit spielt, sehe ich in erster Linie, dass es viele psychische Gründe gibt, warum Paare keinen Geschlechtsverkehr haben, oder nicht mehr, oder gerade wenn sie sich behandeln lassen gar nicht.« Die Psychologin erzählt von einem Paar, das sie neulich betreut hat: »Die hatten drei Jahre IVF-Versuche und sonst was hinter sich. Ich habe sie gefragt, wie hoch ihre Chancen außerhalb dieser IVF-Versuche waren. Und dann guckten sie sich etwas betreten an und sagten gar nichts. Weil sie schon immer ein sexuelles Problem hatten und in dieser Zeit gesagt haben, es klappt ja anscheinend sowieso nicht, also überlassen wir das der Reproduktionsmedizin. Dabei hatten sie nicht einmal eine eindeutige Diagnose. Aber sie haben drei Jahre lang nicht miteinander geschlafen. Und das ist kein Einzelfall.« Dass gelegentlich nach einer Therapie oder einer Auszeit vom Kinderwunschkarussell eine Schwangerschaft überraschend eintreten kann, liegt laut Almut Dorn nicht daran, dass sich eine innerliche »Blockade« bei der Frau gelöst hätte, sondern einfach, dass das Paar öfter miteinander Sex hat. Die Psychologin betont, dass es bis auf bei eindeutig sterilen Menschen (die die Minderheit der ungewollt kinderlosen Paare darstellen), immer die Restwahrscheinlichkeit einer Schwangerschaft gibt – wenn denn regelmäßig miteinander geschlafen wird. »Ich finde es immer wieder interessant, wie sehr das manchmal außer Acht gelassen wird«, sagt sie.

Eine solche Perspektive ist einerseits erfrischend, birgt andererseits aber auch die Gefahr, noch mehr Druck auf Paare auszuüben, ihr Sexualleben auf unbefristete Zeit auf eine erhoffte Schwangerschaft auszurichten – egal, was die Ärztinnen sagen, man weiß ja nie. Dabei ist ein solcher Druck genau das, was oft der Lust (und der Potenz) Abbruch tut, und schon ist man in Teufels Küche. Für das innere Abschließen mit dem Kinderwunsch oder eine Umstellung auf den Adoptivkinderwunsch ist ein solches im Hinterkopf-weiter-Hoffen auch nicht besonders förderlich. Dass wiederum das Zu-sehr-Wollen Schwangerschaften verhindern soll, halte ich, genauso wie Almut Dorn, für Unsinn. Inzwischen wurde in mehreren Studien eindeutig nachgewiesen: Weder ist ein intensiver Kinderwunsch ein Verhütungsmittel, noch ist ein Adoptionsverfahren oder ein »innerliches Abschließen« ein Fruchtbarkeitsmittel. Eine derartige psychologische Verrenkung – nach dem Motto: Ich muss aufhören zu hoffen, damit meine Hoffnungen in Erfüllung gehen – bringt weder ein Kind noch seelische Ruhe. Es geht mir also nicht darum, zu sagen, man sollte die Hoffnung aus dem Schlafzimmer verbannen, damit sich die Schwangerschaftswahrscheinlichkeit erhöht, sondern: Eine Fixierung auf den Geschlechtsakt als möglicher Hoffnungsträger auch bei verschwindender Wahrscheinlichkeit läuft Gefahr, sich negativ auszuwirken – sowohl auf die Paarintimität als auch auf den Prozess des Verarbeitens, dem jeder Wunsch unterliegen muss.

Homosexuelle mit Kinderwunsch

Es gibt wohl nur eine Gruppe ungewollt Kinderloser, deren Sexualleben vom Kinderwunsch keineswegs berührt sein dürfte: homosexuelle Menschen. Hier ist die Freudsche »notwendige Befriedigung eines natürlichen Bedürfnisses« tatsächlich und vollkommen von der Fortpflanzung entkoppelt. Schwuler und lesbischer Sex ist also per definitionem »unfruchtbarer« Sex, ihm haftet nicht im Entferntesten ein Hauch von potentieller Schwangerschaft oder Kindszeugung an. Diese Tatsache stellt natürlich das größte Hindernis für den Kinderwunsch von Homosexuellen dar, und bedeutet, dass dessen Erfüllung immer nur über Umwege zustande kommen kann. Insofern ist ihr Kinderwunsch zunächst immer ein unerfüllter Kinderwunsch. Während ich meinen Kinderwunsch zuerst als Identitätskrise erlebt habe, als vermeintlichen Widerspruch zu meinem Selbst, bedeutet er für viele Homosexuelle eine tief reichende persönliche Auseinandersetzung, die sich im Extremfall zu einer nackten Wahl zuspitzen kann: Stehe ich zu meiner Homosexualität oder zu meinem Kinderwunsch? Vor allem in früheren Generationen wählten viele Homosexuelle eine Partnerschaft mit einer gegengeschlechtlichen Partnerin, um Kinder zu zeugen, während sie ihre Sexualität nur in Affären auslebten.

Judith berichtet von einem derartigen frühen Widerstreit zwischen ihrer sexuellen Orientierung und ihrem Kinderwunsch. Als sie erkennt, dass sie lesbisch ist, kommt ihr sofort die Kinderfrage in den Sinn – und die Antwort scheint die eines gegenseitigen Ausschlusses zu sein: »Als Siebzehnjährige dachte ich, wenn das jetzt zutrifft, was ich von mir vermute, dann wird mein Leben ganz anders verlaufen als ich gedacht habe. Ich hatte Angst, dass ich eine Randfigur werde und eben keine Kinder habe.« Es gehörte damals überhaupt nicht zu ihrer Vorstellung, dass sie mit einer Frau zusammen leben könnte und gleichzeitig ein Kind haben. »In meinem Bewusstsein war das lange Zeit einfach eine Unmöglichkeit«, sagt sie, was der Realität in weiten Teilen der Welt tatsächlich nahe kommt. In nur vierzehn Ländern weltweit (sowie in einzelnen Bundesländern in föderalistischen Staaten wie den USA, Kanada, Australien und Mexiko) ist derzeit die Adoption von nicht-verwandten Kindern durch gleichgeschlechtliche Paare erlaubt, wenige andere Länder (so auch Deutschland) erlauben die Stiefkindadoption bei homosexuellen Paaren, womit die Adoption eines leiblichen (in manchen Ländern, aber nicht in Deutschland, auch adoptierten) Kindes der gleichgeschlechtlichen Partnerin gemeint ist. Der Zugang zur Reproduktionsmedizin ist in den meisten Ländern für homosexuelle Paare eingeschränkt (so in Deutschland) oder verboten. So leben Familien, die auch ohne medizinische oder gesetzliche Unterstützung zu Nachwuchs gekommen sind (zum

Beispiel durch Do-it-yourself-Inseminationen, wie sie Judith und Bianca erfolglos versucht haben oder Co-Elternschaft zwischen Schwulen und Lesben), oft in einer rechtlichen Grauzone, von einer mangelnden gesellschaftlichen Akzeptanz ganz zu schweigen. Obwohl diese Akzeptanz seit den frühen achtziger Jahren, als Judith ihr Coming-Out hatte, in vielen Ländern zunimmt und die Gesetzeslage sich, zumal in Europa und Nordamerika, graduell dieser verändernden Situation anpasst, sind gleichgeschlechtliche Familien weit davon entfernt, eine Selbstverständlichkeit zu sein.

Während in manchen Fällen junge Menschen die Möglichkeit der eigenen Homosexualität aufgrund ihres Kinderwunsches von sich zu weisen versuchen, ist es in anderen Fällen der Kinderwunsch, der eher vage wahrgenommen wird, weil er nicht mit der eigenen Sexualität vereinbar zu sein scheint. Ob es sich hier um eine Verdrängung handelt, oder ob der Wunsch einfach nicht stark ausgeprägt ist, ist natürlich schwer zu beantworten. Ich habe mit Emre, einem türkischen Geologen, der an einem deutschen Institut forscht, schon oft und leidenschaftlich über das Kinderthema gesprochen. Für mich war es offensichtlich, dass dieser schwule Mann einen deutlichen Kinderwunsch verspürte und insofern als Gesprächspartner für mein Buch geeignet wäre. Als ich mit diesem Vorschlag an ihn herantrete, rudert er aber erst mal zurück: »Obwohl ich mir vorstellen könnte, eines Tages ein Kind zu haben, habe ich bisher nicht sehr viel darüber nachgedacht. Oder, genauer gesagt, ich glaube, dass ich sehr früh intuitiv akzeptiert habe, dass das für mich ziemlich schwierig beziehungsweise unrealistisch sein würde und habe die Umsetzung dieses Wunsches deswegen nie als echte Möglichkeit gesehen«, schreibt er mir in einer E-Mail. Diese Ununterscheidbarkeit zwischen einem frühen, unterbewussten Abfinden mit der eigenen Kinderlosigkeit aufgrund der Homosexualität und einem ohnedies niedrigen Stellenwert eines solchen Wunsches scheint mir bezeichnend zu sein. Emre erklärt sich dann doch bereit, mit mir über das Thema zu sprechen und an einem spätsommerlichen Tag im September setzen wir uns in meinem Wohnzimmer zusammen und ich bohre nach. Seine Geschichte fängt so an, wie sie bei vielen unabhängig von ihrer sexuellen Orientierung anfängt: Der 27-Jährige hat sich bis vor ein paar Jahren kaum Gedanken über Kinder gemacht, erzählt er, aber seit Menschen in seinem Umfeld anfangen, Kinder zu bekommen, beschäftigt ihn das Thema zunehmend. »Das fiel auch mit einer Zeit zusammen, in der ich mich selbst stabilisiert habe, beruflich vor allem«, sagt der junge Mann. Wir unterhalten uns auf Englisch. Er hat eine sanfte Stimme und einen Akzent, dem ich gern zuhöre. »Und dann wurde es langsam konkreter. Ich habe mich gefragt, ob ich mich mit einem Kind vorstellen könnte. Die Antwort war ja. Ich konnte mich mit einem Baby auf dem Arm vorstellen, und ich konnte mir vorstellen, zusammen mit einem Kind zu leben. Als Vater. Und ich dachte, dass das schön wäre.« Früher, als er jünger war, hätte er, wie viele Jugendliche, Probleme mit seinen Eltern gehabt und sich deswegen gesagt, dass er keine Kinder will: »Und zudem ist die Welt schlecht, und ich will sie keinem Kind zumuten, und solche Klischees, wie sie allen jungen Menschen irgendwann im Kopf rumschwirren«, sagt er lächelnd. Und fügt gleich hinzu: »Ich weiß nicht, ob das überwogen hat, oder eher die Tatsache, dass ich schwul bin und es sowieso sehr schwierig wäre, ein Kind zu bekommen, also sollte ich das alles am besten vergessen. Wahrscheinlich war es eine Kombination aus beidem.« Die »natürliche Ambivalenz« des Kinderwunsches hat bei homosexuellen Menschen einen doppelten Boden – wenn ein »Ja« schließlich überwiegt (was bei Emre in einem für unsere Kulturkreise typischem Alter geschieht), antwortet sofort ein biologisch bedingtes, gesellschaftlich zementiertes »Nein«. Der Geologe fühlt sich auch sofort entmutigt, als er nach dem schönen Selbstbild als Vater versucht, sich die Realisierung dieser Vorstellung auszumalen. In Deutschland dürfen nur verheiratete – also heterosexuelle – Paare und alleinstehende Menschen adoptieren – in der Praxis werden aber für Inlandsadoptionen Paare (derer es immer mehr als genug gibt) bevorzugt und nur wenige Länder im Ausland erlauben es alleinstehenden Männern zu adoptieren. Eine Adoption ist also so gut wie aussichtslos. Die Idee einer Co-Elternschaft wird von mehreren alleinstehenden

Frauen um die 30 (lesbische und heterosexuelle) an Emre herangetragen. »Das wird dann so halb scherzhaft besprochen«, sagt er, »aber ich bin mir relativ sicher, wenn ich so weit wäre, könnte ich eine Frau in meinem Umfeld finden, die dazu bereit wäre«. Er liest Erfahrungsberichte über schwule und lesbische Paare, die sich zusammentun, um eine Familie zu gründen: »Die machen ein schönes Essen, trinken Wein, dann verschwinden irgendwann die Männer ins Bad und kommen dann mit einem Becherchen zurück, und dann verschwinden die Frauen. Und dann wird das Kind zusammen großgezogen. Ist doch schön.« Für Emre bleiben diese Szenarien erst einmal abstrakt, aber er scheint sich doch mehr als nur flüchtig mit dem Thema auseinandergesetzt zu haben. Auch mit seinem jetzigen Partner, mit dem er seit anderthalb Jahren zusammen ist, hat er die Kinderfrage relativ früh angesprochen. »Für ihn war es damals nicht relevant«, erzählt Emre, »und ich habe es auch nicht forciert. Aber mittlerweile spricht er es auch öfters an, hat sogar schon mit seiner Mutter darüber geredet.« Einige Voraussetzungen sind also gegeben oder zumindest nicht unvorstellbar weit weg – ein williger Partner, mögliche Mutterkandidatinnen. Doch die größte Hürde bleibt, und die scheint unbezwingbarer als alle anderen: »Meine Eltern wissen nicht, dass ich schwul bin – oder besser gesagt, ich kann mir nicht vorstellen, dass sie es nicht wissen, aber wir reden nicht darüber, und ich habe meiner Schwester versprochen, es ihnen nie zu sagen, weil sie es nicht verkraften würden. Ich konnte meinen Freund nicht einmal zu meiner mündlichen Doktorprüfung einladen, weil meine Eltern aus der Türkei dafür angereist sind«, erzählt er, mit einem Ton, der verrät, dass er diese Widersprüche gewohnt ist, sie aber auch nicht ganz akzeptieren kann. In einer solchen Situation Vater zu werden wäre in der Tat kaum machbar, wenn die Beziehung zu den Eltern weiterhin bestehen soll. Nach einem kurzen Schweigen sagt Emre: »Ich habe das Gefühl, dass Heteropaare – also die, die kein Fruchtbarkeitsproblem haben – nie so viel über das Kinderkriegen nachdenken müssen. Für die passiert es einfach, ups, plötzlich ist ein Kind da, oder sie sagen: Lass uns ein Kind machen und sie machen eins und fertig. Irgendwie ist es nicht fair, dass wir uns so den Kopf zerbrechen, so viel Energie aufbringen müssen, um Eltern zu werden.«

Am anderen Ende des Sofas nicke ich heftig. Dieses »wir« umfasst uns beide, mich, eine unfruchtbare, heterosexuelle Frau mit Partner, und ihn, einen vermutlich zeugungsfähigen, homosexuellen Mann mit Partner. Die Existenz einer derartigen Solidaritätsgemeinschaft ist mir schon vor Jahren, zum Zeitpunkt meiner Diagnose und ersten Trauer aufgefallen. Sie hat mich überrascht. Ich war damals davon ausgegangen, dass ich am meisten Mitgefühl von befreundeten Eltern bekommen würde, vor allem von Müttern. Sie liebten ihre Kinder, also müsste ihnen auch die Vorstellung das Herz zerbrechen, dass mir eben diese verwehrt werden sollten. Genau das stellte sich aber, wie viele Betroffene bestätigen können, als keine Selbstverständlichkeit heraus. Viele Freundinnen, die problemlos ihre Kinder bekamen, waren erst einmal verdutzt über die rohe Gewalt meiner Gefühle und konnten nicht viel damit anfangen. Die Gesunden, musste ich schmerzlich erfahren, können den Kranken nur begrenzt Trost spenden. Dass meine schwulen Freunde auf meiner Seite dieser Trennlinie standen, wurde mir zuerst klar, als ich mich an sie wandte und mir eine Welle von Empathie entgegenschwappte, die mich tief berührte. »Ich bin sehr, sehr traurig«, schrieb mir ein Freund aus den USA, als ich ihm von meiner Diagnose berichtete. »Ich weiß, was es heißt, auf ein Leben ohne ›eigenes‹ Kind zu schauen ...« Ich musste ihm nichts erklären. Das Verständnis war unmittelbar.

Der amerikanische Journalist und Aktivist Dan Savage erzählt in seinem kurzweiligen Buch *The Kid,* wie er mit seinem Partner ein Kind adoptiert. An einer Stelle beschreibt er ein Adoptionsseminar mit unfruchtbaren, heterosexuellen Paaren, die von der Leiterin ermutigt werden, ihre Unfruchtbarkeit zu betrauern und zu verarbeiten, bevor sie in das Adoptionsverfahren einsteigen. Savage und sein Lebensgefährte haben das Gefühl, den anderen Seminarteilnehmerinnen meilenweit voraus zu sein: Indem sie als Jugendliche ihre Homosexualität angenommen hatten, hatten sie auch ihre Unfruchtbarkeit angenommen, die für sie keinen neuen Schmerz bedeutet, sondern einen längst akzeptierten Zustand darstellt. Der Autor spürt plötzlich eine Verbindung zu den anderen Paaren im Raum, von denen er und sein Freund sich vor dem Treffen eher Ablehnung und Misstrauen erwartet hatten. Während die Leiterin vom Annehmen spricht, von der Wichtigkeit, mit Familienmitgliedern und Freundinnen ehrlich zu sein, und davon, dass das große Problem der Unfruchtbarkeit auch ein Geschenk sein kann, fühlt sich der schwule Mann an die Sprache des Coming-Out erinnert – in einem gewissen Sinne machten diese unfruchtbaren Heteropaare jetzt das durch, was jeder sich bekennende homosexuelle Mensch durchmachen muss: Etwas über sich selbst annehmen, das ihn vom Rest der Gesellschaft trennt, um etwas Gutes daraus zu machen.

Dan Savage und sein Partner hatten das große (über Generationen erkämpfte) Glück, sich ihren Wunsch nach einem Kind legal erfüllen zu können, für die große Mehrzahl der Homosexuellen weltweit ist dies momentan keine Möglichkeit. Wie die Geschichten von Judith und Emre ausgehen werden, ist noch offen.

Mit dünner Haut auf Mitgefühl hoffen

So könnte man sagen, dass uns ungewollte Kinderlosigkeit ein bisschen *queer* macht, uns also von der Norm abweichen lässt. Zu einer derartigen Abseitsposition gehört das Gefühl, nicht immer so wahrgenommen zu werden, wie man möchte. Um es vorwegzunehmen: Ich habe das große Glück, tief mitfühlende und sensible Freundinnen und Familienmitglieder zu haben, die mich und uns auf diesem steinigen Weg immer wieder in die Arme geschlossen, nachgefragt, ermutigt haben. Die auch bei den kompliziertesten Adoptionsproblematiken nicht den Faden verloren haben und mitgedacht und -gelitten haben. Dieser Beistand ist außerordentlich wertvoll, und ich bin sehr dankbar dafür.

Trotzdem machte sich in den letzten Jahren auch immer wieder das Gefühl in mir breit, nicht verstanden zu werden in dem, was ich durchmache, und haben mich gedankenlose Äußerungen oft stark getroffen. Meine Oma präsentierte mich einmal einer Freundin mit den Worten: »Meine Enkelin – von der wird's aber keine Urenkel geben!« Zwar bin ich mittlerweile nicht mehr so verletzbar wie damals, als auch blöde Witze wie: »Du kannst keine Kinder bekommen? Dann nimm doch eins von uns, wir haben genug« mich noch aufbringen konnten, aber eine richtig dicke Haut habe ich in Hinblick auf dieses Thema immer noch nicht.

Alle meine Gesprächspartnerinnen berichteten von Schwierigkeiten, sich im Freundes- und Familienkreis verständlich zu machen, und von dem scheinbar mangelnden Mitgefühl, das ihnen mitunter entgegengebracht wird. »Bei manchen fehlt einfach ein Sensibilitätschip«, sagt Kristin, die Amerikanerin, die lange vergeblich versuchte, ein zweites Mal schwanger zu werden, und erzählt von einer Freundin, die ihre Schwangerschaften buchstäblich planen kann: »Sie redet so: Hmm, also da sollte ich nicht schwanger werden, weil da wäre dann mein Termin, und da habe ich eigentlich was anderes vor, also warte ich lieber noch einen Monat. Sie erzählt mir das, und ich versuche schon seit fünf Jahren erfolglos, schwanger zu werden. Das ist ziemlich übel.« Es ist die Haltung von Kristins Freundin, die, nach meiner Erfahrung, oft genau das Schmerzhafte ausmacht: Nicht, dass andere Menschen ohne weiteres Kinder bekommen, sondern dass diese Tatsache als banalste Normalität behandelt wird, als wäre es das Selbstverständlichste auf der Welt – und auf diese Weise, so fühlt es sich zumindest an, unsere Erfahrung ausgelöscht wird. Das gilt genauso für das Jammern über eine ungewollte Schwangerschaft wie für das Banalisieren der eigenen Fruchtbarkeit: Wir ungewollt Kinderlosen sind (in der Regel) durchaus in der Lage zu verstehen, dass eine Schwangerschaft nicht für jede ein erfreuliches Ereignis ist. Wenn aber ausgeblendet wird, dass wir uns dessen beraubt fühlen, was gerade als Desaster verflucht wird, sticht es an der schmerzhaftesten Stelle. Im Grunde ist es eine Frage der Anerkennung und der Anteilnahme – unser Unglück wiegt umso schwerer, je mehr es von anderen scheinbar nicht gesehen wird. Das heißt nicht, dass wir gedämpfte Freude bei Schwangerschaftsankündigungen verlangen oder den Anderen ihre Erfahrungen und Konflikte absprechen. Es wäre uns einfach ein Trost, wenn die, die uns nahe stehen, wahrnehmen, dass wir uns auf einer substantiellen Ebene wünschen, was für sie jubelnd in Erfüllung geht oder auch Alltag oder Katastrophe ist. In *Yerma* fragt die Titelfigur eine Freundin, warum sie immer an ihrem Haus vorbeieilt, ohne ihr einen Besuch abzustatten. Diese antwortet, dass sie das tut, wenn sie ihr Baby dabei hat, um Yerma nicht zu verletzen. »Es macht mich traurig, dass du mich beneidest«, sagt sie. »Es ist kein Neid, es ist Mangel«, gibt Yerma zurück. Das trifft es gut: Es geht nicht um Neid, sondern um ein wesentlich tieferes Gefühl, das seinen eigenen Raum beansprucht. »Wenn meine Freundinnen schwanger wurden, habe ich immer losgeheult«, erinnert sich Kristin. »Ich habe mich immer für sie gefreut. Wirklich. Ich war nicht neidisch. Ich habe mich für sie gefreut und gleichzeitig war es so schwer zu hören.« Dieses Ineinanderfallen von Mitfreude und Trauer darüber, nicht die gleiche Erfahrung machen zu können, ist eine intensive Mischung. Und es besteht immer die Hoffnung, dass die Freuenden im Gegenzug ein Fünkchen Mittrauer in ihre Freude vermengen würden. Oder die achtlos aus der eigenen Position heraus Redenden ein wenig Achtung vor unserer. Die Dankbarkeit ist groß, wenn dies geschieht.

Diejenigen, die oft tatsächlich mitleiden, aber auch aus einem eigenen Bedürfnis heraus, sind Familienmitglieder, allen voran Eltern, die sich ein Enkelkind wünschen. Obwohl meine Eltern fünf Kinder in die Welt gesetzt haben, sind sie noch nicht Großeltern geworden und das Unglück darüber vermischt sich mit ihrem Mitgefühl mir gegenüber. Wenn es bei mir und Jacob wieder mit den Adoptionsbemühungen stockt, habe ich auch schnell meine Eltern und meine Geschwister, sowie Jacobs Familie, im Kopf, die alle jedes Mal mit enttäuscht werden. Manchmal ist es schwer, von den endlos scheinenden Schwierigkeiten zu erzählen, weil ich nicht ständig Hiobsbotschaften überbringen will, die unsere Familienmitglieder auch um ihrer selbst willen schmerzen. Die Grenze zwischen dem Wunsch, uns glücklich mit Kind zu sehen und dem Wunsch, selbst in den Genuss eines

Enkelkindes, einer Nichte oder eines Neffen zu kommen, ist fließend. Das liegt in der Natur der Sache, bedeutet aber auch ein schwer zu durchdringendes Dickicht an Gefühlen und Erwartungen.

Thomas erzählt von der Reaktion seiner Mutter auf seine Zeugungsunfähigkeit: »Das war schon sehr unangenehm mit ihr darüber zu sprechen. Sie hat zwar mit Verständnis darauf reagiert, aber dann hat sie auch in dem Strudel dringesteckt, hat sich gefragt, was da passiert ist, warum das so ist, und ogottogott.« Hatte sie als Mutter etwas falsch gemacht? Wenn es wirklich an einer Mumpserkrankung während Thomas' Kindheit lag, wie die Ärzte mutmaßten, hätte sie das etwa verhindern können? Sie macht sich Vorwürfe und Thomas muss sie trösten, anstatt sich von ihr trösten zu lassen. Seine Frau Andrea zögert ihrerseits lange, bevor sie die schlechte Nachricht ihrer Familie überhaupt mitteilt: »Ich hatte immer das Gefühl, meine Geschwister mit ihren Kindern stehen im Vordergrund. Und dass die nicht wirklich verstehen können, wie's einem geht. Ich hatte nie das Gefühl, so, jetzt ist der Moment, in dem es heißen kann, passt mal auf, ich muss euch was sagen.« Schließlich schreibt sie einen Brief, als sie mit Thomas im Ausland unterwegs ist, »feigerweise«, wie sie sagt. Als sie ihre Mutter wieder sieht, kommt diese schnell auf den Brief zu sprechen: »›Das ist ja schrecklich‹, hat sie gesagt – und dann angefangen, über ihre eigene Geschichte zu erzählen, die vielen Kinder, die sie so früh bekommen hat und dass ihr das zu viel war.« Andrea ist von dieser Reaktion so verletzt, dass sie länger auf Distanz zu ihrer Mutter geht. Als aber die Kinderwunschbehandlungen anstehen, braucht sie sowohl pragmatisch als auch emotional die Unterstützung ihrer Eltern und wendet sich wieder an sie. Nachdem sich die Mutter von einem Priester die Versicherung einholt, eine künstliche Befruchtung wäre nicht unmoralisch, setzt sie sich tatkräftig für ihre Tochter und ihren Schwiegersohn ein, fährt sie ins Krankenhaus, hört sich die Leidensgeschichten an, fiebert mit. »Als ich gesagt habe, Mensch, Mama, Papa, ich brauche euch, da waren sie schon da.«

Andere Eltern tun sich schwerer mit dem Weg, den ihre ungewollt kinderlosen Kinder einschlagen. Heike, die endlich den richtigen, aber sterilisierten Mann gefunden hat, musste sich während der zermürbenden Adoptionsanstrengungen immer wieder von ihren Eltern anhören, wie falsch sie ihre Pläne fanden. »Es verging kein Tag, an dem sie nicht dagegen anredeten – oh je, ein Kind mit fremden Genen, vielleicht aus kriminellen Verhältnissen, vielleicht sogar farbig ...«, berichtet Heike. »Sie wollten, dass ich mich von einem unbekannten Samenspender künstlich befruchten lasse. Das war eine schwere Hürde.« Dann zuckt sie mit den Schultern und fügt lachend hinzu: »Und heute lieben sie ihr Enkelkind mehr als uns.«

Frieda, die ihren Eltern erst nach der Geburt ihres Sohnes erzählt hat, dass er das Resultat einer Eizellspende war, bekam auch dann noch schnippische Kommentare zu hören: »»Wer von euch beiden wollte denn nun eigentlich mit aller Gewalt ein Kind?‹, hat meine Mutter mich gefragt, und in einem Ton ...« Sie presst die Lippen zusammen, und es ist ihr anzusehen, wie sehr sie dieser Ton getroffen hat. Viele Eltern erleben mit der Ankunft ihres ersten Kindes, wie sich die Beziehung zu den eigenen Eltern verschiebt, sich alte Konflikte verschärfen oder auch auflösen und eine neue Nähe entsteht. Bei ungewollt Kinderlosen setzt dieser Prozess oft ein, wenn sich die Leerstelle um ein abwesendes Kind in ihrem Leben auftut. Manchmal stärken sich dadurch die Familienbande, manchmal ist aber auch die Erfahrung, dass Unverständnis von einer Seite kommt, von der man es am meisten gebraucht hätte, ein weiterer Stein auf einem steinigen Weg.

In vielen Fällen sind es sowohl die oft komplexen Einzelheiten der medizinischen Diagnose als auch die Behandlungsformen oder die verwirrende Welt eines Adoptionsverfahrens, die die Kommunikation im Umfeld zusätzlich erschweren. Thomas und Andrea berichten von den seltsamen Kommentaren, die sie in ihrem Freundeskreis ernteten, als sie von Thomas' Zeugungsunfähigkeit erzählen. »Bei allem Verständnis merkt man, dass die Leute sich das gar nicht vorstellen können, was das heißt, und auch über die Mechanismen ziemlich unwissend sind«, sagt Thomas. »Platt gesagt: Manche dachten, das bedeutet, dass ich impotent bin.« Mit einer Dosis Sarkasmus klärt Andrea die Freundinnen auf. Ein Offenlegen des eigenen »Unvermögens« macht verletzlich, so auch das Kommunizieren der vielen Herausforderungen, die man auf sich nimmt, um ihn zu überwinden. Hier tritt wieder die Scham hervor, von der immer wieder die Rede gewesen ist: Will ich wirklich, dass alle wissen, dass ich an mir herumdoktoren lasse, mich finanziell verausgabe, meine Wohnung, meine Beziehung und meine Psyche ausleuchten lasse? Werde ich nicht erbärmlich erscheinen, wenn ich offenlege, wie sehr mich dieser Verlust beschäftigt und was ich alles auf mich nehme? Oft ist man gefangen zwischen dem Wunsch nach Teilnahme und der Befürchtung, die Freundinnen mit dem Erzählen der endlosen Strapazen zu ermüden – oder zu erschrecken. Und so ist es oft am einfachsten, nichts oder nur sehr wenig zu erzählen.

Lisa und Jan haben damals nur zwei, drei Menschen in ihrem Umfeld darüber eingeweiht, dass sie sich in reproduktionsmedizinischer Behandlung befanden. Es fällt Lisa jetzt schwer, zu erklären, warum. »Ich verstehe es, glaube ich, immer noch nicht, warum wir so gehandelt haben«, sagt sie. »Es wird damit zu tun haben, dass wir nun diejenigen sind, die nicht einfach so Kinder kriegen können und so einen Tanz darum machen müssen.« Es sei ihr immer aufgestoßen, erzählt sie, wenn ein großes Drama um das Kinderkriegen oder auch um die Kindererziehung gemacht wird, anstatt es als natürlichen Bestandteil des normalen Lebens zu betrachten: »Ich wollte mich nicht gern als jemand sehen, der so ein Gewese darum macht.« Wir kommen in unserem Gespräch mehrmals auf das Thema zurück, Lisa tastet nach einer tieferen Erklärung für ihre damalige Zurückhaltung. »Ich glaube, es hat bestimmt irgendwo im Kern mit einem Archetypus zu tun«, sagt sie schließlich. »Dass Reichtum auch etwas zu tun hat mit Kinderreichtum. Land, Vieh, Ehre, Kinder, Nachkommen. Deswegen ist man so verletzlich, wenn man schwanger ist und auch nicht erzählen möchte, dass es vielleicht riskant ist. Oder schon gar nicht jemand sein will, der nachhelfen muss, um so etwas Essentielles auf die Beine zu stellen. Jemand, der so einen Makel hat.«

Almut Dorn schätzt, dass zwischen fünf und zehn Prozent ihrer Patientinnen überhaupt niemanden außerhalb der Partnerschaft einweihen. Der Anteil werde zwar geringer, dadurch, dass das Thema immer gesellschaftsfähiger wird. Aber es gäbe sie immer noch, die Paare, die überhaupt niemanden hineinlassen in ihren Kummer. Als Erklärung liefert sie ähnliche Überlegungen wie Lisa: »Es geht darum, nicht perfekt zu sein, das Gefühl zu haben, zu versagen, als Frau, als Mann. Und das nicht zugeben zu wollen. Ich erlebe es häufig, dass das vor allem Menschen sind, die gern nach außen ein perfektes Bild abgeben wollen, die Schwierigkeiten haben, Schwächen zuzugeben. Viele sagen, ich möchte kein Mitleid. Was ich immer schwierig finde: Wenn es von den Richtigen kommt, ist doch mitleiden etwas Schönes. Aber manche Menschen denken, wenn sie bemitleidenswert sind, hätten sie etwas falsch gemacht.« Ein Bedürfnis nach Teilnahme haben diese Menschen aber nach wie vor, und wenn der Trost oder das Verständnis von der Partnerin nicht ausreicht, »dann wird es manchmal sehr eng in der Partnerschaft«.

Das Paradoxe an dieser weit verbreiteten Scheu davor, sich als jemand mit Kinderwunschmakel zu entblößen, ist natürlich, dass man sich zwar nicht als jemand sehen will, der »ein Gewese darum macht«, der nachhelfen muss –, man es aber dennoch tut. Man wird, sobald man die eigene Kinderlosigkeit nicht widerstandslos akzeptiert, zu einer Person, von der manche sich schon ein Schreckensbild ausgemalt haben (wie ich selbst, wie Lisa, wie Frieda). Nicht offen damit umzugehen bedeutet dann nur, dass man allein ist mit dieser Person, sie höchstens mit dem Partner teilen kann, und nach außen ein inkonsequentes Bild präsentiert. Lisa jedenfalls bereut ihre damalige Zurückhaltung. Als sie und Jan noch am Anfang standen, war die Hoffnung ja, sie machen eine Behandlung, die zu einer Schwangerschaft und zu einem Kind führen wird, und die ICSI wird schnell in Vergessenheit geraten, gar nicht der Rede wert sein. Als es dann aber nicht so problemlos verläuft, befinden sie sich plötzlich mitten in einem zermürbenden Prozess, bei dem sie doch gern mehr Beistand gehabt hätten. »Irgendwann fing es an, mich wirklich zu schlauchen, und da hätte ich gern mit mehr Leuten darüber geredet, nicht nur mit der besten Freundin. Aber wenn man schon so tief drinsteckt, und es Leuten dann erst erzählt, ist das auch komisch«, sagt Lisa. »Wenn ich das alles noch mal machen müsste, würde ich jedenfalls gleich von Anfang an sehr viel offener damit umgehen.«

Auch Menschen, deren ungewollte Kinderlosigkeit keinen medizinischen Hintergrund hat, treffen oft auf – oder befürchten – Reaktionen, die ihnen den aufgeschlossenen Umgang mit dem Thema erschweren. Franziska, die wegen eines fehlenden Partners kinderlos war, hat auch wenig über ihren Wunsch gesprochen, und wenn, dann nur mit Freundinnen, die in der gleichen Lage waren. »Ich habe nicht mit Freundinnen darüber gesprochen, die glücklich verheiratet waren, bei denen klar war, die kriegen jetzt bald ein Kind, oder haben schon eins«, sagt sie. Weniger aus der Erfahrung heraus, nicht verstanden zu werden, mehr aus dem Gefühl, ihr Wunsch würde als illegitim angesehen werden, weil »der angemessene Rahmen« fehlte. »Ich weiß nicht, ob die anderen das wirklich denken, oder ob das einfach ein in der Gesellschaft vorhandenes Credo ist, aber es schwebt irgendwie schon im Raum. Wenn du ein Kind bekommen willst, solltest du in einer Partnerschaft sein und du solltest auch genügend Geld haben und Zeit. Und wenn ich jetzt darüber rede, dass ich gern ein Kind möchte, obwohl dieser Rahmen nicht da ist, sogar auf mehreren Ebenen nicht, dann habe ich nicht damit gerechnet, dafür Verständnis zu ernten und erst recht nicht dafür, dass dann tatsächlich zu machen.« Impliziten oder auch gelegentlich expliziten Vorwürfen, ihr Wunsch wäre unangebracht oder ihre Entscheidung, das Kind zu behalten, falsch, wollte sie sich nicht aussetzen.

Auch Judith hörte irgendwann auf, zu erzählen, nachdem ihre jahrelangen Bemühungen immer noch zu keinem Kind geführt hatten und eine bittere Enttäuschung sich an die andere reihte. Ihr Umfeld war erschöpft. »Meine engsten Freunde, meine Eltern, meine Schwester haben uns vor ein paar Jahren alle zu verstehen gegeben, wir sollen jetzt aufhören. Ihr habt so ein schönes Leben, haben sie gesagt, ihr versteht euch so gut und macht so viel, lasst es mal dabei, besinnt euch mal darauf und tut euch nicht weiter weh.« Judith lächelt, ihr Blick schweift kurz in die Ferne. »Ich konnte es nachvollziehen, was sie gesagt haben«, fährt sie fort, »aber es hat für mich nicht gepasst. Die Konsequenz war, dass ich nicht mehr mit ihnen darüber geredet habe. Ich habe nur noch mit den Leuten gesprochen, die das ausgehalten haben. Mit meiner Familie zwei Jahre lang nicht.«

Es ist eine Haltung, die verständlich ist, die aber auch die Frage aufwirft, was wir uns vorenthalten, wenn wir uns – auch kritischer – Außenperspektiven versperren. Nicht immer leicht zu entscheiden ist es, ob wir uns vor Verständnislosigkeit und Missbilligung schützen sollten, oder ob eine Sicht von außen manchmal nicht hilfreich sein kann, um etwas Distanz zu gewinnen und ein wenig Ruhe in eine verstiegene Situation hinein zu bringen. Ich erinnere mich noch gut an ein Gespräch, das ich circa ein dreiviertel Jahr nach meiner Diagnose mit einem Bekannten führte, dem ich zufällig in der Bibliothek begegnet bin. Ich hatte meine Hoffnung damals in die chinesische Medizin und in therapeutisches Yoga gesetzt und erzählte von meinen Bemühungen, schwanger zu werden, von der monatlichen Blutabnahme bei der Frauenärztin, um zu überprüfen, ob sich ein Eisprung anbahnt. Durchaus mitfühlend und interessiert hörte er mir zu, und sagte dann: »Vielleicht solltest du ein bisschen loslassen und nicht ständig hinter einer Lösung herrennen«, oder sowas in der Art – eine Binsenweisheit, ein Ratgeberspruch von der Stange, etwas, das ich schon von mehreren Seiten, auch von meinem Mann, in der einen oder anderen Form schon unzählige Male gehört hatte und worauf ich jedes Mal mit kompletter Ablehnung und Fassungslosigkeit reagiert habe. Dieses Mal aber kam etwas an. Ich war wohl reif geworden für eine solche Erkenntnis und mein Bekannter sprach sie genau im richtigen Moment aus, und ich spürte förmlich, wie sich etwas in mir entkrampfte. Vielleicht geht es mir wirklich besser, wenn ich einen Gang herunterschalte. Es ging nicht darum, den Wunsch aufzugeben – der ist sechs Jahre später noch genauso lebendig. Aber es war eine durchaus willkommene Öffnung in der Festung der Lösungssuche und -umsetzung, hinter der ich mich verschanzt hatte. Es war die Erlaubnis, mich ein bisschen zu entspannen, wie eine kleine Erlösung Ich war diesem Menschen, der mir nicht einmal besonders nahe stand (vielleicht konnte ich ihm gerade deswegen in dem Augenblick Gehör schenken), sehr dankbar für seine Worte. Immer wieder hat es solche Momente gegeben, in denen mir eine Außenperspektive weiter geholfen, mich aus meinem Kampf herausgeholt hat für eine Verschnaufpause und eine neue Sicht auf die Dinge. Ja, ich bin auch verletzt worden durch unbedachte Worte oder ein zumindest gefühltes Empathiedefizit bei der einen oder anderen Person. Aber der Beistand, das Mitempfinden, kluge, einfühlsame Sätze im richtigen Moment haben mich über die Jahre immer wieder getragen. Eine bedeutende Rolle spielen dabei auch meine vielen Internetbekanntschaften – Menschen, die ich in den Adoptionsforen kennengelernt habe, die mit ähnlichen Herausforderungen zu tun haben oder sogar in noch vertrackteren Situationen stecken als ich, und mit denen ich mitunter auch Freundschaften geschlossen habe. Wenn es im Umfeld keinen einzigen Menschen gibt, der sich noch einmal die kleinteiligen Details einer Kinderwunschbehandlung oder eines Adoptionsverfahrens anhören möchte – im Netz gibt es gefühlt Hunderte, die auch ganz genau verstehen werden, was man gerade durchmacht.

Gerade weil ein unerfüllter Kinderwunsch das Innerste erschüttert, können uns kritische Urteile von Freundinnen oder Familienmitgliedern dort treffen, wo wir am verletzlichsten sind – und dabei ist leicht zu übersehen, dass das Kinderthema für das Gegenüber auf die eine oder andere Weise wohl auch persönlich ist und vielleicht an eigene ungeklärte Fragestellungen rührt. Thomas und Andrea erzählten beide von einem eng befreundeten Paar, kinderlos und etwas älter, das während der Zeit der Behandlungen ihre Freundschaft immer weiter zurückfuhr. Das Thema war für die beiden offensichtlich ein unabgeschlossenes und sie sendeten unmissverständliche Signale, dass sie nicht darüber reden wollten und die Bemühungen von Thomas und Andrea missbilligten – nicht aus sachlichen Gründen, sondern unausgesprochen und abwehrend. Die Spannung wuchs, bis das befreundete Paar unter einem Vorwand die Freundschaft kündigte. »Das hat mich sehr beeindruckt, wie tief der Schmerz liegen kann, wenn man sich nicht damit beschäftigt«, erzählt Thomas. »In der Art und Weise wie man auf andere reagiert, klärt man auch das eigene Verhältnis«, sagt auch Frieda, die ähnliche Erfahrungen gemacht hat. »Man darf nicht unterschätzen, wie persönlich das Thema ist. Ab einem gewissen Alter hat sich jede Frau die Frage gestellt – oder auch verdrängt –, und in den Reaktionen auf dich leben viele noch einmal ihre eigenen Konflikte aus.«

Auch diejenigen, die sich – mehr oder weniger bewusst – für Kinder entschieden haben, können ein ungeklärtes oder konfliktbeladenes Verhältnis zu der eigenen Eltern-Position haben und deswegen mit Unverständnis oder gar Verachtung auf die Belange ungewollt Kinderloser reagieren. Das muss nicht eine tiefe Wunde im Unterbewusstsein sein, sondern kann, ganz banal, das Gefühl der ständigen Überforderung und Erschöpfung sein, das für viele Eltern der Normalzustand ist. Wenn das Leben der Kinderlosen aus dieser Perspektive wie ein Traum aussieht, woher soll man Sympathie für einen unerfüllten Kinderwunsch nehmen? So kann es sein – und so habe ich mich in den vergangenen Jahren gelegentlich gefühlt – dass ein tiefer Graben zwischen ungewollt Kinderlosen und Eltern verläuft. Wie Almut Dorn anmerkt, sind Kinder für beide Gruppen ein um sich greifendes Thema: für die einen in ihrer Abwesenheit, für die anderen in täglichen Herausforderungen. Da kann es schon vorkommen, dass man aneinander vorbeiredet. Anja, die noch auf den richtigen Vater für ihre Wunschkinder wartet, erzählt von zwei sehr unterschiedlichen Arten von Gesprächen über Kinder, die sie mit ihren Freundinnen führt. Mit solchen, die auch kinderlos und wünschend sind, geht es um die Hoffnung und um die Sehnsüchte, auch um die Kinder im jeweiligen Umfeld. In den Gesprächen mit Freundinnen, die Eltern sind, »ist hauptsächlich die Müdigkeit oder die Überforderung Thema«, sagt sie. »Diese Freunde kommunizieren mir gegenüber relativ wenig Freude darüber, dass sie Kinder haben.« Kaum eine ungewollt Kinderlose wird diesen Mangel an kundgetaner Freude als Argument gegen den eigenen Kinderwunsch aufnehmen und sich davon distanzieren. Stattdessen läuft ein solches Auseinandergehen der Perspektiven oft auf ein gegenseitiges Nichtverstehen hinaus.

Natürlich lieben (die allermeisten) dieser gestressten Eltern ihre Kinder. Aber sie wissen nicht, oder haben vergessen, was es bedeutet, sich nach einem Kind zu sehnen. Kinder sind für sie reale Individuen, deren Bedürfnisse und Tagesrhythmen das Leben bestimmen, aber sie sind nicht Objekte des Verlangens. Oft sind gerade Eltern befremdet von den Mühen, die sich ungewollt Kinderlose aufbürden, um, wie sie, Eltern zu werden. Dabei wissen diese Eltern nicht, was in ihnen vorgegangen wäre, wenn sich keine Kinder in ihrem Leben angekündigt hätten. Vielleicht hatten sie nicht einmal einen ausgeprägten Wunsch, als sie Eltern wurden, vielleicht kam ihnen die Schwangerschaft ungelegen? Trotzdem können sie nicht wissen, was für ein wildes, hungriges Tier in ihnen erwacht wäre, wären sie kinderlos geblieben. Womöglich ist es das gleiche wilde Tier, das sich in ihnen regt, wenn ihr Kind bedroht oder in irgendeiner Weise ungerecht behandelt wird. Selten wird die Familienähnlichkeit zwischen diesen zwei Tieren, dem bewachenden und dem verlangenden, wahrgenommen. So bleibt bei vielen Eltern eine mehr oder weniger leise Verwunderung gegenüber dem Aufheulen der ungewollt Kinderlosen, während diese sich daran aufreiben, dass jene sich nicht dankbarer zeigen für das ungeheure Glück, das ihnen zuteil wurde.

Weitere Missverständnisse rühren daher, dass es in dieser Gesellschaft nicht mehr selbstverständlich ist, dass sich alle Menschen fortpflanzen werden und wollen. Kinderlosigkeit ist kein eindeutiger Makel mehr, es kann und ist in vielen Fällen eine bewusste Entscheidung, von den meisten als berechtigt anerkannt. Im Unterschied zu früheren Zeiten oder auch anderen Kulturkreisen, in denen Kinderlosigkeit ein Fluch, ein Grund für gesellschaftliche und familiäre Ächtung oder einen gesetzlichen Scheidungsgrund darstellt, ist es hierzulande und heutzutage nicht mehr offensichtlich, ob Kinderlosigkeit erwünscht oder ein großer Kummer ist. Das hat zwei Seiten. Zum einen ist es natürlich ein großer Fortschritt, dass Frauen sich nicht allein durch das Muttersein definieren müssen und dass zu dem persönlichen Schmerz des unerfüllten Kinderwunsches keine kollektiv legitimierte und offen ausgesprochene Verachtung hinzukommt. So berichtet zum Beispiel der Soziologe Aditya Bharadwaj in seinem Buch *Disability in Local and Global Worlds* im Rahmen seiner Forschungen zu IVF-Patientinnen in indischen Kliniken von einem kinderlosen Arztpaar, das ständig den Arbeitsplatz wechseln musste. Sobald die Patientinnen herausfanden, dass die Ehe keine Kinder hervorgebracht hatte, wollten sie nicht mehr von der Ärztin behandelt werden. Denn wie könnte ihnen eine unfruchtbare Frau helfen? Eine solche Stigmatisierung erleiden wir Betroffene hier und heute kaum, zum Glück, und diese Tatsache überwiegt bei Weitem die andere Seite, die aber trotzdem unschön sein kann: Eine Banalisierung des Verlustes, im Sinne von – na gut, dann hast du eben keine Kinder, ist ja ein anerkannter Lebensentwurf und nicht das Ende der Welt. Aber genau so fühlt es sich manchmal an, will man rufen, tut man aber in der Regel nicht, und fühlt sich umso mehr allein. Lisa, Andrea und Thomas erzählen, wie sie oft das Gefühl haben (oder hatten), sie werden wie ein, in Lisas Worten, »egoistisches Double-Income-No-Kids-Paar, das sich ein schönes Leben macht« gesehen. Da man hierzulande selten direkt gefragt wird, warum man keine Kinder hat, bleibt man auf der eigenen, unsichtbaren Geschichte sitzen, während die anderen sich womöglich ein völlig falsches Bild machen. »Manchmal möchte ich ungefragt sagen, nein, so sind wir nicht«, sagt Lisa.

Alles andere als eine Privatsache

Denn letztlich möchte man verstanden werden. Auch wenn man sich selbst nicht versteht. Man wünscht sich Unterstützung, Beistand, Teilnahme. Vom Partner, von der Familie, vom Umfeld, ja, auch von der Gesellschaft.

In dieser Gesellschaft vermengen sich aber eine ganze Reihe an widersprüchlichen Botschaften und Bedingungen. Einerseits eine kommerzielle und mediale Idealisierung des Kleinfamilienlebens, das in einer Zeit, in der gesellschaftliche Fragen und Räume immer stärker privatisiert werden, als letztes sinnstiftendes Refugium stilisiert wird. Andererseits erhebliche Defizite in der Unterstützung von Kindern und Eltern und anderen Bezugspersonen und eine verbreitete Haltung, Familienprobleme seien Privatprobleme, und das Problem, keine Familie zu haben, wenn man sich eine wünscht, erst recht. Dabei ist ungewollte Kinderlosigkeit, wiewohl es sie in allen Gesellschaften und zu allen Zeiten gegeben hat, auch gesellschaftlich bedingt und keineswegs nur eine Frage der individuellen Lebensführung oder der Gesundheit (die natürlich auch nie eine reine Privatsache ist). Wie und warum wir sie heute und hier erleben und verarbeiten hat historisch und gesellschaftlich spezifische Hintergründe und Dimensionen. Zum einen kreuzt sich in dem aktuellen, unerfüllten Kinderwunsch eine wachsende Individualisierung mit all ihren strukturellen und ideologischen Gründen und Begründungen (die einhergeht mit der Aufweichung von vorgeschriebenen Lebensläufen, von Familienbanden, von geschlechter- und altersspezifischen Rollen – zumindest in der Tendenz) mit nach wie vor lebendigen, archaischen Wünschen nach Fürsorge, Geborgenheit, Familie, nach festen, auf Dauer angelegten Beziehungen. Der Wunsch nach Zugehörigkeit äußert sich nicht bei allen Menschen in einem Kinder- oder Familienwunsch, aber doch bei sehr, sehr vielen, und er reibt sich dann oft an sozialen Bedingungen und gesellschaftlich geprägten persönlichen Einstellungen und Ausrichtungen.

Dies trifft vor allem auf Frauen zu. Einerseits haben sich westliche Frauen in den vergangenen Generationen von dem Zwang befreit, früh oder überhaupt zu heiraten und in erster Linie Mütter zu sein und sich weitgehende berufliche Möglichkeiten und Selbstbestimmung erkämpft. Andererseits kommen sie durch den zeitlichen Aufwand von Ausbildung und Beruf, gekoppelt mit einer nach wie vor wirkungsmächtigen kulturellen Vorstellung von der Kleinfamilie mit der Mutter als Hauptbezugsperson, sowie einem relativ eng begrenzten Fruchtbarkeitsfenster, in Bedrängnis, wenn sie einen Kinderwunsch haben. Franziska hat ihr Gefühl, mit 32 schon kurz vor dem Ende ihrer Fruchtbarkeit zu stehen, als »Quatsch« bezeichnet, und tatsächlich war sie damals noch jung (und offensichtlich fruchtbar!) – andererseits ist es richtig, dass die Empfängnisbereitschaft des weiblichen Körpers schon mit Mitte 20 anfängt, kontinuierlich abzunehmen. Nun muss man nicht einmal große berufliche Ambitionen hegen, um sich in unserer Gesellschaft mit 25 viel zu jung für ein Kind zu fühlen. Noch in den darauffolgenden Jahren befinden sich die meisten Frauen (und Männer) heute in einem Selbstfindungsprozess, experimentieren, schweben in der mehr oder weniger vagen Vorstellung, ab 30 wird es dann ernst. Martin Spiewak zitiert eine Umfrage des Forschungsverbundes Fertilitätsstörungen des Bundesministeriums für Bildung und Forschung, nach der 38 Prozent der Frauen zwischen 25 und 35 Jahren die Kinderlosigkeit als »idealen Zustand« bewerten, ab 35 dann nur noch 11 Prozent. Für die 35-Jährige, die jetzt auf eine Schwangerschaft setzt, ist es aber im Vergleich zu vor zehn Jahren nur noch halb so wahrscheinlich, dass sie innerhalb eines Jahres schwanger wird – nach neuesten Forschungen sogar auch abhängig vom Alter ihres Partners (während es noch keine gefestigten Werte gibt, zeigen erste Untersuchungen, dass die männliche Fruchtbarkeit ab 35 langsam zu sinken anfängt und die Gesundheitsrisiken für Kinder steigen). Es besteht also ein krasses Missverhältnis zwischen den strukturell und kulturell bedingten gesellschaftlichen Normen und der menschlichen, vor allem der weiblichen, Biologie.

Dieses Missverhältnis wird mir während meines Gesprächs mit Dieter, dem Karlsruher Orthopäden, prägnant vor Augen geführt. Dieter beschreibt seinen Werdegang vom Medizinstudium über die fachliche Weiterbildung und ein Auslandspraktikum in der Schweiz bis zu seiner Niederlassung mit 39. Obwohl der älteste Sohn einer großen Familie schon immer wusste, dass er Kinder will, ergeben sich in seinem Leben erst mit 40 die Ruhe und die freien Kapazitäten, die er für eine Familiengründung für unabdingbar hält. »Und es ist auch nicht so, als hätte ich getrödelt«, gibt der nunmehr 44-Jährige zu bedenken. »Ich bin meinen Weg zielstrebig und ohne große Umwege konsequent gegangen.« Die Wichtigkeit, die Dieter der eigenen Verfügbarkeit als Vater einräumt, ist auch Ausdruck eines veränderten Anspruchs an gleichberechtigte Erziehung – vor einer Generation hätte ein angehender Arzt vermutlich seltener auf »freie Kapazitäten« im eigenen Leben gewartet, bevor er ein Kind in die Welt gesetzt hätte. Nach einem Jahr des »Versuchens« jedenfalls ist Dieters damalige Lebensgefährtin, um ein paar Jahre jünger als er, immer noch nicht schwanger. Der erste Termin bei einer Kinderwunschpraxis steht an, als sich der Orthopäde Hals über Kopf in eine andere Frau verliebt, sich von seiner Freundin trennt, und eine neue Partnerschaft mit der elf Jahre jüngeren Yvonne eingeht. Es wird vom ersten Moment an deutlich kommuniziert, dass beide Kinder wollen. »Das ist auch eine Frage der Konsequenz, wenn man Kinder will. In einer neuen Beziehung folgt es dann mit mehr oder weniger Notwendigkeit, dass man das auch miteinander wollen muss, sonst fehlt der Sinn. Oder man hat dieses Ziel doch nicht wirklich, aber ich habe das schon sehr klar gehabt«, sagt der hochgewachsene, strohblonde Mann, dem einige Sommersprossen um die Nasenflügel spielen. Bis sich das Paar aufeinander eingelassen hat und Yvonnes Approbation als Ärztin absehbar wird, vergehen noch drei Jahre. Dann ist es endlich soweit und: Yvonne wird auf Anhieb schwanger. Als Dieter mir bei Kaffee und Kuchen auf dem Balkon ihrer gemeinsamen Wohnung seine Geschichte erzählt, ist sie im sechsten Monat. Es wird ein Mädchen. Die Freude steht dem werdenden Vater ins Gesicht geschrieben. Im Rückblick, meint er, findet er seinen Weg richtig – er ist im Beruf gefestigt, hat keine finanziellen Sorgen und ist bereit, »ein Kind zu einem wesentlichen Teil des eigenen Lebens werden zu lassen«, wie er sagt.

Dass Dieters Biographie – erst die Ausbildung absolvieren und die Karriere sichern, nach mehreren Anläufen mit 41 die richtige Partnerin finden – für Frauen mit Kinderwunsch kein Modell ist, ist ihm bewusst. Wir sprechen über das wirtschaftliche, systembedingte Problem, dass Lebenswege heute länger brauchen, um sich zu stabilisieren und Raum für Kinder zu schaffen. Es ist ein biologisches und geschlechterpolitisches Problem, dass dies für Frauen, die Kinder wollen, ein wesentlich größeres Risiko birgt als für Männer. Allein das anzuerkennen wäre ein Schritt in die richtige Richtung – dass »der Trend zur späten Mutterschaft das größte Fruchtbarkeitsrisiko darstellt, und die wichtigste Ursache, warum die Zahl künstlicher Befruchtungen ständig steigt«, wie Spiewak schreibt, wird noch von vielen verdrängt, teilweise sogar als frauenfeindliche Ideologie abgetan. Es gibt genug Ratgeber, die uns weismachen wollen, dass wir nur so alt sind, wie wir uns fühlen, dass man nur »daran glauben muss«. Tatsächlich frauenfeindlich ist es, ein gesellschaftliches Problem auf Frauen abzuwälzen, die vor unmögliche Entscheidungen gestellt werden: Berufliche Ambitionen und Selbstfindungsprozesse zurückstellen, um Kinder zu bekommen, oder darauf hoffen, dass der Körper noch mitspielt, wenn die Karriere in trockenen Tüchern ist. In einer Gesellschaft, in der unbezahlte Praktika, befristete Verträge, ganze Lebensläufe in Niedriglohnjobs sowie Arbeitslosigkeit und Prekarität zunehmend zum Normalfall werden, ist der Druck, sich erst einmal um einen Beruf zu kümmern, keine Blüte eines falschen Ehrgeizes, sondern Ausdruck einer realistischen Einschätzung der gegebenen Notwendigkeiten. Die damit einhergehende Vorstellung, die Familie werde irgendwie dann noch dazukommen, ist dagegen oft weniger realitätsnah. Dieser Widerspruch muss klar benannt werden. Es reicht nicht, Frauen dazu aufzufordern, früher mit dem Kinderkriegen anzufangen, als ob das eine ganz und gar private, leicht umzustellende und nur von Frauen zu treffende Entscheidung wäre.

Ein Forderungskatalog könnte also die folgenden Punkte beinhalten: Flexible Studien-, Ausbildungs- und Arbeitszeiten für Eltern, die den Anforderungen der weiblichen Biologie (Schwangerschaft, Stillzeit) Rechnung tragen und beide Elternteile vor beruflichen Benachteiligungen bei verstärktem Familienengagement schützen. Eine Kultur der Gleichberechtigung im Haushalt, vor allem bei der Kindererziehung und -versorgung und bei der beruflichen Auszeit zu diesem Zweck (zum Vergleich: 25 Prozent der Kinder, die in Deutschland im zweiten Quartal 2010 geboren wurden, haben Väter, die Elterngeld in Anspruch genommen haben; 96 Prozent haben ebensolche Mütter). Der konsequente und qualitative Ausbau der Kinderbetreuung. Die gesellschaftliche ideelle und finanzielle Unterstützung von Eltern, vor allem von Vätern, die sich vorübergehend oder auch langfristig Teil- oder Vollzeit um die Versorgung ihrer oder anderer Kinder kümmern wollen. Eine kulturelle Aufwertung von Fürsorge und der traditionell weiblich kodierten Reproduktionsarbeit (»care work«, Betreuungs- und Pflegearbeit) mit entsprechender Entlohnung. Die Gleichberechtigung gleichgeschlechtlicher Paare in der Familienpolitik, in der Reproduktionsmedizin und im Adoptionsrecht. Ein allgemeines Wissen über ungewollte Kinderlosigkeit als Risikofaktor in unserer Gesellschaft. (Dass eine ungewollte Schwangerschaft eine Katastrophe sein kann, die auch vermeidbar ist, hat sich herumgesprochen und ist den meisten Jugendlichen noch vor den ersten sexuellen Kontakten bekannt. Wenn die Aufklärung auch vermitteln würde, dass ungewollte Kinderlosigkeit eine andere Art von Katastrophe sein kann, wäre Einiges geleistet, um diese schiefe Wahrnehmung zu korrigieren.) Eine Überwindung der Spaltung zwischen beruflicher und gesellschaftlicher Teilhabe und Selbstverwirklichung auf der einen Seite und Familienleben und Kindererziehung auf der anderen. Wenn Kinder im Leben erst dann hinzukommen sollen, wenn sich Frauen und Männer beruflich und persönlich »verwirklicht« haben, ist es nicht erstaunlich, dass das immer später und oft auch zu spät geschehen soll.

Klar ist, dass solche Veränderungen über Jahre mühsam erkämpft werden müssen. Zwar gibt es viele, die schon seit Generationen dabei sind, ebendies zu tun, und es schon beachtliche Erfolge gegeben hat – andererseits wirkt die neoliberale Umstrukturierung der Gesellschaft mit ihren Privatisierungen von Gemeingütern und Kürzungen im sozialen Bereich genau in die entgegengesetzte Richtung. Klar ist auch, dass, wenn morgen sämtliche Forderungen dieses Katalogs eingelöst würden, damit die ungewollte Kinderlosigkeit nicht aus der Welt geschafft wäre. Ich behaupte zwar, dass damit Strukturen geebnet wären, die Menschen und vor allem Frauen in jüngeren Jahren die Entscheidung für Kinder sowie das Leben mit Kindern erleichtern würden – und somit die Zahl der altersbedingten Fruchtbarkeitsstörungen radikal reduziert wäre. Es gäbe aber nach wie vor Menschen mit altersunabhängigen Fruchtbarkeitsproblemen, Menschen, die aus mannigfaltigen Gründen den richtigen Partner noch nicht gefunden haben, oder solche, die in der Zwickmühle stecken, den »Richtigen« gefunden zu haben, ohne aber den Kinderwunsch miteinander zu teilen. Politische und kulturelle Änderungen können nur bedingt Abhilfe schaffen. Aber es wäre einiges gewonnen, wenn die Widersprüche, die unsere Gesellschaft in Sachen Kinderwunsch aufmacht, als solche wahrgenommen und entsprechend auf sie reagiert werden würde.

Warum adoptiert ihr nicht einfach?

Das Thema Adoption war sofort nach meiner Diagnose auf dem Tisch. Mein Mann und ich nahmen das Wort schon in den ersten Tagen in den Mund, Freundinnen und Bekannte sprachen es oft als hoffnungsvolle Alternative aus, nachdem wir ihnen von unserem Unglück erzählt hatten. Es blieb aber ein Fremdwort, das erst einmal nicht auf uns und unsere Situation anwendbar schien. Wir wollten ja miteinander ein Kind, wir wollten Fleisch und Blut gewordene Liebe in Form eines Menschen, der in meinem Körper wachsen und aus ihm hervorkommen sollte, der uns und unseren Eltern und Geschwistern und Großeltern ähneln und wieder nicht ähneln würde. Wie die allermeisten Menschen, die sich ein Kind wünschen, wünschten wir uns ein leibliches Kind.

Am 29. April 2005, drei Tage nach meiner Diagnose, schreibe ich in mein Tagebuch: »Ich habe schreckliche Gedanken wie: Wenn wir adoptieren oder auch Eizellen von einer anderen Frau mit Jacobs Spermien verbinden, wird es nicht mein Kind sein, es wird nichts von mir haben. Vielleicht interessiert es sich nicht einmal für Bücher ...« Ungewollte Kinderlosigkeit kann auch die Erfahrung mit sich bringen, die Inhalte der eigenen Wünsche erst dann zu entdecken, nachdem sie verwehrt worden sind. Ich wusste nicht, und war erschrocken darüber, dass ich ein bibliophiles Kind wollte, aber der Gedanke war da, sobald ich eine Adoption erwog. Ein paar Monate später schreibe ich an einen Freund: »Ich muss das alles erst mal eine Zeitlang verarbeiten, bevor ich überhaupt ernsthaft über etwas wie Adoption nachdenken kann. Momentan ist mir der Gedanke eines ›fremden‹ Kindes ehrlich gesagt fast abscheulich, da ich so sehr mein eigenes, Jacobs und meins, will.« »Ich will nicht anderer

Leute Kinder aufziehen. Die Arme würden mir dabei zu Eis«, sagt Yerma, als ihr Mann vorschlägt, eines der Kinder ihres Bruders aufzunehmen. Einen Monat darauf schreibe ich an eine Freundin: »Wir reden manchmal über Adoption, aber das scheint doch sehr weit weg. Der Wunsch nach einem eigenen Kind, entdecken wir grade, ist sehr stark, und eine Adoption würde diesen Wunsch nicht erfüllen.« Weitere zwei Monate später schaue ich mir den Film *Holy Lola* im Kino an. Es geht um den Hürdenlauf eines französischen Paares, das in Kambodscha ein Kind adoptieren will. Nach monatelangem Ausharren im fremden Land, Kämpfen mit gleichgültigen Behörden, korrupten Babyhändlern, Hoffen und Bangen, dürfen sie endlich ein kleines Waisenmädchen aus einem Kinderheim adoptieren und fliegen, überglücklich, zum Schluss des Films mit ihr zurück nach Frankreich. Mich lässt die Rührung und Freude der neuen Eltern kalt. Ich kann nicht nachvollziehen, dass sie sich derartig über ein »fremdes« Kind freuen. In der Szene, als sie das Kind das erste Mal in den Arm nehmen, frage ich mich nur, wo ihre Trauer ist, darüber, dass sie kein leibliches Kind bekommen konnten.

Wiederum zwei Monate später, Ende November 2005, sieben Monate nach meiner Diagnose, findet sich folgender Eintrag in meinem Tagebuch: »Ich merke, wie es sich einschleicht: ein Verschieben meiner Fantasien und Wünsche Richtung Adoption. Ich wehre mich dagegen, es ist (noch) nicht das, was ich will, aber ich spüre, wie sich ein Raum in mir langsam öffnet, in dem dieser Wunsch vielleicht eines Tages Platz haben wird.« Diese Öffnung vollzieht sich in den kommenden Monaten und Jahren, und der Wunsch nistet sich tatsächlich dort ein und wächst und entfaltet sich, bis er die gleiche erschütternde Kraft hat wie der Wunsch nach einem leiblichen Kind. Der Kinderwunsch löst sich nach und nach von meinem Körper und von der Vorstellung, mich, uns, zu reproduzieren, und verlagert sich in die Richtung eines Kindes, das einen großen Verlust erlitten hat und uns, mich, braucht. Genauer gesagt: Mein Kinderwunsch spaltet sich in einen Schwangerschaftsfortpflanzungswunsch und einen Kindesumsorgungswunsch. Denn es ist kein glatter Übergang und auch keine gradlinige Entwicklung, die hier stattfindet. Ein

Jahr nach meiner Diagnose bin ich so weit, dass ich intensiv über ein Adoptivkind wunschträume, aber gleichzeitig schwangere Frauen nicht ertragen kann, weil es noch einen überwältigenden körperlichen Wunsch gibt, ein Kind zu gebären. Der Adoptionswunsch stellt in der Tat eine Aufsplittung oder ein Herunterbrechen des Kinderwunsches dar, was sehr aufschlussreich über unbewusste Motivationen und Sehnsüchte sein kann. Die Vorstellung, ein Kind zu adoptieren, spitzt in einem sehr spezifischen Sinne die Selbstreflexion zu, die jegliche Erfahrung vom unerfüllten Kinderwunsch und den diversen Reaktionen darauf mit sich bringen kann: Geht es mir in erster Linie darum, schwanger zu werden, mit meinem Mann zusammen ein Wesen zu schaffen, das uns ähnelt und mit dem wir von der ersten Sekunde seines Lebens an eine ungebrochene Familieneinheit bilden? Oder geht es mir darum, mit einem Kind, das mich braucht, zusammen zu leben, es zu lieben und ihm alles zu geben, damit es in dieser Welt gedeihen und glücklich sein kann? Nun: um beides. Am Anfang des Kinderwunsches machte es für mich gar keinen Sinn, diese zwei Dimensionen zu trennen. Es wäre verkürzt zu behaupten, der wahre Kern des Wunsches bestehe darin, mit einem Kind zusammen zu leben, alles andere seien narzisstische Nebensächlichkeiten: Jeder Wunsch beinhaltet einen Selbstbezug, daran ist erst einmal nichts auszusetzen. Die Tatsache, dass der erste Teil meines Wunsches nicht erfüllbar ist, hat mir das Herz gebrochen und musste gründlich betrauert werden. Nur in diesem Trauerprozess, der anerkennt, was verloren gegangen ist, können die anderen Dimensionen des Wunsches, die durch eine Adoption erfüllbar sind, umfassendere Wichtigkeit erlangen, ja, vielleicht auch überhaupt erst ins Bewusstsein gelangen. Es ist eine erstaunliche Entwicklung: Das, was mir noch vor wenigen Monaten »abscheulich« erschien, fremd und ohne Bezug zu meinem eigenen Wunsch, nimmt begehrenswerte Züge an, während das, was damals noch so wichtig war (ein Kind, in dem ich mich und meinen Mann wiedererkennen kann) an Wichtigkeit verliert. Als 2007 der US-amerikanische Film *Juno* über eine schwangere Sechzehnjährige und das Paar, das ihr Kind adoptieren will, in die Kinos kommt, identifiziere ich mich sofort mit der angehenden Adoptivmutter und beneide sie um das Baby, das sie zum Schluss des Filmes in den Armen hält (und ärgere mich über ihre stereotypische Darstellung).

Eine solche Entwicklung geht durch die Seele, durch den Kopf, durch den Körper, und ist voller Umwege und Abzweigungen. Als Rita uns eine Leihmutterschaft anbietet, tritt der aufkommende Adoptionswunsch in den Hintergrund, und ich setze wieder auf ein leibliches Kind von Jacob. Als dieser Plan aufgegeben wird, muss ich erneut trauern und mich auf einer tieferen Ebene auf die Vorstellung eines gänzlich unverwandten Kindes einlassen. Nach der Leihmuttergeschichte, die wir aus Rücksicht auf das Kind abgebrochen haben, habe ich das Gefühl, das Kind und seine Bedürfnisse klarer zu sehen, als ich es zuvor in meinen Adoptionsträumereien getan habe. Anstatt mir nur, wie bisher, vorzustellen, wie ein Adoptivkind meine Sehnsucht stillen könnte, nimmt jetzt die Not eines zur Adoption freigegebenen Kindes mehr Platz in meinen Überlegungen ein: Wir könnten die Hoffnung sein für ein solches Kind, wir könnten zur Stelle sein, wenn die leiblichen Eltern nicht mehr da sind und ihm, so gut wir können, die Fürsorge und Geborgenheit schenken, die jedes Kind braucht, aber nicht jedes Kind bekommt. Es ist ein ernster, schöner Gedanke, der mich mit dem Gefühl der Verantwortung und einer großen, neuen Liebe erfüllt.

Ein schwuler Freund, der auch gern adoptieren würde, schreibt mir in dieser Zeit von der Möglichkeit, ohne die »hormonellen Tricks der Natur« eine Bindung aufzubauen und Liebe entstehen zu lassen jenseits der »mühelosen, unmittelbaren Verwandtschaft, die oft den Kult und die Herrschaft des ›eigenen‹ Blutes nach sich zieht«. Mir gefällt diese Idee, und ich lasse mich zunehmend auf die Vorstellung ein, Adoptivmutter zu werden, eine Rolle, die nicht identisch ist mit der einer leiblichen Mutter und sie nicht restlos ersetzt, weder für mich noch für das Kind – aber die mich in ihrer eigenen Besonderheit anzieht und fasziniert.

Als ich mich gute zweieinhalb Jahre nach der Leihmutterepisode (eine durchaus produktive Abzweigung) und tief im Adoptionsprozedere, in die Fantasie hineinversteigere, dass ich schwanger bin, schlägt mein Therapeut ein Ritual vor. Obwohl wir uns längst gedanklich und emotional auf ein Adoptivkind eingestellt hatten, gibt es offensichtlich noch Nachwehen vom Schwangerschaftsfortpflanzungswunsch, und der Therapeut meint, dass trotz der Jahre der Trauerarbeit, ein aktives Abschiednehmen noch aussteht. Jacob und ich diskutieren lange darüber, wie ein solches Ritual aussehen könnte, und einigen uns schließlich darauf, auf einem Friedhof ein kleines Grab mit Steinen zu bauen. Es wird eine tief beeindruckende Erfahrung. Das gemeinsame Aussuchen einer geeigneten Stelle, das Sammeln von Steinen, das Anordnen in einem kleinen Kreis, das Pflücken von Blumen, die wir auf die Steine legen und dazu eine Grabkerze hinzustellen und anzünden: All diese Handlungen fühlen sich bedeutungsvoll und richtig an. Wir sitzen lange bei dem kleinen Denkmal, und endlich, nach vier Jahren, habe ich ein äußerliches Symbol für meine Trauer und für den Tod, den meine verfrühten Wechseljahre für mich und meinen Mann bedeutet haben. Einerseits wäre es bestimmt hilfreich gewesen, wenn wir früher auf die Idee gekommen wären. Andererseits gehören zu jeder Trauer auch die Rückschläge, die Wiederholungen, die Nachträglichkeit. Jeder Fortschritt in der Verarbeitung muss unzählige Male wiederholt werden, bis er im Innersten begriffen wird. Dabei geht jede Wiederholung tiefer als die letzte, ist gründlicher und in gewisser Hinsicht auch schmerzhafter. Wenn man alle Gefühle auf einmal serviert bekommen würde, würde man das nicht überleben. Insofern ist das oberste Gebot der Jugendämter und Adoptionsexpertinnen, man solle den leiblichen Kinderwunsch vollständig verarbeitet haben, bevor man in ein Adoptionsverfahren einsteigt, einerseits nachvollziehbar und wichtig, geht aber andererseits komplett an der Realität der Verlustbewältigung und Wunschentstehung vorbei.

Es dauert noch zwei weitere Jahre nach diesem Ritual, bis ich überhaupt ein konkretes Bild von dem Kind bekomme, das ich verloren hatte – oder mir zumindest bewusst wird, dass ich ein solches Bild in mir trage. Es sind zwei Kinder, ein Junge und ein Mädchen, und sie ähneln meinem Mann körperlich und vom Charakter her: Sie sind kräftig, störrisch und fröhlich wie er.

Wenn ich jetzt an sie denke, spüre ich eine große Zärtlichkeit. Ich vermisse sie, oder das, was sie gewesen wären. Aber sie sind nicht mehr die Kinder, nach denen ich mich sehne. Diese Kinder wiederum ähneln uns äußerlich in keiner Weise, und über ihre Persönlichkeiten, Stärken und Schwächen, weiß ich nichts. Es ist mir auch nicht wichtig, wofür sie sich interessieren oder sich nicht interessieren – aber ich brenne darauf, es zu erfahren. Wenn ich träume, träume ich von ihnen.

Vom Kinderwunsch zum Adoptivkinderwunsch

Bei Thomas und Andrea gehen die Kinderwunschbehandlungen und die Adoptionsvorbereitungen unvorschriftsmäßig ineinander über: Der letzte ICSI-Versuch steht noch aus, als das Paar beim Jugendamt vorstellig wird. »Da haben wir geschwindelt«, gibt Andrea zu. »Wir dachten, wir fahren jetzt zweigleisig.« Die beiden hatten aber schon längst damit angefangen, sich vom leiblichen auf den Adoptivkinderwunsch umzustellen. Zuerst wurde das Thema von außen an sie herangetragen, erzählt die Förderschullehrerin, von Freundinnen. Es ist unser zweites Treffen, wir sitzen in ihrem sonnigen Wohnzimmer am Fenster, sie hat Käsekuchen gebacken. »Damals konnte sich Thomas das gar nicht vorstellen, er wollte das nicht«, sagt sie. Ihr Mann bestätigt seinen anfänglichen Widerstand, als wir später zu zweit in seinem Büro darüber sprechen. Dass und wie man eine intensive emotionale Bindung zu einem nicht-leiblichen Kind aufbauen könnte war für ihn damals nicht offensichtlich. »Klick« machte es dann für ihn anhand zweier Erfahrungen: Zum einen die Beziehung zu seiner Nichte, die Tochter von Andreas Schwester, um die sich die beiden schon bald nach der Geburt oft und über längere Strecken kümmerten. Zum anderen ein Heimkind, das bei Andrea in der Klasse war: »Der hatte eine schlimme Misshandlungsgeschichte hinter sich, pendelte zwischen Heim und leiblichen Eltern, war aber total pfiffig und aufgeweckt. Er ist Andrea wirklich ans Herz gewachsen, sie hat zu Hause immer von ihm erzählt. Ich war auch öfters bei ihr in der Schule und habe ihn dann kennengelernt und liebgewonnen. Irgendwann habe ich zu Andrea gesagt: Den würde ich sofort nehmen.« In einer für angehende Adoptiveltern durchaus typischen Entwicklung muss Thomas zuerst die Erfahrung machen, dass es möglich ist, zu einem »fremden« Kind genauso viel Nähe aufzubauen, wie er sich das bei einem leiblichen Kind vorstellt. Dann wird die abstrakte Vorstellung einer Adoption fassbar und wandelt sich von einer angstbesetzten zweiten Wahl zu einem Hoffnungsträger. Unzählige Adoptionsbewerberinnen berichten, dass sie den Schritt zu der endgültigen Entscheidung erst dann machten, nachdem sie ein bedürftiges Kind kennengelernt oder eine Adoptivfamilie erlebt haben.

Den letzten Schubs gibt Andreas Schwester, die ein Prospekt der Adoptionsstelle des Jugendamts vorbeibringt, während Andrea noch mit Hormonspritzen zu tun hat. »Ich habe das gelesen und zu Thomas gesagt, wir sollten uns damit beschäftigen, das ist vielleicht eine Tür, wenn wir die jetzt zuschlagen, können wir sie nie wieder aufmachen«, erzählt sie. Thomas war damals 34, und Andrea (zu der Zeit 30) hatte gehört, dass man sich ab 36 nicht mehr bewerben kann. Tatsächlich gibt es in Deutschland keine rechtlich festgeschriebene Altersgrenze nach oben für Adoptionsbewerberinnen, die Entscheidung liegt immer im Ermessen des Jugendamts und hängt auch von der Zahl der Bewerberinnen im Vergleich zu der der freigegebenen Kinder ab. In der Praxis wird man heutzutage meist ab 40 abgewiesen; vor rund zehn Jahren, als Thomas und Andrea den Schritt zum Jugendamt erwogen, teilweise auch schon ab Mitte 30. Und somit ging das Abenteuer los, das noch zum Zeitpunkt unserer Gespräche nicht abgeschlossen ist.

Das Bewerberverfahren beim Jugendamt ist nach den Strapazen der Reproduktionsmedizin für beide fast erholsam. Die Sachbearbeiterin versucht zwar, die Hoffnungen im Zaum zu halten – von langen Wartezeiten ist die Rede, und auch, dass es keine Garantien gibt. Aber Andrea und Thomas gehen die Sache zuversichtlich an, sie sind noch jung, ihre Chancen, so denken sie, stehen nicht schlecht. Thomas, der zum Grübeln neigt, kann sich die Sorge nicht verkneifen, dass sie ein Kind mit einer Lernschwäche oder einer Verhaltensstörung bekommen, weil seine Frau aufgrund ihres Berufes geradezu prädestiniert dafür zu sein scheint. Die Fragen, ob sein selbständiges und nicht besonders lukratives Schriftstellerdasein sowie eine Geschichte der Alkoholkrankheit in der Familie den Zuständigen beim Jugendamt problematisch erscheinen könnten, beschäftigen ihn auch. »Ich habe mir schon Gedanken gemacht darüber, wie ich das in dem Lebensbericht darstelle, damit die nicht denken, ich bin geschädigt«, erzählt er.

Kaum eine Adoptionsbewerberin wird der Prüfung des Jugendamts und der Vermittlungsstellen vollkommen gelassen entgegensehen. Vielen erscheint es als eine Zumutung, wildfremden Menschen Einblick in die eigene Ehe, finanzielle und berufliche Verhältnisse, den Familienhintergrund, die Wohnung und in die Psyche zu gewähren, um eine Eignung als Mutter oder Vater zu beweisen. Die große Mehrheit der Adoptionsbewerberinnen in Deutschland ist heute ungewollt kinderlos. Genaue Zahlen gibt es hierzu nicht: Rolf P. Bach, bis vor kurzem Leiter der GZA, der Gemeinsamen Zentralen Adoptionsstelle der vier norddeutschen Bundesländer, schätzt, dass es mindestens 95 Prozent sind. Diese Bewerberinnen haben in der Regel schon jahrelang mit einem unerfüllten Wunsch gelebt, viele werden zumindest Kontakt mit der Reproduktionsmedizin gehabt haben, wenn nicht schon etliche, letztlich gescheiterte Behandlungen hinter sich. Sie haben mühsam bittere Enttäuschungen verarbeiten müssen, sie haben – wenn auch nicht vollständig und noch unter Vorbehalt und mit Zweifeln – zumindest begonnen, sich von ihrem Wunsch nach einem leiblichen Kind zu lösen und sich auf die Annahme eines unverwandten Kindes einzustellen und zu freuen. Mit diesem Kummer im Herzen, mit dieser schon geleisteten Öffnung für etwas derartig Unabwägbares und Risikoreiches wie ein Adoptionsverfahren, fühlt es sich für viele Bewerberinnen wie Salz in den Wunden an, wenn sie jetzt noch, meist von staatlicher Stelle, bis ins Intimste auseinandergenommen werden, auf der Suche nach Indizien für eine Untauglichkeit als Eltern. Nicht wenige werden sich schon aufgrund der eigenen Unfruchtbarkeit gefragt haben, ob sie nicht irgendeinen Makel tragen, der ihnen das Elternwerden verwehrt – und haben den Gedanken dann als irrational weggeschoben. Jetzt scheint diese Frage implizit in der Haltung der Behörden zu liegen, die einen erst einmal misstrauisch beäugen zu scheinen. Blättert man durch die Adoptionsbroschüren der Jugendämter, findet man im Tonfall leicht rügende Passagen, zum Beispiel über die Hoffnung der meisten Bewerberinnen auf ein möglichst junges Kind. So heißt es in dem Informationsblatt »Adoption – ein Weg?!« der Landesjugendämter Berlin und Brandenburg: »Häufig wird, wenn auch unbewusst, Ersatz für das ›nicht eigene, leibliche‹ Kind gesucht; Adoptiveltern möchten alle Phasen der kindlichen Entwicklung miterleben.« Sofort fühlt man sich verunglimpft, in der eigenen Kränkung und in der eigenen Trauer nicht wahrgenommen, in die Defensive gedrängt. Sofort fragt man sich, wie eine ideale Bewerberin für die Behörden denn auszusehen hat, fahndet im Geiste durch das eigene Leben auf der Suche nach Defiziten, wie Thomas es getan hat. Die Angst, nachdem man schon körperlich »durchgefallen« ist, noch sozial als nicht genügend eingestuft zu werden, beschäftigt wohl jede von Unfruchtbarkeit betroffene Adoptionsbewerberin.

Die Tatsache, dass es weit weniger für die Adoption »vorgemerkte« (wie es in der Amtssprache heißt) Kinder als Bewerberinnen gibt, trägt auch zu der Verunsicherung bei. 2001, als Andrea und Thomas in das Verfahren einsteigen, kommen laut Statistisches Bundesamt auf jedes vermittelbare Kind in Deutschland 14 Bewerbungen – eine aus der Bewerberperspektive ziemlich ernüchternde Zahl. Mittlerweile hat sich diese Zahl halbiert – 2010, das letzte Jahr, für das Daten vorliegen, waren es 944 Kinder auf 6522 Bewerbungen: pro Kind also knapp 7 Bewerbungen. Hierbei hat sich die Zahl der Kinder nur unwesentlich verändert, es ist die Zahl der Bewerberinnen, die dramatisch geschrumpft ist. Über die Gründe kann nur spekuliert werden – eine Rolle werden reproduktionsmedizinische Angebote spielen, die Kinderlosen entweder zu einem Kind verhelfen oder sie so lange aufhalten, bis es zu spät für eine Adoptionsbewerbung geworden ist (wie in dem Fall von Lisa und Jan). Rolf P. Bach von der GZA teilt diese Einschätzung und erwähnt die »vielerorts praktizierte und dort – auch für ausländische Staatsangehörige – legale« Leihmutterschaft als ein Angebot, das den Adoptionsstellen die Bewerberinnen abtrünnig macht. Naturgemäß bleibt auch diese Annahme eine ungefestigte Spekulation. Bei den deutschen Behörden nicht registrierte Adoptierende, die über private Kanäle aus dem Ausland adoptieren, sind nicht in der Zahl der Bewerbungen erfasst, dabei ist aber nicht klar – wie oft unbelegt behauptet wird –, ob dieses Phänomen zunimmt. Wie dem auch sei, ein Verhältnis von sieben zu eins stellt zwar einen »Forschritt« im Vergleich zu vor einem Jahrzehnt dar, als Adoptionsbewerberin ist man aber nach wie vor eine Bittstellerin, wie Lisa zu Recht beobachtet hat, und fühlt sich unter Druck gesetzt, möglichst überzeugend aufzutreten. Die Wohnung wird nie wieder so sauber sein wie beim Hausbesuch der Sachbearbeiterin vom Jugendamt, lautet ein müder Scherz unter Adoptionsbewerberinnen und rührt nur an der Oberfläche der Ängste, die die Eignungsprüfung auslöst. Die Tatsache, wie Rolf P. Bach erklärt, dass die Ämter eher selten »rechtsmittelfähige Ablehnungsbescheide« schreiben und stattdessen aus ihrer Sicht ungeeigneten Bewerberinnen nahelegen, von sich aus von dem Vorhaben Abstand zu nehmen oder sie formal akzeptieren, in der Praxis aber nicht berücksichtigen, dürfte auch nicht besonders tröstlich wirken.

Wie die meisten Bewerberinnen erleben Thomas und Andrea das Prozedere trotzdem als weniger bedrohlich als befürchtet und bekommen einen positiven Bescheid. Zwei bis drei Jahre kann es dauern, bis ein »Kindervorschlag« kommt, wenn überhaupt, heißt es seitens der Behörde. Also legt sich das Paar erst einmal ein neues Hobby zu, das Sportklettern. »Da war ich Anfang 30 und hatte noch nicht das Gefühl, mir läuft die Zeit davon«, sagt Andrea. Die beiden schaffen es, sich auf andere Lebensinhalte zu konzentrieren und zuversichtlich zu bleiben. Alle zwei, drei Monate melden sie sich bei der Adoptionsstelle, um ihre Bewerbung aktiv zu halten. Als Andrea knapp zwei Jahre, nachdem sie auf die Liste gekommen sind, wieder einmal anruft, wittert sie etwas in der Stimme und in den Fragen der Sachbearbeiterin, obwohl sie nichts anderes sagt, als sonst. Aber Andrea bekommt das unmissverständliche Gefühl, es könnte bald losgehen – und in der Tat, ein paar Wochen später kommt der Anruf, den Thomas entgegennimmt: der Kindervorschlag, ein frisch geborenes Mädchen afrikanischer Herkunft. Obwohl sie sich damals auf dem Bewerberbogen offen für ein Kind aus einer »deutsch-ausländischen Verbindung oder mit Migrationshintergrund«, wie es dort formuliert ist, erklärt haben, ist die Nachricht, dass sie ein dunkelhäutiges Kind bekommen sollen, erstmal eine Überraschung für Thomas und Andrea, die beide weiß sind. »Ich dachte sofort an die Schwierigkeiten, die sich deswegen ergeben könnten – dass wir immer auffallen werden«, erzählt Andrea, während sie mir ein zweites Stück Käsekuchen abschneidet. »Und ich dachte schon, Mensch, warum kann es nicht mal alles ein bisschen einfacher sein.« Das war, bevor sie Tamara gesehen hatte. Als Andrea dann am nächsten Tag den Säugling in die Arme nimmt, verdunsten die Ängste sowie die Jahre des Wartens und Verzagens augenblicklich in der Hitze ihres Glücks. Ein halbes Jahrzehnt nach dem ersten ICSI-Versuch schaut sie nun tatsächlich ihrem Kind ins Gesicht: »Sie war das, was ich immer wollte«, sagt Andrea mit glänzenden Augen. »Es war so ein Glücksgefühl, von dem Moment an, wo sie das erste Mal in meinem Arm lag. Ich war überschwemmt.«

Natürlich war es noch gar nicht »ihr« Kind, das würde noch Jahre dauern. Vor acht Wochen darf die leibliche Mutter ihre Einwilligung zur Adoption gar nicht geben, und dann folgen noch einmal zehn Monate der Adoptionspflege, bevor die Adoption rechtskräftig wird. »Stellen Sie sich das Kind erst mal als Gast vor«, sagt auch die Sachbearbeiterin, und die Geburtsanzeige ist vorsichtig formuliert: »Tamara lebt jetzt mit uns.« Thomas macht sich Sorgen, träumt, dass Menschen vor der Tür stehen und ihnen das Mädchen wieder wegnehmen wollen. Andrea ist aber, wie sie es ausdrückt, »komplett blauäugig. Ich war mir einfach sicher, das ist mein Kind«. Zittern muss sie dann doch, als nach der Sperrfrist die leibliche Mutter verschwunden ist, ohne die Freigabe zur Adoption unterschrieben zu haben und die Frau vom Amt die unheilvollen Worte: »Wir haben auch immer Rücknahmen« ausspricht.

In der Zwischenzeit lebt das Paar mit seinem Baby das gleiche Leben wie alle anderen neuen Eltern. Der Kinderwunsch ist erfüllt, ohne Wenn und Aber. Andrea bekommt ab und an einen Stich, wenn es bei der Babymassage oder in der Krabbelgruppe ständig um Schwangerschaft und Geburt geht – es nagt doch noch an ihr, dass sie das nicht erleben durfte. Der Schwangerschaftswunsch wurde schließlich nicht erfüllt. Manchmal kommt bei Andrea das Gefühl auf, dass sie Tamara gern ausgetragen hätte. Ein unmöglicher Gedanke, der geistige Versuch, den nicht erfüllten Wunsch mit dem Glück, das ihr zuteil geworden ist, zu vereinbaren. Während Thomas, der der Adoption gegenüber anfangs so skeptisch war, mittlerweile den Stolz, den manche Eltern für ihre leiblichen Kinder empfinden, »das Hineinlegen eigener Eigenschaften oder Physiognomien in die leiblichen Kinder«, gar nicht mehr nachvollziehen kann.

Als Tamara ein Jahr alt ist, kommt endlich die Unterschrift, aber dann dauert es noch ein weiteres Jahr, bis es einen Gerichtstermin gibt und die Adoption ausgesprochen wird. Dann endlich ist Tamara auch amtlich und besiegelt »ihr« Kind. Die Verzögerung bedeutet unter anderem, dass Thomas und Andrea keinen Antrag für ein Geschwisterkind stellen können, denn während eines laufenden Verfahrens darf keine zweite Bewerbung eingereicht werden. Dass es nicht bei einem Kind bleiben soll, war aber schon immer in beiden Köpfen präsent. Gefestigt wird dieser Wunsch, wie Thomas erzählt, durch die Erfahrung mit Tamara: »Wir dachten schon in den ersten Monaten, dass es schön wäre, wenn sie nicht allein bleibt in ihrer Besonderheit als dunkelhäutiges Adoptivkind mit weißen Eltern«. Sobald die erste Adoption rechtens ist, beginnen die Gespräche für die zweite. Wieder wird das Paar auf eine lange Wartezeit mit ungewissem Ausgang eingestimmt – und dieses Mal wird nicht nur auf ein zur Adoption freigegebenes Kind gewartet, sondern auf ein dunkelhäutiges, wie es das Jugendamt in Hinblick auf die Familienkonstellation für ratsam hält, eine Einschätzung, die auch Thomas und Andrea teilen.

»Dann waren wir wieder in diesem Ding drin, immer wieder die Hoffnung hervorholen zu müssen«, sagt Andrea, und der

Ton ist nicht mehr so leicht und fröhlich wie noch vor ein paar Minuten, als sie von Tamaras Ankunft in ihrem Leben erzählt hat. Um nicht auf ungewisse Zeit in diesem »Ding« zu rotieren, entscheidet sich die damals 37-Jährige, dass mit 40 Schluss sein soll. Wenn sich bis dahin nichts getan hätte, wollte sie das Thema abschließen und nicht mehr mit angehaltenem Atem durchs Leben gehen. Je näher aber dieser Geburtstag rückt, desto mehr verspürt sie den Druck – sie kann und will die Hoffnung noch nicht aufgeben, aber sie hat sich selbst diese Frist gesetzt, deren Ende förmlich auf sie zurast. Da kommt gelegentlich auch wieder die Wut auf ihren Mann hoch, »dass das bei uns alles so kompliziert ist«. Sie ist nicht bereit, abzuschließen. Thomas schon gar nicht: Er will nicht mal einen Zeitpunkt festlegen. Er will ein zweites Kind.

Und dann kommt ein Anruf. Die Familie ist im Skiurlaub, es erreicht sie aus heiterem Himmel: Ein einjähriger Junge afrikanischer Herkunft, der in einer Pflegefamilie lebt und bei dem derzeit geprüft wird, ob er für die Adoption geeignet ist. Allerdings, so fügt die Jugendamtsvertreterin sofort hinzu, mit einer schweren Alkoholschädigung. Obwohl sich Thomas und Andrea schon am Anfang ihrer Adoptionsüberlegungen mit dem ernüchternden Thema FAS (Fetales Alkoholsyndrom) auseinandergesetzt hatten, hören sie jetzt in erster Linie: »einjähriger Junge afrikanischer Herkunft« – und können die glückliche Fügung kaum glauben. »Wir haben uns schon mit angezogener Handbremse gefreut«, erzählt Andrea. »Aber wir dachten auch, jetzt hat es tatsächlich geklappt, und genauso, wie wir es uns gewünscht hatten.« Beim Jugendamt werden ihnen eher ermutigende medizinische Gutachten vorgelegt, das Kind soll einen aufgeweckten Eindruck machen. Auf dem Foto meint Andrea aber eine Schädigung aus den Gesichtszügen herauslesen zu können. »Ich war da gar nicht mehr euphorisch«, sagt sie, »eher verhalten«. Zuhause setzt sich Thomas an den Rechner und recherchiert zu FAS, und was er findet, gibt vor allem Andrea das Gefühl, dass sie einer solchen Herausforderung nicht gewachsen sind: »Da gab es unzählige Geschichten von Adoptiveltern von alkoholgeschädigten Kindern, die einfach verzweifelt sind, und ich dachte, das packen wir nicht. Ich muss immer arbeiten – wenn ich Zeit hätte, wäre das was anderes. Und wir haben ja Tamara, und ich dachte, das ist nicht gut für unsere Familie. Ich habe ein ganz schlechtes Gefühl gehabt.« Fetales Alkoholsyndrom kann organisch, kognitiv und – oft am belastendsten für die Familienmitglieder – im sozialen Verhalten des Kindes schädigend sein und in schlimmeren Ausprägungen bedeuten, dass eine Betroffene bis ins Erwachsenenalter rund um die Uhr betreut werden muss. Trotz dieses Wissens und der erschreckenden Dinge, die Thomas im Internet zu lesen bekommt, hält ihn der Gedanke an den kleinen Jungen gefangen. Helfen will er, da sein für ein Kind mit Bedürfnissen, für dieses Kind. Er versucht seine Frau zu überzeugen, dass sie es doch schaffen könnten, ihm die Familie zu bieten, die der Kleine braucht. Wenn Thomas auf all die Jahre des gelebten Kinderwunsches zurückblickt, ist diese Situation für ihn die schlimmste Erfahrung überhaupt. »Ich war tagelang völlig fertig«, sagt er, »ich konnte nicht schlafen. Auch mit dem Wissen, wie schlimm FAS ist, konnte ich es nicht über mich bringen, das Kind abzulehnen. Ich konnte mich nicht entscheiden, was richtig war. Ich war zerrissen.« Der dunkelhaarige Mann mit den ergrauenden Schläfen zieht ein paar Mal schweigend an seiner Zigarette. »Ja und dann sind wir zu der Pflegefamilie gefahren und haben das Kind kennengelernt.«

Im Unterschied zu dem Foto wirkt der kleine Junge auf beide relativ normal, sie finden ihn süß. Doch was die Pflegemutter erzählt, ist eindeutig: Das Kind ist geschädigt und in seiner Entwicklung stark beeinträchtigt – keinen Tag-Nacht-Rhythmus, Essstörungen, »die typischen Sachen«, wie Andrea sagt. Die beiden fahren nach Hause und quälen sich eine Weile lang weiter. Sie erkundigen sich, ob sie Pflegegeld beantragen können, um die nötige Hilfe und Unterstützung zu bekommen, aber bei einer Adoption ist das nicht vorgesehen. »Ohne diese Hilfe, habe ich zu Thomas gesagt, schaffen wir das nicht«, erzählt Andrea, aber ihr Mann kann sich immer noch nicht zu einem Nein durchringen. Einige Tage später gibt es eine weitere, tränenreiche Besprechung im Jugendamt. »Ich wusste vom Verstand her: sag nein«, meint Andrea. »Aber das dann wirklich zu sagen. Bei einem kleinen Jungen, der genau richtig zu sein schien für unsere Familie.« Schließlich ist es die Beamtin, die ausspricht, was sich letztlich – so bewerten es mittlerweile sowohl Andrea als auch Thomas – als die richtige Einschätzung herausstellt. »›Sagen Sie nein‹, hat sie gesagt«, erzählt Andrea. »›Ich empfehle dieses Kind nicht für die Adoption. In der Pflege ist es besser aufgehoben, da können wir sichergehen, dass es alle nötigen Hilfsmaßnahmen bekommt.‹« Und dann war es klar. Andrea ist erleichtert, Thomas mitgenommen, er muss das Geschehene noch eine Zeit lang verarbeiten, bis er mit Bestimmtheit sagen kann: »Das war absolut die richtige Entscheidung, das nicht zu machen. Einerseits ist mir klar geworden, dass es totaler Quatsch gewesen wäre, dieses Kind aus dieser Pflegefamilie rauszuholen. Es war dort gut aufgehoben. Und andererseits musste ich erkennen, was das für unsere Familie bedeutet hätte, ein alkoholgeschädigtes Kind aufzunehmen.« Für Andrea spielt die offensichtlich liebevolle und kompetente Pflegefamilie eine wichtige Rolle in der Beurteilung der Situation: »Sich gegen ein Kind zu entscheiden ist schon hart, aber es war auch klar, ihm geht's gut in der Pflegefamilie. Ein Kind in einem Heim oder auf der Straße zurückzulassen, das wäre nicht gegangen.«

Sobald man als ungewollt Kinderlose die Entscheidung getroffen hat, zu adoptieren, diesen innerlichen Schwenk vollzogen hat, von den Träumen vom leiblichen Nachwuchs zu der Vorfreude auf ein »fremdes« Kind, das man in einem bürokratischen, juristischen und vor allem emotionalen Verfahren zu seinem eigenen macht – kann man sich schnell in einem eigenartigen moralischen Zugzwang wiederfinden. Dem Wunsch nach einem möglichst jungen, gesunden Kind haftet der – teils ausgesprochene, teils implizite – Vorwurf an, sich nicht für die Belange der kranken, behinderten, älteren Kinder zu öffnen, die sonst wenig Chancen auf eine Adoption haben. Hier bewegen sich Jugendämter und Adoptionsvermittlungsstellen auf dem schmalen Grad der Ermutigung gegenüber den Bewerberinnen, sich mit den Inhalten des eigenen Wunsches ergebnisoffen auseinander zu setzen und ihn an die realen Eigenschaften adoptierbarer Kinder anzupassen und gleichzeitig die Kinderwünschenden nicht unter Druck zu setzen, ein Kind anzunehmen, dessen Bedürfnissen sie nicht gewachsen sind. Nicht immer zeigen sich die Verantwortlichen derartig einfühlsam und klarsichtig wie im Fall von Andrea und Thomas. Schließlich ist Adoption eine komplexe Angelegenheit, in der die Bedürfnisse von Kindern, die Rechte und Wünsche von Herkunftseltern und die Belange von Adoptionsbewerberinnen eine Rolle spielen. Wie sehr sich Bewerberinnen unter Druck setzen lassen, hängt selbstverständlich von individuellen Eigenschaften ab, von der eigenen Einschätzung der Hoffnungsaussichten (»wenn ich jetzt nein sage, bekomme ich nie ein Kind«), von dem Hang zu Schuldgefühlen darüber, dass man nicht alle notleidenden Kinder retten kann, und dass auch zum Adoptivkinderwunsch ein Stück »Egoismus« gehört. Wie viel und wie weit man sich öffnet für die Herausforderungen, die mit der Adoption eines geschädigten oder kranken Kindes einhergehen, muss jeder in einem tiefgehenden Reflexionsprozess mit sich selbst und dem Partner entscheiden.

Andrea und Thomas haben kaum Zeit, sich von der geplatzten Vermittlung zu erholen, bevor die nächste Ernüchterung einsetzt: Thomas wird mit seinen 44 Jahren langsam zu alt für ein Baby oder Kleinkind, sagt die Sachbereiterin, und schlägt den Weg in die Auslandsadoption vor. Die Idee hatte Thomas schon vor Jahren angesprochen, Andrea hatte aber »die klassischen Vorbehalte«, wie sie sagt. Kann man den Vermittlungsstellen vertrauen, läuft das Ganze im Herkunftsland korrekt ab, »ist es richtig, ein Kind aus dem Land herauszuholen, aus dem Gefüge, in das es hineingeboren ist?« Die Tatsache, dass es für ihre Tochter immer wieder schwierig ist, als Schwarze unter Weißen zu leben, gibt ihr auch Bedenken, das gleiche Schicksal einem Kind aus dem Ausland zuzumuten. Dazu kommen die hohen Kosten für eine Auslandsadoption, die in der Regel über einen freien Träger abgewickelt wird, der für seine Arbeit bezahlt werden will, sowie der im Unterschied zu einer Inlandsadoption kostenpflichtige Sozialbericht, die Übersetzung von Unterlagen, Impf-, Reise- und Auslandsaufenthaltskosten – da ist man schnell bei 20 000 € oder mehr. »Ich hatte schon sehr gehofft, dass es hier klappt«, resümiert Andrea.

Thomas dagegen hat das starke Gefühl, dass »wir noch einen Platz haben für ein Kind«, wie er immer wieder zu seiner Frau sagt. »Wir können für ein Kind da sein, das uns braucht, auch wenn es nicht hier geboren wurde.« Die Vorbehalte, ein Kind aus dem Ausland nach Deutschland zu holen, besprechen sie mit der Sachbearbeiterin, die klar und deutlich sagt: »Die Alternative für die Kinder ist, dass sie im Heim aufwachsen.« Das hätte einen großen Eindruck auf ihn gemacht, sagt Thomas, vor allem weil es von einer Vertreterin eines deutschen Jugendamts ausgesprochen wird, das als Institution eher den Ruf hat, skeptisch bis ablehnend Auslandsadoptionen gegenüber zu sein. Er setzt sich mit den fünf staatlich zugelassenen Vermittlungsstellen in Verbindung, die Kinder von Afrika nach Deutschland vermitteln. Er überzeugt Andrea, mit zu einem Informationsseminar zu fahren, obwohl sie immer noch schwankt – und dort hat es sie dann doch »gepackt«, wie sie erzählt. Sie ist beeindruckt von dem Engagement der Organisation in den verschiedenen Ländern und von der offensichtlichen Not verwaister Kinder. Zwar ist ein neues Verfahren eine ziemliche Horrorvorstellung, aber die greifbare Möglichkeit, doch die Familie »komplett« zu machen, überwiegt schließlich. Der Zweitkinderwunsch, erklärt Andrea, ist ein anderer als der erste, bei dem es darum ging, nicht kinderlos zu sein, darum, überhaupt eine Familie zu haben. Jetzt geht es ihr um die Ausgewogenheit innerhalb der Familie, zwei Erwachsene und zwei Kinder, zwei Hellhäutige und zwei Dunkelhäutige. Der Drang ist stark, ihrer Tochter den oft ausgesprochenen Wunsch nach einem Geschwisterkind, das ihr ähnlich sieht, zu erfüllen.

Und so geht es wieder los, ein neuer Sozialbericht muss geschrieben, Papiere gesammelt, übersetzt, beglaubigt werden, es wird ein psychologisches Gutachten erstellt, Gesundheitsatteste. Thomas und Andrea füllen Fragebögen aus über ihre Beweggründe, ein ausländisches Kind adoptieren zu wollen, über ihre Kontakte zu Menschen mit unterschiedlicher Herkunft, darüber, wie sie mit eventuellen Anfeindungen gegen ihr Kind umgehen wollen und so weiter und so fort. Auch Tamara wird befragt. Nach anderthalb Jahren sind alle nötigen Schritte getan, die

Bewerbung ist komplett und wird verschickt. In welches Land, das möchten Thomas und Andrea nicht sagen – wie die meisten Adoptionsbewerberinnen im laufenden Verfahren wahren sie in den Einzelheiten ihrer Geschichte Diskretion. Die Vermittlungsstelle gibt eine durchschnittliche Wartezeit von einem halben Jahr an. Das war im Januar 2010, unsere Gespräche führen wir im August und September 2011.

»Wir warten auf ein zweites Kind, seitdem Tamara zwei ist, also seit sechs Jahren«, sagt Thomas. »Die Zeit zieht sich schon lange, aber erst Recht, nachdem unsere Papiere im Land sind. Zwischendurch hieß es ein paar Mal, dass es bald losgehen könnte, aber dann kam doch nichts. Andrea hat schon vor einem dreiviertel Jahr die Schnauze voll gehabt. Ich will aber noch nicht aufgeben.« Seit 13 Jahren beschäftigt er sich nunmehr, mit Ausnahme der ersten zwei Jahre mit Tamara, ununterbrochen mit dem Versuch, ein Kind in die Familie zu bringen, rechne ich ihm vor. Wie fühlt sich das an? »Furchtbar«, antwortet er. Es gibt eine große Schwere in ihm wie auch in seiner Frau, wenn sie über ihre aktuelle Situation sprechen. Sie bereut es, in ihrem Umfeld, bei der Arbeit, so viel von dem Antrag erzählt zu haben, weil sie jetzt ständig gefragt wird, wann es los geht und warum es so lange dauert – und sie keine Antworten hat und dieses Unwissen an ihren Nerven sägt. Ihr Vater hat schon gemutmaßt, dass sie von der Vermittlungsstelle, an die sie schon eine beachtliche Summe überwiesen haben, über den Tisch gezogen werden, woraufhin sie sich geweigert hat, mit ihren Eltern das Thema weiter zu besprechen. Derart empfindlich reagiert sie wohl, weil sie selbst die gleiche Befürchtung hegt, es aber nicht wahrhaben und schon gar nicht darüber sprechen will. Am Schlimmsten ist es aber mit Tamara, die ständig nachfragt, wann denn endlich das Geschwisterkind kommt, wann die große Reise nach Afrika startet, auf die sie fast so gespannt ist, wie auf einen neuen Bruder oder eine neue Schwester. »Ich finde es schrecklich, dass sie da mit reingezogen wird in diese Unsicherheit. Sie sagt immer wieder, warten wir denn noch? Mama gib nicht auf! Lass uns noch weiter warten. Papa will auch noch warten.« Andrea ist sichtlich mitgenommen von den Auswirkungen, die die Unbe-

rechenbarkeiten des Verfahrens auf ihr Kind haben. Und sie leidet darunter, abhängig zu sein – vom Jugendamt, von der Vermittlungsstelle, von den Entscheidungsträgerinnen im Ausland. Warum warten sie schon so lange? Wer entscheidet da gegen sie? Hält man sie bei der Vermittlungsstelle doch nicht für geeignet und stellt sie deswegen nach hinten? Spricht die Tatsache, dass sie schon ein Kind haben, gegen sie? Oder ist ihre Bewerbung bei der ausländischen Behörde nicht positiv beurteilt worden? Es ist ein Gefühl der Hilflosigkeit, das wohl keiner Adoptionsbewerberin fremd ist. Ob sie unzufrieden bleibt, wenn es mit dem zweiten Kind nicht klappt, will ich noch wissen. »Das wäre eben ein Prozess, bis ich das akzeptiert hätte«, meint Andrea. »Als man uns letztens Hoffnung gemacht hat, und es dann doch nicht zustande kam, war ich so stinkesauer, und wollte alles hinschmeißen. Das war eigentlich gut, weil ich gemerkt habe, es gibt wirklich Schlimmeres. Ich habe ja, was ich schon immer wollte, ein Leben mit einem Kind. Ich habe es bekommen, als es ein paar Tage alt war und hab's von klein auf großgezogen, und ich liebe es heiß und innig. Es wäre eben schön gewesen, wenn's jetzt noch geklappt hätte, oder wenn's jetzt noch klappen würde ...«
Nicht mehr richtig dran glauben, aber doch noch hoffen: Andreas Worte treffen die Agonie eines in die Länge gezogenen Adoptionsverfahrens sehr genau. Als ich nach dem Gespräch ihre Wohnung verlasse, ist auch mir schwer ums Herz.

Zehn Tage nach diesem Gespräch klingelt bei Andrea und Thomas das Telefon, wieder ist es Thomas, der den Anruf entgegennimmt. Zwei Wochen später sitzt er mit seiner Frau im Flieger, nach einer zweiten Reise zusammen mit Tamara und vier Wochen Aufenthalt im Ursprungsland sind sie mit ihrem neuen Sohn wieder in Frankfurt. Die Familie ist komplett. Es hat sich doch alles gelohnt.

Als ich wenige Tage nach dem Kindervorschlag mit Andrea telefoniere, staune ich über die Leichtigkeit, die in ihrer Stimme zu hören ist. Zwar ist längst nicht alles bewältigt, sie haben das Kind noch nicht einmal gesehen und es gibt noch eine Reihe von bürokratischen Schritten, die erledigt werden müssen, bevor es wirklich geschafft ist. Aber schon jetzt ist die große Last, das

Zehren der vielen Jahre von immer wieder aufkommender und absterbender Hoffnung, wie weggeblasen.
Alles ist neu.

Abenteuer Auslandsadoption

Thomas und Andreas Geschichte zeigt, wie der innere Prozess, sich von einem leiblichen Kinderwunsch auf eine Adoption einzustellen, erst der Anfang und in vielen Fällen wohl auch der einfachste Teil des gesamten Adoptionsverfahrens ist. Dass ein solches Verfahren kein Zuckerschlecken ist, wird den meisten bekannt sein. Trotzdem gibt es die weitverbreitete Vorstellung, dass überall auf der Welt, zumindest außerhalb Europas, Millionen von verwaisten und verlassenen Kindern auf Adoptiveltern warten und dass es lediglich an den Schikanen verkrusteter Bürokratiewege liegen kann, wenn Adoptionen nicht schnell und reibungslos abgewickelt werden. Die Realität ist um einiges komplizierter.

Als Jacob und ich im November 2006 beim Jugendamt vorstellig werden, um uns über unsere Möglichkeiten zu erkundigen, sind wir zittrig vor Nervosität. Tatsächlich werden uns keine großen Hoffnungen gemacht. Ich bin zu der Zeit 33, Jacob aber ist mit seinen 40 Jahren zu alt, heißt es: Die Liste der Bewerberinnen in Berlin sei lang, bis wir zum Zuge kämen, wäre die Altersspanne zwischen Jacob und dem Kind weit über der Richtlinie von 40 Jahren. Es bliebe bloß die Möglichkeit einer Auslandsadoption.

Wir sind nicht sonderlich überrascht, wir hatten uns schon im Vorfeld informiert und wussten, dass unsere Chancen für eine Inlandsadoption nicht gut stehen. Trotzdem bin ich nach dem Termin leicht erschüttert. Auslandsadoption erscheint mir ein unglaublich langwieriger, komplizierter und teurer Weg, unser Kind ist gefühlt noch einmal weiter weg von uns gerückt. Wenn ich damals gewusst hätte, wie weit, wäre die Erschütterung mehr als leicht gewesen. Zum Glück kommt nicht alles auf einmal.

Wir machen uns an die Recherche. In den Informationen vom Berliner Landesjugendamt wird die Entscheidungsfindung für ein Adoptionsland anhand eines imaginierten Beispielpaares beschrieben, das »einige Jahre gemeinsam in Brasilien lebte«, und sich wegen ihres gemeinsamen Interesses für dieses Land entscheidet. Jacob und ich sind zwar schon viel zusammen in der Welt unterwegs gewesen, aber in einem Land, aus dem viele Kinder nach Deutschland vermittelt werden, haben wir nicht gelebt, und so fühlen wir uns sofort benachteiligt gegenüber »Lydia und Tobias«. Trotzdem nehmen wir uns die Empfehlung zu Herzen, man solle ein Land auswählen, zu dem man schon einen Bezug hat, und kommen so auf die Möglichkeit, ein Kind aus Ungarn zu adoptieren, wo meine Eltern und mein Bruder seit Jahren leben und wo wir regelmäßig zu Besuch sind. Da es damals keine Vermittlungsstellen in Deutschland gab, die mit Ungarn zusammenarbeiteten (mittlerweile gibt es eine), läuft das Verfahren über das Landesjugendamt, das uns bei der Zusammenstellung der notwendigen Unterlagen beraten und diese an die Zentrale Adoptionsstelle in Ungarn schicken wird – ansonsten sind wir auf uns selbst gestellt: Die Recherche zu der Situation der Kinder vor Ort, der Ablauf des Verfahrens in Ungarn, das Auffinden eines Anwalts, und so weiter. Bis dato hatte es keine Vermittlung von einem ungarischen Kind nach Deutschland gegeben, zumindest nicht über die Landesjugendämter. Eine herausfordernde Situation, aber die Tatsache, dass es konkret wird, dass wir uns auf ein Land festgelegt haben, ist aufregend. Wir schreiben einen Brief an das Landesjugendamt, in dem wir unser Vorhaben und unsere Begründung für die Entscheidung für Ungarn darlegen. Ich nehme Kontakt mit der ungarischen Adoptionsbehörde auf, die uns eine Wartezeit von ein bis zwei Jahren für ein Kind oder ein Geschwisterpaar ab fünf Jahre oder älter und eine Wartezeit von drei bis vier Jahren für ein jüngeres Kind oder Geschwisterpaar in Aussicht stellt. Sowohl die Wartezeit als auch die Altersangaben beunruhigen vor allem mich – Jacob ist zu diesem Zeitpunkt noch sehr gelassen, was die Wartezeit angeht, und teilt meine Ängste bezüglich eines von schwierigen Heim- und Pflegefamilienjahren gezeichneten

Kindes nicht. Mir dagegen erscheinen zwei Jahre wie eine unerträglich lange Zeit, geschweige denn vier. Meine Diagnose jährt sich bald zum zweiten Mal, ich bin fast 34. Was das Alter der Kinder angeht, bin ich zerrissen zwischen dem Gefühl, dass uns ein »älteres« Kind eindeutiger (weil schwerer vermittelbar) braucht, aber gleichzeitig eine größere Belastung aufgrund seiner Vorgeschichte darstellen kann. Es ist ein aufreibender Kampf, der in mir vorgeht. Während wir überall erzählen, dass wir ein Kind aus Ungarn adoptieren werden und von unseren Freundinnen und Familien Unterstützung und Begeisterung auf uns zukommt, verdunkelt es sich in mir, und ich empfinde vor allem Angst und Zweifel. Meine Schwiegermutter schickt mir zum Geburtstag ein Buch über die Adoption älterer Kinder und mein schlechtes Gefühl bekommt nun allerlei Belege: Zwar befürwortet die Autorin die Adoption älterer Kinder, ihr Anliegen ist aber scheinbar, zukünftigen Bewerberinnen jegliches Blau aus den Augen zu wischen. Eine Horrorgeschichte nach der anderen wird erzählt, von gescheiterten Adoptionen, bei denen die Kinder in einem Heim landen, von Gewalt, von zerstörten Familien. All die Vorstellungen, die auch Jan abgeschreckt haben. Meine Depression verschlimmert sich, bis ich mir irgendwann die Wahrheit eingestehen muss: Das ist für mich nicht der richtige Weg.

Ich weiß nicht, ob ich heute zu dem gleichen Schluss gekommen wäre. Mittlerweile kenne ich mehrere glückliche Familien, die ältere Kinder adoptiert haben. Und hätten wir damals gesagt, gut, dann warten wir eben drei bis vier Jahre, wären wir heute womöglich schon eine vierköpfige Familie. Damals konnte ich aber nicht hellsehen und musste auf mein Gefühl horchen – und so mischte sich Erleichterung in die Trauer, wieder an den Anfangspunkt zurückkehren zu müssen. Ich lege eine Adoptionspause ein, versuche, innerlich ein Ventil zu öffnen und mich von dem Druck zu befreien, sofort und besser noch gestern in ein Adoptionsverfahren einzusteigen. Die Pause dauert nicht lange, vielleicht ein paar Monate. Noch ein Jahr später, wenn ich Freundinnen von unseren aktuellen Adoptionsplänen erzähle, bekomme ich oft die verwunderte Antwort: »Ich dachte, du wolltest eine Pause machen?« Und ich kann eine derartig großzügige Zeitwahrnehmung einfach nicht fassen. Es eilt, nach wie vor.

Der erste Schritt nach der Pause ist ein Besuch beim Jugendamt zum Thema Pflegekind. Mir hatte ein Pflegevater dieses Modell mit großer Überzeugung empfohlen, ein Dauerpflegeverhältnis unterscheide sich kaum von einer Adoption. Hoffnungsfroh melden wir uns zu einem Informationsgespräch an – und werden von der zuständigen Beamtin unverblümt zurechtgewiesen: Ein Pflegekind ist keine Antwort auf einen Kinderwunsch, sagt sie. Die Möglichkeit einer Zurückführung in die Herkunftsfamilie sei generell jahrelang gegeben. Eine Pflegeunterbringung finde rechtlich im Rahmen der Erziehungshilfe statt, ist also so gesehen eine Dienstleistung für die Herkunftseltern – wobei das Wohl des Kindes in der Praxis oft nicht an erster Stelle stehe, so die Beamtin, die ihre Kritik am System offen ausspricht. Sie rät uns von weiteren Bemühungen in diese Richtung ab.

Jacob und ich stehen nach dem sehr ernüchternden Treffen niedergeschlagen auf der Straße und wieder vor einer verschlossenen Tür. Zwar erfüllt eine Pflegschaft unser erstes Gebot für den Weg zu einem Kind: eine eindeutige Notsituation, in der auch die Rechte der leiblichen Eltern gewahrt werden. Aber die Vorstellung, sich auf ein Kind einzulassen, um sich dann nach Jahren wieder von ihm trennen zu müssen, ist erschreckend. Mittlerweile weiß ich, dass die Zahl der Dauerpflegekinder, die in ihre Herkunftsfamilien zurückgeführt werden, eigentlich sehr gering ist: Laut dem 2010 vom Deutschen Jugendinstitut herausgegebenen *Handbuch Pflegekinderhilfe* sind es zwischen drei und fünf Prozent. Aber auch die Autorinnen dieses vom Familienministerium geförderten Handbuchs plädieren für eine klarere Orientierung am Wohl des Kindes, was die Dauerhaftigkeit seiner Lebensumstände betrifft, wie sie zum Beispiel in den Niederlanden und England im Unterschied zu Deutschland rechtlich verankert ist.

Für uns jedenfalls geht nach diesem Gespräch die Ländersuche erneut los. Ich verbringe unzählige Stunden mit Internetrecherche, Buchlektüre, Gesprächen mit Jacob und dem Austausch mit Adoptiveltern und Adoptierten. Ich trete einer ganzen Reihe von Internetforen bei: Russian_Adoption, Russland-Adoptionsforum, Adoption-Ukraine, Adoption_from_Ukraine, indienadoption, USAdo, lese mich durch die Archive, tausche höchstpersönliche E-Mails mit unbekannten Menschen aus, in denen es um Ängste, Hoffnungen, Strategien, Erfahrungen geht, um die Sauberkeit und den Betreuungsschlüssel in Kinderheimen in diversen Ländern, in denen ich noch nie war, um Bindungsschwierigkeiten, um Elternglück. Am meisten beschäftigt mich zu diesem Zeitpunkt – frisch nach der Lektüre des abschreckenden Buchs über die Adoption älterer Kinder – die Angst, ein Kind mit schwerwiegenden Störungen zu bekommen, ein Kind mit FAS, mit einem nicht wieder gutzumachenden Trauma, mit einer gravierenden Bindungsstörung. Ich bin äußerst anfällig für die Horrorgeschichten – über Menschen, die nach einem Kindervorschlag in ein Land reisen und dort ein Kind vorfinden, das viel kranker ist, als in den Papieren angegeben, über Menschen, die ihr ganzes Vermögen in eine Adoption gesteckt haben und hinterher ohne Kind dastehen, über Menschen, die von ihren Kindern körperlich bedroht werden und Angst vor ihnen haben. Ich löchere Adoptiveltern in den Foren zu der emotionalen, geistigen und körperlichen Gesundheit ihrer Kinder. Ich stelle Fragen über die Seriosität der Vermittlungen, über die Wahrung der Rechte der leiblichen Eltern, über Korruption und Kinderhandel. Teilweise nerve ich: Nachdem ich ihr die x-te Mail mit Fragen zu ihrer Adoption aus der Ukraine geschrieben habe, schreibt mir eine Listenteilnehmerin: »Du machst dir viel zu viele Sorgen. Willst Du wirklich eine Auslandsadoption?« Die Frage pikiert mich, aber sie ist nicht unberechtigt. Bei jedem Land, das ich unter die Lupe nehme, finde ich Gründe, warum es für uns nicht das richtige ist: Aus diesem Land gibt es zu viele Geschichten von alkoholgeschädigten Kindern, aus jenem erscheint uns das Verfahren nicht seriös. Doch, wir wollen eine Auslandsadoption, aber nur unter den richtigen Vorzeichen, und es gibt eine schwindelerregende Anzahl an Faktoren zu bedenken. Und, ja, Angst vor dem Ungewissen, Unkalkulierbaren haben wir auch. Die Liste der potenziellen Länder schrumpft, bis dort nur noch ein – in der Tat überraschendes – Land steht:

die Vereinigten Staaten von Amerika. Dieses Land ist ein Unikat, was Adoptionen angeht. In keinem anderen Land der Welt gibt es eine so hohe Zahl an Adoptionsbewerberinnen, gepaart mit einer so hohen Zahl an zur Adoption freigegebenen Kindern. Das hat eine Reihe von Ursachen, unter anderem hat es damit zu tun, dass die Vereinigten Staaten ein reiches als auch sehr armes Land sind, es hat mit der religiösen Prägung des Landes zu tun und der damit einhergehenden Ablehnung von Abtreibung sowie einem beschränkten Zugang zu Abtreibungskliniken. Laut einer Umfrage des Evan B. Donaldson Adoption Institute von 1997 haben 60 Prozent der Amerikanerinnen engen Kontakt zu einer Adoptierten, einer Adoptivmutter oder einem Adoptivvater, oder zu einer abgebenden Mutter oder einem abgebenden Vater, oder sie gehörten selbst zu einer dieser Kategorien. Trotzdem gab es bis vor Kurzem jedes Jahr immer noch hunderte amerikanische Kinder, die nicht in ihrem Heimatland, sondern im Ausland adoptiert wurden – wenn die leiblichen Eltern solche Bewerberinnen für ihr Kind auswählten. In den USA spielen nämlich die abgebenden Eltern eine entscheidende Rolle in der Auswahl der Adoptiveltern, eine weitere Besonderheit des US-Adoptionssystems: Offene Adoptionen – also der direkte oder über Dritte vermittelte Kontakt zwischen leiblichen Eltern, Adoptiveltern und Kindern – ist dort eine gängige und zunehmend praktizierte Adoptionsform. In vielen Fällen geht dieser Kontakt über eine Weihnachtskarte mit Fotos hinaus und beinhaltet regelmäßige Besuche.

Es ist erst einmal ein ungewohnter Gedanke, mit den leiblichen Eltern des eigenen Kindes sein Leben lang zu tun zu haben, und wir stellen uns ähnliche Fragen, wie bei der Entscheidung gegen eine Pflegschaft: Wird das Kind dadurch verunsichert? Werden wir es nach jedem Kontakt mit den leiblichen Eltern (in den meisten Fällen handelt es sich ausschließlich um die Mutter) mit einem emotional überforderten Kind zu tun haben? Und was ist, wenn das Kind sich zu der leiblichen Mutter zurücksehnt, sie mehr schätzt und liebt als uns? Andererseits: Wenn die leiblichen Eltern uns als Adoptiveltern auswählen, können wir uns sicher sein, dass ihnen das Kind nicht abgeschwatzt oder gestohlen wurde. Wenn das Kind, wie die meisten Adoptivkinder, sich irgendwann fragt: Wo komme ich eigentlich her, wie sehen meine leiblichen Eltern aus, was wäre gewesen, wenn – dann werden die Antworten zu diesen Fragen zugänglich sein. Je mehr ich über Adoption lese, vor allem aus der Sicht der Adoptierten, desto mehr scheint mir diese Form eine wertvolle zu sein. Ob auf der Ebene von Neugier oder eines tieferen Verlangens nach Verbindung, scheint es der großen Mehrzahl der Adoptierten wichtig zu sein, etwas über die eigene Herkunft, die leiblichen Eltern und die Umstände der eigenen Freigabe zur Adoption zu erfahren – was nicht weiter verwunderlich ist. Gleichzeitig bietet eine Adoption, im Unterschied zu einer Pflegschaft, den Kindern von Anfang an die Sicherheit der festen Zugehörigkeit zu der Familie, in der sie leben. Auch wenn es die Dinge in einem gewissen Sinne komplizierter macht: Wir erwärmen uns für die Idee der offenen Adoption.

Die Tatsache, dass mein Mann und ich beide die amerikanische Staatsbürgerschaft besitzen (ich bin dort geboren und in Deutschland aufgewachsen, er ist als Erwachsener nach Deutschland gekommen), ist ein weiterer Grund, warum wir zunehmend zu den USA tendieren – das uns vom Jugendamt ans Herz gelegte Kriterium, ein Land auszuwählen, zu dem wir schon einen Bezug haben, ist damit mehr als gegeben. Eine Adoption aus den USA ist für uns kaum als Auslandsadoption zu verstehen. Der Plan, von dort zu adoptieren, scheint uns mittlerweile dermaßen offensichtlich, dass wir uns fragen, warum wir nicht schon früher darauf gekommen sind.

Das hätte, in der Tat, alles verändert. Noch ahnen wir nicht, welche Wichtigkeit der Zeitpunkt unserer Entscheidung spielen wird. Jetzt geht es erst einmal darum, eine Vermittlungsstelle in den USA ausfindig zu machen – eine überwältigende Aufgabe, denn es gibt Tausende. Adoption ist in den USA im Vergleich zu Europa privatisiert und wenig reguliert. Zwar gibt es ein staatliches Zulassungsverfahren für Vermittlungsstellen, sie müssen aber nicht gemeinnützig sein (!), und viele unabhängige Vermittlerinnen und Anwältinnen führen Adoptionen durch, die erst beim Gerichtstermin in Berührung mit staatlicher Kontrolle kommen. Dass in einer solchen Situation die Gefahr von zwielichtigen Praktiken besteht, liegt auf der Hand. Ich hatte mich längst bei dem amerikanischen Forum Adoption_Agency_Research angemeldet, in dem es von Erfahrungsberichten von unseriösen Agenturen nur so wimmelt.

Also bastele ich mir eine Tabelle und starre mir im Internet die Augen wund an Webseiten mit rosa Teddybären und Riesenbabyaugen und überglücklichen Adoptiveltern und verwirrenden Kostenaufstellungen. Ich schreibe E-Mails, hänge mich ans Telefon, poste in Foren, irgendwann haben wir eine Kurzliste und dann eine Wunschkandidatin: eine Agentur in Oregon an der Westküste der USA, die sich einen Namen als Vorkämpfer für Offene Adoptionen gemacht hat. Es ist die einzige Stelle auf meiner Liste, die von uns verlangt, für ein Interview in die Staaten zu reisen, bevor wir uns überhaupt bewerben dürfen. Wir sind überzeugt von der Seriosität des Vereins (und zugleich ernüchtert von den auf uns zukommenden Kosten). Bevor wir konkrete Pläne machen können, gibt es aber ein kleines Problem, eine juristische Formalie, die geklärt werden muss: Wie wir schon seit ein paar Monaten immer wieder gehört hatten, stehen die USA kurz davor, das Haager Übereinkommen zur Internationalen Adoption zu ratifizieren. Dieses Abkommen, das 1993 vereinbart wurde und 2002 in Deutschland in Kraft trat, schafft einen rechtlichen Rahmen für die Sicherung der Rechte von Kindern im Auslandsadoptionssystem und verpflichtet Vertragsstaaten, Kinder so weit wie möglich in ihren Herkunftsfamilien zu belassen beziehungsweise zurück zu integrieren, wenn dies nicht möglich ist, in einer Adoptivfamilie im eigenen Land unterzubringen, und, als Ultima Ratio, in eine Adoptivfamilie ins Ausland zu vermitteln. Das Abkommen wurde als Reaktion auf vermehrende Berichte über Korruption und Kinderhandel im Rahmen von Auslandsadoptionen vereinbart und verfolgt durchaus lobenswerte Ziele – dass die USA, als Land mit den meisten aus dem Ausland Adoptierenden der Welt, sich so spät anschloss, hat vielerseits Kritik hervorgerufen. Im USAdo-Forum drehen sich die Diskussionen über die bevorstehende Ratifizierung allerdings um praktischere Fragen: Was bedeutet die

Gesetzesnovelle für uns, die wir aus dem Ausland ein amerikanisches Kind adoptieren wollen? Da es in den USA an Adoptionswilligen nicht mangelt, scheint es unwahrscheinlich, dass man aus dem Ausland in Zukunft dort adoptieren kann: Wenn es eine Vorlage ist, dass Kinder im eigenen Land zuerst untergebracht werden sollen, dann kann dies in Amerika im Unterschied zu den meisten anderen Staaten, die Kinder ins Ausland vermitteln, restlos geschehen. Es gibt die Möglichkeit einer Altfallregelung, falls man schon im laufenden Verfahren ist, was Jacob und ich, obwohl wir schon Kontakte zu einer Vermittlungsstelle haben, streng genommen noch nicht sind. Aber wir sehen dem neuen Gesetz gelassen entgegen – schließlich haben wir beide einen amerikanischen Pass, und von mehreren »Sachkundigen« hören wir, dass es uns gar nicht betreffen wird. Doch die Vermittlungsstelle, mit der wir zusammen arbeiten wollen, und der wir unter anderem ihrer Genauigkeit wegen unser Vertrauen schenken, möchte diesen Punkt noch klären lassen.

Diese Klärung dauert mehrere Monate. Da die Gesetzgeberin in den USA sich kaum über die verschwindend kleine Gruppe von im Ausland lebenden Amerikanerinnen, die aus ihrem Heimatland adoptieren wollen, Gedanken gemacht hat, herrscht auch in der amerikanischen Zentralen Adoptionsstelle (dem Außenministerium untergeordnet) eine Zeit lang Verwirrung hinsichtlich dieser Frage. Während die Anwälte der Vermittlungsstelle die Sache prüfen, vertreibe ich mir die Zeit mit juristischer Recherche und Sorgenmachen. Schließlich kommt im Sommer 2008 der negative Bescheid vom Verein: Den Anwälten ist die Sache zu heikel, sie können unsere Bewerbung nicht annehmen.

Schon wieder ist das Kind noch mal ein ganzes Stück weggerückt von mir. Es erscheint manchmal fast so, als ob ich mit meinen ganzen Bemühungen nichts anderes mache, als den Abstand zwischen uns zu vergrößern.

Also, was nun? Ein anderes Land? Jacob stellt sich dagegen. Er ist derartig überzeugt von der Möglichkeit einer offenen Adoption und von unseren anderen wohlüberlegten Gründen, aus den USA zu adoptieren, dass er nicht aufgeben will. Mir fehlt die Kraft für einen Kampf, also übernimmt er eine Weile die Zügel. Er telefoniert mit allen möglichen Anwältinnen in den USA, unser Problem scheint eine hochkomplexe juristische Frage zu betreffen. Niemand ist sich wirklich sicher, bis sich eine sehr selbstbewusste kalifornische Anwältin findet, die sich bereit erklärt, unseren Fall zu übernehmen und unser Recht, als Amerikaner aus unserem Heimatland zu adoptieren, verteidigen will. Dafür müssen wir nicht nur einen Batzen Geld an sie überweisen, sondern auch eine Reihe anderer Dinge tun, um unser Amerikanischsein hervorzustreichen. Unter anderem: acht Jahre amerikanische Steuererklärungen nachträglich abgeben.

Spät an einem Samstagabend, mit komplizierten amerikanischen Steuerunterlagen hantierend, erscheint mir die Absurdität meiner Situation wieder einmal klar vor Augen. Andere Menschen haben Sex, um ein Kind zu bekommen. Ich sitze mit einem Taschenrechner vor dem Computer. Das eine ist feucht, lustvoll, fleischlich und warm. Das andere ist trocken, verkopft und ermüdend. Dass es wirklich zum gleichen Ziel führen könnte, scheint fast unvorstellbar.

Beide verbindet allerdings, dass sie etwas mit Fantasien zu tun haben. In meinem Fall fantasiere ich zunehmend einen Kindervorschlag aus heiterem Himmel. Solche Geschichten gibt es in Amerika: Über fünf Ecken erfährt eine ungewollt schwangere Frau, die ihr Kind nicht behalten kann oder will, von dem Anliegen eines adoptionswilligen Paares, man holt sich eine Anwältin dazu, und schwups hat man adoptiert. Obwohl wir die Anwältin auf unserer Seite wissen, ist keineswegs klar, ob wir eine amerikanische Vermittlungsstelle finden, die das Risiko auf sich nehmen wird, in der rechtlich unklaren Situation unsere Bewerbung anzunehmen. Deswegen wäre es einfacher und günstiger, wenn uns ohne Agentur ein Kind anvertraut würde.

Bevor das allerdings passieren kann, müssen wir uns noch einem Eignungsverfahren unterziehen. Hierfür wenden wir uns nicht ans Jugendamt, da wir nach amerikanischem Recht und als Amerikaner adoptieren, sondern an einen amerikanischen Sozialpädagogen, der in Deutschland lebt und Sozialberichte für Menschen erstellt, die in den USA adoptieren wollen. Gegen

Ende des Jahres fangen wir mit dem Papierkram an, schreiben unsere Lebensläufe, füllen Fragebögen aus, gehen zum Arzt, das Übliche. Es macht keinen Spaß. Mir scheint die Aufgabe, die wir uns gestellt haben, enorm und voller Risiken. Ich bin ängstlich und erschöpft. Jede freie Minute verbringe ich mit den Papieren und den Vorbereitungen. Jacob und ich streiten uns, weil ich finde, dass er seinen Teil nicht schnell genug macht. Ich kann nur eines sehen: Je schneller wir mit dem Sozialbericht fertig sind, desto schneller sind wir überhaupt in der Lage, zu adoptieren. Ich habe Gedanken wie: Und wenn jetzt eine schwangere Frau auftaucht, deren Baby in einem Monat da ist? Wir es nicht adoptieren können, nur weil Jacob so lange mit seiner Biographie gebraucht hat? Es wird nicht besonders angenehm gewesen sein, in dieser Zeit mit mir zusammen zu leben.

Dann kommt Jacobs Jobabsage, von der ich schon erzählt habe. Er erlaubt mir nicht, zu verzagen, er erlaubt sich selbst nicht, zu verzagen und bekommt einen neuen Job. Im Sommer sitzen wir in unserem mit frischen Blumen geschmückten Wohnzimmer dem amerikanischen Sozialpädagogen gegenüber, für den wir uns eindeutig zu sehr angestrengt haben. In den Wochen davor hatten wir uns beide das Fingernägelkauen abgewöhnt. In der Nacht davor haben wir mithilfe des Internets noch Phasen der frühkindlichen Entwicklung gepaukt, nachdem wir die Wohnung bis in die dunkelste Ecke geputzt und Feuermelder installiert haben. Ich habe schlecht geschlafen. Der sehr entspannte Mann will dann kaum etwas von uns wissen, erzählt dagegen viel von sich, wirft einen äußerst flüchtigen Blick auf die Wohnung, macht Witze. Als er geht, schauen wir uns etwas belämmert an. Das war's schon? So einfach war das, dass wir uns zuerst gar nicht freuen können, es überstanden zu haben.

Der positive Bericht trifft bald (natürlich nicht bald genug) ein, und ich schreibe eine Mail an alle Amerikanerinnen, die wir kennen, mit der Bitte, unseren Wunsch in ihrem Umfeld bekannt zu machen, für den Fall, dass es irgendwo einen Bedarf nach Adoptiveltern gibt. Das mag sich aus europäischer Perspektive seltsam anhören, in den USA sind aber privat vermittelte Adoptionen (also ohne Agentur) gang und gebe, und Frauen, die ihre Kinder zur Adoption freigeben, kommen dort aus allen Gesellschaftsschichten (so machte eine 2006 veröffentlichte Studie des Donaldson Adoption Institute deutlich, dass 16 Prozent aller Frauen, die in Kalifornien ihr Kind privat zur Adoption freigaben, einen Universitätsabschluss hatten). Gleichzeitig sind natürlich die Chancen, dass wir über unsere Kontakte zu einem Kind kommen, reichlich gering, und ich mache mich wieder auf die Suche nach einer Vermittlungsstelle. In der Zwischenzeit hat das amerikanische Außenministerium eine Notiz auf seiner Website, aus der klar hervorgeht, dass im Ausland lebende Amerikanerinnen bei einer Adoption aus den USA nicht vom Haager Abkommen betroffen sind. Dies räumt zwar immer noch nicht die Vorbehalte der Vermittlungsstelle in Oregon aus dem Weg, aber es finden sich nun mehr Vereine, die uns nicht sofort herauskomplimentieren, wenn ich erwähne, dass wir im Ausland leben. Wieder sammle ich eine Unmenge an Informationen, bis ich eine Agentur finde, die uns sympathisch ist. Klein und bescheiden, und, was wir auch als sehr positiv bewerten, sie erlaubt nur sehr niedrige »birth mother expenses«, wenn überhaupt. Diese Ausgaben der leiblichen Mütter, die von Adoptionsbewerberinnen übernommen werden, stellen eine der in unseren Augen bedenklichen Aspekte des amerikanischen Adoptionssystems dar. In jedem Bundesstaat unterschiedlich geregelt, sollen diese Zahlungen den schwangeren Frauen, die eine Adoptionsvereinbarung mit Bewerberinnen getroffen haben, während ihrer Schwangerschaft über die Runden helfen: psychologische Beratung während und nach der Schwangerschaft gehören dazu genauso wie Miete und Lebenshaltungskosten, manchmal auch Kleidung, Telefonrechnungen, Autoreparaturen und einiges mehr. Die Kosten können sich für die Adoptionsbewerberinnen auf Tausende Dollar belaufen. Selbstverständlich hat die Frau jederzeit während und kurz nach der Geburt die Möglichkeit, sich umzuentscheiden und das Kind doch zu behalten – das Geld wird in solchen Fällen so gut wie nie zurückbezahlt. Abgesehen von der offensichtlichen und immer wieder auftretenden Möglichkeit des Betrugs, erscheint uns diese Praxis als ziemlich hart an der Grenze zum Babyhandel. Wir bezahlen dir deine Wohnung, dein Auto und deine Klamotten für sechs Monate und du gibst uns dein Kind. Solche Abmachungen treten in Amerika an die Stelle des maroden Sozialsystems, um zu gewährleisten, dass arme Frauen während ihrer Schwangerschaft nicht auf der Straße schlafen müssen, und wird bezahlt von den Menschen, die ihr Baby haben wollen. Eine rundherum unschöne Sache, die wir in einer konkreten unschönen, aber nachvollziehbaren Situation nicht grundsätzlich ausschließen würden – sind aber sehr froh, einen Verein gefunden zu haben, der der Praxis skeptisch gegenübersteht und sie soweit wie möglich einzudämmen versucht.

Nach gründlicher Recherche zu der Agentur unterschreiben wir den Vertrag, schicken unseren Sozialbericht nach Kentucky, erledigen eine weitere Runde Papierkram, und fangen mit unserem Elternprofil an: ein Büchlein mit einem Brief an die »birth mother«, die leibliche Mutter, in der wir darlegen, was für tolle Eltern wir wären, mit Fotos und Beschreibungen von unserem Leben, unserer Wohnung, unserem Umfeld. Wenn wir das abgeschickt haben, wird es den schwangeren Frauen, die sich beim Verein melden und sich nach einer eingehenden Beratung für die Adoptionsfreigabe ihres Babys entscheiden, präsentiert. Sie entscheiden, wer ihre Kinder adoptieren soll.

Wie wir uns damit quälen! Wir versuchen uns diese Frauen vorzustellen, was ihre Hoffnungen und Belange sein könnten, wer sie überhaupt sind und wie es sich anfühlen muss, in einem Büro zu sitzen und über den schwangeren Bauch hinweg einen Stapel an Bewerbungen für das eigene Kind, das dort wächst, zu prüfen. Ich schreibe etwas über uns und unser Leben, zeige es Jacob, er kritisiert es als zu abgehoben, wir sitzen angespannt vor dem Rechner und versuchen zusammen etwas Neues zu formulieren, auf dem Wohnzimmerboden liegen Fotos verstreut, wir experimentieren sogar mit einem Videobrief, aber die ersten Versuche sind so kläglich (und peinlich), dass wir es schnell sein lassen. Obwohl das nun wirklich der letzte Schritt ist, setzt bei mir noch keine Vorfreude ein. Das Erstellen des Profils ist eine dermaßen stressbeladene Herausforderung, dass ich mir kaum vorstellen kann, es irgendwann abgeschlossen zu haben.

Ich behalte recht. Das Profil wird nie abgeschlossen. Bevor wir so weit sind, kommt eine E-Mail aus Kentucky: Unsere sehr gewissenhafte Vermittlungsstelle, mit der wir schon etliche klärende Gespräche über das Haager Abkommen geführt hatten, hat sicherheitshalber doch noch einmal beim Außenministerium nachgefragt. Dort heißt es, dass wir zwar aus amerikanischer Sicht ohne Berücksichtigung des Abkommens in den USA adoptieren können, egal wo wir leben, aus deutscher Sicht allerdings nicht. Das wäre von deutscher Seite erst kürzlich kommuniziert worden. Es tut uns sehr leid, wir überweisen Ihnen Ihre Gebühren zurück.

Es ist Ende Oktober 2009. Zwei Jahre haben wir allein mit dem Versuch, aus den USA zu adoptieren, verbracht. Die Hürde, woran es nun scheitern soll, ist uns schon seit geraumer Zeit bekannt, und wir haben uns verausgabt, um eine Lösung zu finden. Und die soll jetzt nichtig sein. Nein. Wir lassen alles stehen und liegen und die nächsten zwei Monate versuchen wir mehr oder weniger Vollzeit, unsere Adoption zu retten. Es sind dunkle Tage, in denen sich die heimtückische Bestie Hoffnung immer wieder aufbäumt und uns weitermachen lässt. Wir telefonieren mit hohen Beamtinnen aus dem amerikanischen Außenministerium. Wir statten dem Landesjugendamt, in dem wir vor drei Jahren das erste Mal vorstellig waren, als es noch um Ungarn ging, wieder einen Besuch ab. Wir schreiben einen Brief an die zuständige Beamtin in der Bundeszentralstelle für Auslandsadoption, die dem Bundesamt für Justiz untergeordnet ist. Wir feilen an diesem Brief, bis wir ihn richtig überzeugend finden. Wir versuchen gar nicht erst, die deutsche Haltung zu beanstanden, denn sie ist nicht unlogisch – wir leben mit unbefristeten Aufenthaltserlaubnissen in diesem Land, dass wir von den Behörden hier als Inländer eingestuft werden, ist nachvollziehbar. Stattdessen argumentieren wir, dass die Altfallregelung auf uns zutrifft, denn wir bemühen uns seit weit vor dem Stichtag am 1. 4. 2008 um eine Adoption. Wir erklären uns mit der Intention des Haager Abkommens einverstanden, Kinder wenn möglich nicht aus ihrem Kulturkreis zu entfernen – dies war schließlich eine unserer wichtigsten Beweggründe, aus den USA adoptieren zu wollen. Die Menschen, mit denen wir sprechen, bringen uns allesamt Sympathie entgegen. Sie werden sehen, was sie tun können. Es sei in der Tat nicht gerecht, was uns hier widerfährt. Unser Brief sei wirklich sehr überzeugend. Aber: Wir können von der Altfallregelung nicht Gebrauch machen, weil wir damals ein Verfahren für Ungarn eingeleitet haben und für die USA noch keine amtlichen Schritte gegangen sind. Ferner gäbe es weiterhin keine Begründung, Kinder aus den USA nach Deutschland zu vermitteln, wenn es in den USA für jedes Kind genug Adoptionsbewerberinnen gibt. Es tut uns sehr leid. Es geht nicht.

Eine Adoptionsbewerberin in meinem Bekanntenkreis stellte einmal trocken fest:»Wenn eine Adoption scheitert, kann man gleich den Kopf ein paar Tage lang in kochendes Wasser stecken.« Das trifft es ungefähr.

In der Nacht nach dem definitiven Nein aus dem Justizamt träumt Jacob, dass er an einem Ritual für ein neugeborenes Baby teilnimmt. Das Kind wird drei Tage lang in einem Sarg eingeschlossen. Danach holt man das quietschfidele Kind wieder heraus, und die Mutter muss vier anstrengende Rituale durchführen. Jacob fragt sie, woher sie die Kraft für diese Anstrengungen nimmt. »Du musst nur an das Kind denken«, antwortet sie. Eines der Rituale hat mit Wut zu tun. Die Frau geht in die Hocke und lässt ihre gesamte Wut heraus, flucht und schreit sich heiser. Dann fordert sie Jacob auf, das Gleiche zu tun.

Und so schreien und heulen und fluchen wir. Ich fühle mich selbst verflucht, und mache mir enorme Vorwürfe, damals auf die falschen Leute gehört zu haben und mich nicht um den Altfallstatus gekümmert zu haben. Wenn wir damals nur ein bisschen schneller vorangekommen wären, uns früher für Amerika entschieden hätten, nicht auf diese erste, unentschlossene Stelle gewartet hätten – dann hätten wir vielleicht schon längst ein Kind, statt schon wieder ganz am Anfang zu stehen.

Aber bei allem Unglück weigern wir uns zu glauben, dass unser Kind tot ist, auch wenn der Sargdeckel erst einmal zugefallen ist. Wir fangen sofort an, uns über die noch verbleibenden Möglichkeiten zu informieren. Wir geben nicht auf. Unsere Wut beflügelt uns.

Im Laufe des amerikanischen Verfahrens hatten wir uns auf ein afroamerikanisches Kind eingestellt (wenn man in den USA beim Kinderprofil »Hautfarbe egal« angibt, bekommt man höchstwahrscheinlich ein schwarzes oder ein »biracial«, also »gemischtes« Kind) und, da wir beide weiß sind, uns in dem Zusammenhang intensiv Gedanken über »transracial« Adoption gemacht – also die Adoption eines Kindes mit einer anderen Hautfarbe.

In Deutschland ein eher unterbeleuchtetes Phänomen, gibt es im englischsprachigen Raum eine auch kontrovers geführte Debatte, Studien, Erfahrungsberichte, Bücher.

Wir setzten uns mit Fragen auseinander wie: Können wir als weiße Eltern ein schwarzes Kind für ein Leben in einer dominant weißen Gesellschaft, in der Rassismus immer noch alltäglich ist, angemessen vorbereiten? Wenn wir selbst keine Erfahrung mit Rassismus machen müssen, wenn wir selbst nie wissen werden, was es bedeutet, eine ethnische Minderheit zu sein, wenn wir selbst in dieser Gesellschaft wie selbstverständlich von unserem Weißsein profitieren – können wir den Belangen und den Bedürfnissen eines schwarzen Kindes gerecht werden?

Wir sind zu dem Schluss gekommen, dass wir mit viel Unterstützung, vor allem von schwarzen und anderen nicht-weißen Menschen in unserem Umfeld und in der weiteren Gesellschaft, unserem Kind auch in dieser Hinsicht eine Basis schaffen können, von der aus es einen positiven Selbstbezug und eine notwendige Widerstandsfähigkeit für ein Leben in diesem Land entwickeln kann. Beeindruckt von dieser auf uns zukommenden Herausforderung hatten wir schon angefangen, uns darauf vorzubereiten – und als wir unsere Hoffnung aufgeben müssen, ein amerikanisches Kind zu adoptieren, bleibt in uns ein Kinderwunsch zurück, der auf ein dunkelhäutiges Kind gepolt ist. Nicht, dass wir denken, schwarze Kinder sind »süßer« als Kinder anderer Herkunft, sondern weil sich die Realität in Amerika nun einmal so gestaltet, und zu Wünschen meist ein Bild gehört, etwas Konkretes, an dem man sich festhalten kann.

Insofern liegt es nun nahe, uns über die Möglichkeit einer Adoption aus Afrika oder auch Haiti zu informieren. Nicht, dass wir zu diesem Zeitpunkt nicht offen für ein Kind aus einem anderen Kulturkreis sind – wenn uns jemand sagen würde: Aus der Mongolei oder aus Chile können Sie schnell und ethisch sauber ein junges, gesundes Kind adoptieren, würden wir uns auf jeden Fall eingehend über diese Möglichkeit informieren. Da aber keine gute Fee uns derartiges ins Ohr flüstert, recherchieren wir zu den verschiedenen afrikanischen Ländern, aus denen man von Deutschland aus adoptieren kann, und über die Vermittlungsstellen, die diesen Weg begleiten. Für welches Land wir uns schließlich entscheiden, will ich aufgrund des laufenden Verfahrens nicht öffentlich machen. Nur soviel: Obwohl das Haager Abkommen uns in unserem letzten Versuch zum Verhängnis wurde, ist die Tatsache, dass unser neues Land ein Vertragsstaat ist, ein wesentlicher Grund, warum wir uns damit wohlfühlen. Der rechtliche Rahmen ist korrekt und der Bedarf an Adoptiveltern legitim. Wir haben Vertrauen in die neue, deutsche Vermittlungsstelle. Nicht, dass die Umstellung für uns einfach ist. Mein Kinderwunsch hatte sich in den zwei Jahren amerikanischer Hoffnung nicht nur auf ein dunkelhäutiges Kind fokussiert, sondern auch auf ein Kind, dessen leibliche Mutter (und vielleicht sogar Vater) ich kennenlernen würde und mit denen ein Austausch möglich sein würde. Die Vorstellung, ein Kind aus »meinem« Land zu adoptieren, war mir ebenfalls sehr ans Herz gewachsen.

Eine Adoption aus Afrika ist in vielen Punkten ein vollkommen anderes Vorhaben. Weder Jacob noch ich haben Afrika-Erfahrungen. Über das Land, aus dem wir hoffen, ein Kind zu adoptieren, wussten wir vor zwei Jahren nicht mehr als ein paar Fakten, konnten die Hauptstadt nennen – Allgemeinwissen eben. Wir werden wenig bis gar nichts über die Herkunftsfamilie des Kindes erfahren. Das ist schwer. Für uns und aller Wahrscheinlichkeit nach auch für das Kind.

Was bleibt, ist das, was wir von Anfang an wollten, der Kern unseres Adoptivkinderwunsches: Dass wir Eltern von einem Kind werden können, das uns wirklich braucht, weil es seine leiblichen Eltern verloren hat. Das trifft auch auf ein verwaistes oder verlassenes afrikanisches Kind zu, vielleicht in einem gewissen Sinne sogar »mehr« als auf ein amerikanisches, wenn man überhaupt einen solchen Vergleich aufmachen kann. Es ist also keine Umstellung unseres Wunsches, sondern ein Aufgeben der Koordinaten, auf die wir uns in den letzten Jahren eingestellt hatten. Es dauert eine Weile, bis das Herz dem Kopf in dieser Neuorientierung folgt, bis ich mich auf das afrikanische Kind freuen kann – natürlich auch, weil ich Angst habe, dass wieder etwas schief gehen könnte. »Du bist wie eine Frau, die mehrere Fehlgeburten hatte, und sich über die neue Schwangerschaft gar nicht richtig freuen kann«, sagt eine Freundin treffend. Unglücklich macht uns (Jacob steht mir mittlerweile in Sachen Ungeduld nicht nach) gleichzeitig die neue Wartezeit, die sich vor uns auftut. Im Oktober 2009 war noch nicht ganz auszuschließen, dass wir bis Weihnachten einen Kindervorschlag aus den USA bekommen könnten. Jetzt, Anfang 2010, können wir frühestens auf Anfang 2011 hoffen und mittlerweile schreiben wir Frühjahr 2012. Das ist schwer zu schlucken. Die Vorstellung, einen neuen Sozialbericht erstellen lassen zu müssen, weil das Jugendamt den des entspannten Amerikaners nicht anerkennt, macht auch nicht gerade glücklich.

Wir sind wirklich wieder bei Null, und als ich beim Erstgespräch bei der Vermittlungsstelle an die Decke gehe, als wir dort gesagt bekommen, dass ein Sozialbericht in der Regel acht bis neun Monate dauert, rügt mich mein Mann später für meine fehlende Fassung.

»Die Adoption macht einen verrückt«, schreibt Élisabeth Quin in ihrem Buch *Tu n'es pas la fille de ta mère* (Du bist nicht die Tochter deiner Mutter) über die Adoption ihrer Tochter aus Kambodscha. »Fast vergisst man dabei die Liebe ... In dem Kampf zwischen dem, was man realistischerweise erhoffen kann, und dem, was einem der leidenschaftliche Wunsch nach einem Kind diktiert, ist die Mutterliebe ein teuflischer Kläffer, ein Wadenbeißer. Sie ist nicht lyrisch. Sie sieht nicht schön aus. Sie hat wilde Haare, blutunterlaufene Augen, jagt ständig umher, riecht nach Schweiß und nach Angst. Aber die Liebe ist da.« Zugegeben: Die Sackgassen, in die Jacob und ich geraten sind, stellen keine typische Adoptionsgeschichte dar, aber auch Thomas und

Andrea, Judith und Bianca, Heike und Peter, Kristin und Alex, Tom und Frieda können sich mit der Beschreibung von Élisabeth Quin identifizieren, so wie die meisten Bewerberinnen und Adoptiveltern, denn einfach, schnell und nahtlos läuft es praktisch nie. Einerseits ist das gut so: Die ständig wiederholte, gutgemeinte Aussage: »Es gibt so viele Kinder auf der Welt, die Eltern brauchen, es ist ein Skandal, dass es so schwierig ist, zu adoptieren« beruht auf einem wesentlichen Missverständnis. Die große Mehrheit der Kinder, die Eltern brauchen, sind älter als fünf Jahre (laut UNICEF 95 Prozent aller Waisen), traumatisiert, und körperlich und/oder geistig krank. Das sind nicht die Kinder, die die meisten Menschen mit einem Adoptivkinderwunsch zu sich holen wollen.

Darüber hinaus ist ein funktionierendes soziales und rechtliches System eine notwendige Voraussetzung für eine ethische, im Sinne der Kinder ablaufende Adoption: ein System, das sich um verwaiste, verlassene oder von den Eltern vernachlässigte oder misshandelte Kinder kümmert, ihren Status als adoptionsbedürftig prüft, und den »Zugang« zu ihnen vor skrupellosen Vermittlern schützt, die an erster Stelle die große Nachfrage (nach relativ jungen und gesunden Kindern) bedienen wollen, anstatt sich am Kindeswohl zu orientieren. Ein solches System existiert bei weitem nicht in den meisten Ländern der Welt, zumal dort, wo Kinder am bedürftigsten sind. In den Ländern, in denen es existiert, gibt es eine Reihe von Schutzmechanismen, die sich zwischen die Kinder und diejenigen, die sie adoptieren wollen, schalten, um Korruption vorzubeugen und keinen flüssigen »Adoptionsmarkt« entstehen zu lassen. Die »Adoptierbarkeit« der Kinder – also ihr tatsächliches Bedürfnis nach einer endgültigen Kappung der Beziehungen zur Herkunftsfamilie und die Vermittlung in eine neue Familie – wird geprüft und andere Möglichkeiten für das Kind werden ausgelotet. Adoptionsbewerberinnen werden geprüft, dahingehend, ob sie in der sozialen, psychischen und finanziellen Lage sind, sich einem Adoptivkind und all seinen Belangen anzunehmen. Damit behaupte ich nicht, dass die Behörden oder Sozialpädagoginnen immer mit dem richtigen Maß messen. Aber sie stellen eine notwendige, wenn auch reformierbare Instanz dar. Diese Schutzmechanismen und Prüfungen verlangsamen und erschweren den Adoptionsweg. Manchmal, vielleicht sogar oft, entsteht dadurch Unrecht – an Kindern, an wartenden Adoptionsbewerberinnen. Dort, wo es diese Schutzmechanismen und Prüfungen aber nicht gibt, ist es erfahrungsgemäß hauptsächlich Geld und Korruption, die dafür sorgen, dass alles schön schnell und unkompliziert verläuft. Die weniger sichtbaren Skandale der elternlos bleibenden und/oder ausgebeuteten und vernachlässigten Kinder in Ländern, in denen es keine sozialen Strukturen für ihren Schutz wie auch Rahmenbedingungen für Adoptionen gibt, stellen kein Argument für ein weniger aufwendiges Auslandsadoptionssystem dar, sondern für eben bessere Strukturen, die in manchen Fällen auch Adoptionen unterstützen könnten – aber nie »unkomplizierte«.

Trotzdem gibt es aus der Sicht der Bewerberinnen in dieser Hinsicht einen Widerspruch. Die Behörden und Vermittlungsstellen, die uns prüfen, die sichergehen wollen, dass wir der großen Verantwortung einer Adoption gewachsen sind und nicht nur unseren eigenen Wunsch, sondern auch die Bedürfnisse und Perspektive des Kindes sehen können – sie erwarten von uns Gelassenheit, Ausgewogenheit, eine gesunde Paarbeziehung, eine vollständige Verarbeitung des leiblichen Kinderwunsches und Reflexion und Distanz zum Adoptivkinderwunsch. Alles richtig und sinnvoll. Aber: Um die Hürden der Adoption (vor allem aus dem Ausland) zu erklimmen, um sich den Eingriffen in die eigene Privatsphäre auszusetzen, die Unwägbarkeiten in Kauf zu nehmen, die finanziellen Belastungen, die Monate und Jahre des Wartens, der Hilflosigkeit, des Ausgeliefertseins auf sich zu nehmen – muss man schon ein bisschen ... ambivalenzlos sein.

Das System erfordert extreme Flexibilität und große Opfer, die nur jemand, der besessen ist von seinem Ziel, auf sich nehmen würde. Gleichzeitig muss man immerzu beweisen, dass man nicht fanatisch ist. Während die Entschleunigung des Prozesses auch dazu beitragen kann, wie in unserem Fall, dass wir uns die Perspektive des Kindes und der leiblichen Eltern zunehmend aneignen und so mit einer größeren Sensibilität an die Sache herangehen, sind wir nach fünfeinhalb Jahren nur noch dabei, weil unsere Liebe nicht nur gelassen in sich ruht, sondern uns auch umtreibt.

Und so machen wir uns, von Liebe, Hoffnung und Wunsch angespornt, an das neue Verfahren heran. Ende des Jahres haben wir alles geschafft, alle Papiere gesammelt und Fragebögen ausgefüllt und Gespräche geführt und unsere Wohnung wieder (und gründlicher) inspizieren lassen. Wir bekommen einen positiven Bescheid vom Jugendamt, wir werden bei der Vermittlungsstelle zugelassen, Anfang 2011 gehen unsere Papiere dann endlich nach Afrika und seitdem warten wir »nur«. Mittlerweile freue ich mich so sehr auf dieses Kind, wie ich mich auf die anderen Kinder, die ich bekommen »sollte«, gefreut habe. So unbeschwert wie diese Liebestrunkenheit, als ich den Kinderwunsch entdeckt habe, bin ich aber lange nicht mehr. Ich weiß nur zu gut, was es heißt, enttäuscht zu werden, und wappne mich auch jetzt innerlich gegen die Möglichkeit einer neuen Enttäuschung. Durch meine Auseinandersetzung mit den Realitäten der Auslandsadoption habe ich jetzt ein fundiertes Wissen darüber, was alles schief gehen kann.

Ich denke auch sehr viel über die leiblichen Mütter nach und ringe mit den Widersprüchen: Ob die Mutter unseres Kindes gestorben ist oder aus einem anderen Grund von ihrem Kind getrennt wurde, der Anlass wird immer ein unschöner, trauriger, tragischer gewesen sein. In den allermeisten Fällen spielt Armut eine Rolle, sowie die sozial benachteiligte Position der Frau. Dies wird die Vorgeschichte unserer Adoption sein, ohne die wir kein Kind bekommen könnten. Zwar ist genauso wahr, dass wir in einer solch tragischen Situation da sein und ein Kind auffangen können, das sonst keine Familie hätte; vielleicht nehmen wir auch der Mutter etwas ab, an dem sie sonst zugrunde gegangen wäre. Trotzdem ist das Unglück nicht von der Situation wegzudenken. In einer idealen Welt gäbe es keine Adoptionen.

Obwohl mich diese Widersprüche schmerzen, bin ich dennoch überzeugt, dass in einer nicht-idealen Welt wie der unseren Adoptionen, auch Auslandsadoptionen, die beste Lösung für manche Kinder sein können. Die Wahl zwischen Tod, Straße, Kinderheim oder Misshandlung / Vernachlässigung in der Herkunftsfamilie und einer motivierten und liebevollen Familie im Ausland scheint mir eine eindeutige zu sein. Alle Akteurinnen – Gesetzgeberinnen, Behörden, Vermittlungsstellen, Kinderheime, Adoptionsbewerberinnen – müssen kritisch und aufmerksam bleiben und jedem Missbrauch entschieden entgegentreten. Wie der amerikanische Jurist, Auslandsadoptionsexperte und Adoptivvater David M. Smolin überzeugend argumentiert, sollten die Befürworterinnen der Auslandsadoption die lautesten Kritikerinnen ihrer Schattenseiten sein, denn nur wenn diese konsequent bekämpft werden, kann es funktionierende Systeme im Sinne der Kinder geben.

In Ländern, in denen Kinderhandel und Korruption im Adoptionssystem nicht von den Akteurinnen beanstandet werden, kommt es, wenn sich entsprechende Berichte häufen und nicht mehr ignoriert werden können, zu einem kompletten Auslandsadoptionsstopp, wie zum Beispiel 2005 in Rumänien (mit Ausnahme von Verwandtenadoptionen). Dieser Stopp wird viele Kinder geschützt haben, andererseits leben in Rumänien (Gesamteinwohnerzahl: 19 Millionen) laut UNICEF immer noch 80 000 Kinder in staatlicher Fürsorge (zum Vergleich: in Deutschland sind es bei einer Bevölkerung von 81 Millionen knapp 124 000). Besser wäre es gewesen, die kriminellen Praktiken viel früher einzudämmen und ein geregeltes Adoptionssystem am Leben zu erhalten.

Adoptionsbewerberinnen tragen die Verantwortung, sehr genau hinzusehen, wenn sie aus dem Ausland adoptieren wollen, und keine kinderschädlichen Praktiken zu dulden. Das ist eine hohe Anforderung an Menschen, die ihre ganze Hoffnung in das Gelingen einer Adoption gelegt haben, die sich oft schon jahrelang um ein Kind bemühen und kaum riskieren wollen, dass ein (vielleicht x-ter) Versuch scheitert.

Wünschenswert wäre es, wenn die von Amts wegen Verantwortlichen – also die Behörden, Vermittlungsstellen und Kinderheime – uns diese Bürde nehmen würden, indem sie konsequent Korruption und Missstände bekämpften. Dies ist aber, obwohl sich viele unter ihnen redlich bemühen, nicht immer und überall der Fall, und so dürfen auch wir Begehrenden uns nicht blenden lassen von unserer Ungeduld, von unserer Hoffnung, von unserem Wunsch.

Wann wird das Telefon klingeln? Morgen? Nächste Woche? In einem halben Jahr? Irgendwann wird es so weit sein. Glaube ich. Hoffe ich.

Weil wir uns einen Menschen wünschen

Im Warten lassen wir das, worauf wir warten, offen.
MARTIN HEIDEGGER

Wir leben in einer Gesellschaft, die von einem grundlegenden Imperativ regiert wird: Du sollst alles haben können, was du begehrst. Und wenn du dich nur genug anstrengst, kannst du alles erreichen, was du dir zum Ziel setzt. Dass es Bereiche gibt, die sich dieser Verfügbarkeit und Kontrolle entziehen, ist umso schwerer zu akzeptieren. Wenn wir, als ungewollt Kinderlose, sehen, wie Menschen um uns herum ohne bemerkenswerte Anstrengung, oder auch scheinbar ohne es zu wollen, Eltern werden, während wir leiden und hoffen und uns in vielen Fällen verausgaben, verschulden, körperlich und seelisch foltern lassen, unsere Partnerschaften aufs Spiel setzen – und oftmals trotzdem hinterher ohne Kind dastehen, erscheint uns das als eine unfassbare Ungerechtigkeit. Zumal wir uns ja etwas »Gutes« wünschen. Es geht nicht um Materielles oder um Macht, Zielsetzungen ohne moralischen Wert, sondern um etwas, das uns als gute Menschen ausweist, als Menschen mit Herz. Wir wünschen uns, einem Kind Leben und Liebe zu schenken, in vielen Fällen geht es auch darum, unsere Partner, vielleicht auch unsere Eltern, glücklich zu machen und ihnen das Leben zu bereichern. Warum bleibt uns das verwehrt?

Aber es gibt kein Recht darauf, Kinder zu haben. Man kann sich durch moralische Vortrefflichkeit oder große Mühe kein Kind verdienen. Ein Kind ist auch kein Geschenk, das mir jemand (abgebende Eltern, eine Behörde, die Medizin) zukommen lässt, um mir meinen Wunsch zu erfüllen. Ein Kind ist ein Mensch, der noch nicht eigenständig ist und (seine) Eltern braucht. Es kommt durch eine Zusammenkunft von vielerlei Faktoren auf die Welt (biologische, soziale, emotionale, in manchen Fällen auch technische), die nicht bis ins letzte kontrollierbar sind, und mit Bedürfnissen und Eigenschaften, die nicht programmierbar sind. Es hat immer eine spezielle Geschichte, die viel älter ist als es selbst und die nicht einfach umgeschrieben werden kann. Die Genese – möge sie noch so geplant und assistiert sein – und die Realität eines Kindes sprengen jegliche Logik eines Leistungs- und Verdienstverhältnisses oder die einer Belohnung für hehre Intentionen.

Ungewollt kinderlos zu sein bedeutet, mit diesen Grenzen und Gesetztheiten konfrontiert zu werden, dort, wo es sehr – vielleicht am meisten – weh tut. Manche Hürden sind mit mehr oder weniger großem Energieaufwand zu überwinden, manche nicht. Oft sind wir dabei auf uns allein gestellt (ob wir einen Partner haben oder nicht). Zwar bietet uns die Medizin mittlerweile vieles, es gibt Partnerbörsen, Therapeutinnen, Samenbanken und Adoptionsvermittlungsstellen, die uns Angebote machen. Aber als ich meine Gesprächspartnerinnen frage, was sie sich in ihrer Situation von der Gesellschaft wünschen, kommen neben der Forderung nach liberaleren Gesetzen in der Reproduktionsmedizin und der Adoptionsvermittlung auch immer wieder Wünsche nach anderen Formen der Unterstützung.

»Das Positivste, was ich gehört habe, war: ›Ihr seid aber mutig!‹«, sagt Thomas über die vielen Jahre der Adoptionsbemühungen. »Keiner hat explizit zu uns gesagt, das finden wir ganz toll, was ihr macht, haltet durch. Eher kommen Kommentare wie: Lasst es doch gut sein, jetzt reicht's schon. Tamara fanden alle super, als sie da war, aber dann kam Unverständnis dafür, warum wir um das zweite Kind ein dermaßen großes Theater machen.« Dass man als Nichtbetroffene nicht automatisch ein großes Verständnis für eine Kinderwunschbehandlung oder eine Adoption haben wird, kann er verstehen – man hat sich nicht damit auseinandergesetzt und hat falsche, weil oberflächliche Vorstellungen, meint er. Aber eine grundsätzliche Einstellung in Richtung: Es ist nachvollziehbar und lohnt sich, um ein Kind zu kämpfen, wäre in den langen Durststrecken für ihn und seine Frau ein Balsam gewesen.

Auch Frieda kommt wiederholt darauf zurück, dass sie in ihrem Umfeld und in der weiteren Gesellschaft eine positive Einstellung gegenüber Kindern vermisst, die sich nicht darin erschöpft, Kinder süß und toll zu finden, sondern auch bereit ist, etwas Konkretes für sie zu tun und Eltern zu unterstützen. Als sie damals ungeplant schwanger wurde und trotz Kinderwunsch sehr gehadert hat, wäre ihr sehr geholfen gewesen, meint sie, wenn sowohl während der Pflichtberatung vor der Abtreibung als auch im persönlichen Umfeld und in der Familie nach ihren Zweifeln gefragt worden wäre, und danach, ob und wo sie Hilfe brauchen würde, wenn sie das Kind bekäme. Stattdessen bekam die damals 42-Jährige gleich nach dem Ultraschall eine Adresse vom Arzt für die Beratungsstelle in die Hand gedrückt und es wurde die Schwangerschaft generell als Problem, bestenfalls als neutrale Sachlage behandelt. »Ich hätte Ermutigung gebraucht«, sagt sie. »Mein Gefühl war: Ich brauche Hilfe. Wir haben nicht genug Geld, ich brauche in der Situation jemanden, der sagt, mein Gott, schwanger? Ist doch toll! Schaffst du schon. Und wenn nicht, vielleicht hilft dir jemand, oder ich helfe dir.« Sie erzählt von Bekannten, bei denen die Mutter oder eine Freundin eingesprungen ist, um der Schwangeren eine Entscheidung für das Kind zu ermöglichen. »Wenn es damals schon Elterngeld gegeben hätte«, fügt sie hinzu, »hätte das für mich einen Unterschied gemacht.«

Franziska wünscht sich staatlich geförderte Wohnprojekte für Menschen, die nicht in einer traditionellen Familienkonstellation leben (ob gewollt oder ungewollt): »Häuser gemischt nach Altersgruppen, Familien, Nicht-Familien, Männer, Frauen, mit Räumlichkeiten für gemeinsame Tätigkeiten, und zwar gezielt auch für Leute, die nicht viel Geld haben.« Ein solches Zusammenleben mit anderen Erwachsenen und Kindern würde ihr viele Herausforderungen des Alleinerziehens wesentlich erleichtern, es sogar realistischer machen, dass sie einen neuen Partner findet, denn ohne Unterstützung bei der Kinderbetreuung kann sie abends kaum fort, was ihre Gelegenheiten, Männer kennenzulernen, sehr einschränkt. »Es wäre wirklich super, Räume zu schaffen, in denen die verschiedenen Bedürfnisse zusammengeführt werden können, in denen eine Gemeinschaft entsteht, die nicht aus Blutsbanden besteht, aber trotzdem verbindlich sein kann. Statt das Angebot nur auf krasse Notfälle zu beschränken, Frauenhaus und solche Dinge. Da will man ja nicht hin, da muss man vorher ansetzen.« Obwohl Franziska das ausgeweitete Betreuungsangebot des Staates für wichtig hält, findet sie es kurzsichtig, nur in die Fremdbetreuung von Kindern zu investieren, was letztlich dazu führt, »dass man sein Kind überhaupt nicht mehr sieht«. Stattdessen sollten Alleinerziehende darin unterstützt werden, Strukturen aufzubauen, die Gemeinschaft fördern und ihnen ermöglichen, sich untereinander im Familienleben den Rücken zu stärken.

Die Wünsche, die Thomas, Frieda und Franziska äußern, stellen natürlich keine Lösung für ungewollte Kinderlosigkeit dar, aber sie deuten auf eine gesellschaftliche Dimension, die auch bei den Eltern- und Betreuungsgelddebatten oft außer Acht bleibt. Die Kleinfamilie als in sich geschlossene Einheit ist ein Modell, das vielen Bedürfnissen nicht gerecht wird. Mary F. Rogers weist in *Mothers and Children* darauf hin, dass »in der Geschichte der Menschheit und in den verschiedenen Gesellschaften weltweit, die relativ isolierte und privatisierte Mutterschaft die Ausnahme, nicht die Norm« ist. Zwar bringen Großfamiliengefüge ihre eigenen Beengungen und Unterdrückungen in Hinblick auf ungewollte Kinderlosigkeit mit sich, nicht zuletzt durch die Potenzierung des Drucks auf die Betroffenen – das ist klar. Andererseits stellen der Mangel an alternativen Modellen und die Reduzierung auf die Mama-Papa-leibliches-Kind-Struktur eine Begrenzung der Perspektiven dar, wie die Erfüllung eines Kinderwunsches aussehen könnte. In afrikanischen und afroamerikanischen Kulturen ist beispielsweise die Praxis der »Othermothering« analysiert worden, bei der »soziale Mütter« sich vorübergehend oder auch längerfristig um nicht-verwandte Kinder kümmern, ohne dass es einen Bruch zwischen diesen Kindern und ihren leiblichen Eltern geben muss. Mag diese Praxis ihre eigenen Problematiken mit sich bringen (so der mögliche Ausschluss von Vätern beziehungsweise eine Zementierung ihrer Abwesenheit), eine derartige Öffnung des Familienbegriffs – wenn auch nur als Gedankenexperiment – könnte darin behilflich sein, die unterschiedlichen Bedürfnisse und

Wünsche von Eltern, Kinderlosen und Kindern von der engen Struktur der Kleinfamilie ein Stück weit zu lösen. Schließlich ist ein Kinderwunsch auch in unserer Gesellschaft nicht unbedingt im Kern der Wunsch nach Kleinfamilie, und ist die Realität von einem Leben mit Kindern oft eine, die mehr Ressourcen braucht als eine Kleinfamilie allein bereitstellen kann.

So erzählt Rike, 55, eine Betriebswirtin aus Köln, von ihrem unerfüllten leiblichen Kinderwunsch – als sie vor acht Jahren ihren Mann kennenlernte, war es schon zu spät für eigene Kinder. Doch Rike hat Kinder, und sie zieht stolz ihr Portemonnaie aus der Tasche, um mir deren Fotos zu zeigen. Die Jungs sind die Söhne eines befreundeten schwulen Paars, der eine ein Pflegekind, der andere der leibliche Sohn eines der Männer, dessen Mutter seit Jahren keinen Kontakt mehr hält. Rike ist von Anfang an für beide Jungen die weibliche Hauptbezugsperson, und fühlt sich in dieser Rolle sehr wohl. Sie erzählt lachend von den Familienurlauben in Spanien, mit einem halben Dutzend Jugendlichen und noch einigen kleineren Kindern, die alle irgendwie dazugehören – »ein Chaos, das funktioniert«. Auch wenn es nicht gleichzusetzen ist mit »eigenen« Kindern, und Rike auch ihren Prozess durchgemacht hat: »Mich füllt das aus«, sagt sie, und es ist ihr anzusehen, dass sie mit ihrem Leben und diesen Kindern glücklich ist.

Eine Familienpolitik, die solche Modelle aktiv unterstützen würde, wäre kein Allheilmittel für die akute Sehnsucht nach einem eigenen Kind. Wenn ich jetzt erfahren würde, dass unser aktuelles Adoptionsverfahren gescheitert wäre, mir aber eine »Rike-Lösung« offenstünde, wäre erst einmal intensives Trauern angesagt. Es ist nicht das, was ich mir jetzt und seit Jahren wünsche und erhoffe. Aber gleichzeitig ist der Inhalt meines Wunsches auch nicht mehr der gleiche wie vor neun Jahren, als er zuerst in mir aufkam. Der Verlust des leiblichen Kindes mit meinem Mann war auch ein äußerst schmerzhafter, aber durch diese Erfahrung vollzog sich eine Öffnung in mir und ein Wandel, der den Wunsch nach einem Adoptivkind genauso lebendig werden ließ wie den ersten Urwunsch. Diese Transformation wurde unter anderem dadurch ermöglicht, dass es in unserer

Gesellschaft so etwas wie Adoption gibt. Es ist eines der Modelle, das, zumindest theoretisch, ungewollt Kinderlosen zur Verfügung steht. Wenn zu den gängigen, rechtlich verankerten Angeboten von Reproduktionsmedizin, Adoption und Pflegschaft sich noch weitere etablieren würden, wäre das ein großer Fortschritt.

Ein unerfüllter Kinderwunsch macht etwas mit uns. Er treibt uns um, manchmal bis zur Verzweiflung und zur Grenzüberschreitung. Er kann uns aber auch verwandeln und öffnen und uns zu Menschen machen, die wir sonst nicht geworden wären. Und er kann uns zu uns selbst führen. In meinem Fall zwang mich die Nicht-Erfüllung meines Wunsches im ersten Schritt zu einer Reflexion darüber, warum ich diesen Wunsch so lange von mir fern gehalten hatte und erlaubte mir schließlich die (zumindest, bisher, gedankliche!) Integration der als unvereinbar vorgestellten Werte von Mutterschaft und Selbstbestimmung. Andere werden durch die Hindernisse auf dem Weg zum Kind dazu gebracht, sich mit unhinterfragten Quellen und Stereotypen ihres Wunsches auseinanderzusetzen, wie es Judith getan hat. Es war und ist ein schmerzhafter Weg, aber: »Es hat auch etwas Gutes, dass ich eine Schwangerschaft nicht realisieren konnte und ich in mir einiges verändern konnte«, resümiert sie heute. »Natürlich wäre es schön gewesen, wenn ich ein Kind hätte auf die Welt bringen können, aber ich habe mich in diesem ganzen Prozess auch von Vielem befreit.« Weiter schildert sie, wie der bisherige Prozess über die Kinderwunschbehandlungen bei ihr und ihrer Partnerin sowie mehrere Adoptionskatastrophen und die derzeit anhaltende Unsicherheit, ob sie jemals ein Kind wird adoptieren dürfen, sie auch in anderen Bereichen weitergebracht hat. »Ich möchte das nicht noch mal erleben«, sagt sie mit Nachdruck. »Aber es hat mir auch viel gegeben. Ich habe neue Freunde durch die Schwulen- und Lesbenvereine, in denen wir uns engagiert haben, um uns für unsere Adoptionsrechte stark zu machen. Darunter sind wirklich gute neue Freundinnen, die mir ganz viel in meinem Leben gebracht haben.« Die Tatsache, dass es trotz all der Strapazen zwischen ihr und Bianca nie zu größeren Zerwürfnissen kam, führt sie darauf zurück, dass jede strategische Umstellung während der Suche nach einem Kind auch andere, produktive Lebensänderungen mit sich gebracht hat. Sie sind damals von Frankreich nach Deutschland gezogen, damit sie sich verpartnern konnten und einen besseren Zugang zur Reproduktionsmedizin (und, wie sie fälschlicherweise dachten, zur Adoption) erlangen – aber dieser Umzug brachte auch »ein wunderschönes Haus mit Garten«, mit sich, »wo wir uns sehr wohlfühlen. Das hätten wir sonst nie so gemacht«. Mag auf den ersten Blick ein seit zehn Jahren bestender, unerfüllter Kinderwunsch wie eine beispiellose Verbissenheit aussehen, ist er in Judiths Fall eine lebendige Quelle von Bewegung, Veränderung und Selbstreflexion. Mit einer gehörigen Portion Hartnäckigkeit.

Zwar wird ein unerfüllter Kinderwunsch nicht immer zu einem Haus mit Garten führen (obwohl er für nicht wenige eine Eheschließung oder Verpartnerung mit sich bringt), aber er ist für alle, die sich damit auseinandersetzen müssen, eine Chance. Die Chance, uns selbst besser kennenzulernen und an den Kern unseres Wunsches vorzudringen, auf eine Art und Weise, wie es Menschen mit einem schnell erfüllten Kinderwunsch nicht tun (müssen). Selbstverständlich bringt das Elternsein auch die Gelegenheit, in die eigenen Untiefen zu blicken. »Kinder fordern extrem dazu heraus, sich mit sich selbst zu beschäftigen«, bestätigt Franziska. Aber der Status des Eltern-Sein-Wollens-und-nicht-Könnens bereitet die besondere Möglichkeit, sich eindringlich mit diesem Wunsch zu befassen, der für die meisten ein nicht weiter bemerkenswerter ist und mit der Ankunft des Kindes schnell vergessen wird. Wenn der Wunsch nicht umgehend die Form eines Menschen annimmt und eine Leerstelle bleibt, kann er sichtbar und zu einem spannenden Betrachtungsobjekt werden.

In den ersten Jahren meiner Kinderwunschgeschichte ging es in meiner Verarbeitung an erster Stelle um mich. Was war dieser Wunsch, der so von mir Besitz ergriffen hatte, wie konnte ich ihn erfüllen? Wie mit dem Schmerz und der Verzweiflung und der Hoffnung umgehen? Wie die Sehnsucht stillen? Mit der Zeit, durch verschiedene einschneidende Erfahrungen wie die

Leihmutterepisode und die Auseinandersetzung mit dem Thema Adoption, bewegte sich die Sehnsucht immer weiter weg von mir, hin zu dem gewünschten Kind. Mein Bedürfnis, möglichst schnell und unkompliziert an ein »passendes« Kind zu kommen, wich nach und nach der Sorge um die Bedürfnisse des Kindes, das ich mir wünsche. Nicht, dass der »geöffnete« Kinderwunsch sich von jeder Spur Ego gereinigt hätte – das ist dort gar nicht wegzudenken, was auch gut ist. Aus uneigennützigen Gründen Eltern zu werden, ist ein Widerspruch an sich und die Forderung, das Selbst oder die eigenen Bedürfnisse komplett von dem Kinderwunsch oder der Elternliebe zu trennen, verwechselt ebensolche mit der Nächstenliebe. Kaum ein Kind möchte allein aus Barmherzigkeit oder aus Wohltätigkeit in einer Familie aufgenommen werden – es möchte auch um seiner selbst willen gewollt sein, und dieses Wollen setzt immer einen Selbstbezug der Eltern voraus. Es geht also nicht darum, dass ich mich von meinem eigenen Begehren gelöst hätte, sondern dass sich die Schwerpunkte verlagert haben. Als ich das erste Mal die Adoptionsbroschüren des Jugendamts las, war ich entrüstet über den strengen Ton gegenüber künftigen Bewerberinnen: Statt Verständnis für unseren Schmerz und unsere Sehnsucht wurden Anforderungen gestellt. Das empfand ich als Zumutung. Über die Jahre lernte ich mehr über die Situation und die Bedürfnisse der zur Adoption freigegebenen Kinder, sensibilisierte mich dafür – wenn es auch lange Zeit in erster Linie darum ging, welche »Schäden« an einem Kind ich mir noch zutrauen würde: HIV-positiv? Hepatitis? Lippen-Kiefer-Gaumenspalte? Verhaltensauffälligkeit? Lernschwäche? Während auch diese Fragen durchaus relevant sind und jede Adoptionsbewerberin sich in der befremdlichen Situation befindet, solche Merkmale ausschließen zu können (wie es aufgrund der Pränataldiagnostik zunehmend auch leibliche Eltern sind), nehmen auch diese Berücksichtigungen inzwischen weniger Raum ein. Mittlerweile gilt meine Entrüstung weit weniger der Behandlung von Adoptionsbewerberinnen (wenngleich diese oft zu beanstanden ist) und weit mehr der zu oft auftretenden Verdinglichung von Kindern, der Nichtachtung ihrer Würde, innerhalb des Adoptionssystems, in der medizinisch assistierten Reproduktion, aber auch in »ganz normalen« Familien, in Schulen, überall.

Diese oft schmerzhaft empfundene Wahrnehmung von der ungerechten Behandlung von Kindern erleben natürlich auch Eltern oder Menschen ohne eigenen Kinderwunsch. Was uns ungewollt Kinderlose von diesen unterscheidet, ist, dass das Kind eben eine Leerstelle in unserem Leben einnimmt, die wir oft mit resolutem Eifer zu füllen versuchen und in unserem Elan das Kind in seiner Subjektivität paradoxerweise ausblenden. Es über längere Zeit mit dieser Leerstelle zu tun zu haben, birgt aber die Chance, unseren Fokus von ihr und unseren Füllungsversuchen auf eine Selbstreflexion und schließlich auf unsere Wunschobjekte als Subjekte, als Menschen zu verlagern. Eine Zwischenstation in diesem Prozess besteht bei vielen aus dem Gefühl, besser als Eltern spüren zu können, was Kinder brauchen. Da wir so lange damit beschäftigt sind, uns auszumalen, wie wir als Mutter oder Vater wären, werden wir manchmal dazu verführt, uns als die perfekten Eltern vorzustellen – wenn man uns denn die Gelegenheit dazu gäbe. Kein Kind in unserer Fürsorge würde je zu kurz kommen, denken wir, und um uns herum sehen wir nichts als Eltern, die mehr mit sich selbst beschäftigt sind, als mit ihren Kindern. Anja erzählt, wie es vielen Betroffenen geht: »Wenn ich mit Freunden und deren Kindern oder meiner Schwester und ihrer Tochter zusammen bin, dann reagiere ich ziemlich stark auf Ungerechtigkeiten den Kindern gegenüber. Ich nehme intensiv wahr, wenn die Eltern unausgeglichen sind und beobachte viel, wie man mit einem Kind umgeht oder umgehen kann und schaue, was sich für mich richtig anfühlt oder nicht.« Dieses Beobachten und auch Urteilfällen kann bis zu einer Obsession mit Horrorgeschichten in den Medien über Kindesmisshandlung und -vernachlässigung gehen, gegen die ich und andere ungewollt Kinderlose, wie sie mir erzählt haben, ankämpfen müssen. Es ist das Gefühl: Wir haben hier einen Platz frei, haben Liebe und Fürsorge zu vergeben, und dort werden Kinder übergangen und verletzt.

Der Perspektivwechsel kann aber auch über eine solche »Zwischenstation« hinausgehen und jenseits von einem selbstbezogenen Verletzungs- oder Überheblichkeitsgefühl eine Sicht auf Kinder und deren Bedürfnisse sowie unserem eigenen Wunsch eröffnen. Wir können, wenn unser Wunsch länger offen bleibt, diese Verzögerung nutzen, um von »ein Kind haben zu wollen« zu »ein Kind lieben zu wollen« überzugehen. Nicht, dass Haben und Lieben vor allem in der Kinderfrage nicht ständig ineinander übergehen oder eindeutig voneinander getrennt werden können. Wenn man aber, zunächst, nicht haben kann, kann man diese tragische Tatsache als Gelegenheit ergreifen, das Kind, das man (noch) nicht hat, lieben zu lernen, anstatt es nur haben zu wollen. Und das vielleicht auch auf ein Kind zu übertragen, das nicht das eigene ist oder werden wird, aber dem man trotzdem etwas geben kann.

Das bedeutet, eine Transformation des Wunsches zuzulassen, die ich und viele meiner Gesprächspartnerinnen erleben und erlebt haben. Hier muss klar zwischen Verdeckung oder Verdrängung und Veränderung unterschieden werden: Den ursprünglichen, oft sehr körperlichen Wunsch kann man nicht einfach ausschalten und durch einen anderen, vermeintlich selbstlosen und kindfokussierten, ersetzen. Man kann ihn nur durchleben, sich in aller Intensität von ihm überrollen lassen, und dann sehen, was danach kommt. Judiths Geschichte veranschaulicht diesen Prozess ganz klar: Von ihrem ursprünglichen Wunsch nach einer Schwangerschaft, den sie über Jahre betrauern und aufgeben musste, gelang es ihr dann, sich über ein leibliches Kind ihrer Freundin zu freuen. Als diese Hoffnung auch scheiterte, orientierte sich ihr Wunsch wieder neu, und zwar auf ein Adoptivkind. Die Kämpfe, die das Paar mit ihrem Jugendamt und mehreren amerikanischen Vermittlungsstellen ausfechten mussten, könnten ein ganzes Buch füllen. In Deutschland stecken sie in der Zwickmühle von vielen homosexuellen Paaren, die hierzulande adoptieren wollen: Nur eine von ihnen darf sich als Alleinstehende bewerben, aber da sie sich verpartnert hatten, auch um Zugang zur Reproduktionsmedizin zu bekommen, weigert sich das Jugendamt, Judith als alleinstehend anzuerkennen. Und so schauen auch sie nach Amerika, wo sie sich noch vor der dortigen Ratifizierung des Haager Abkommens anmelden und dann zwei Jahre lang abgebenden Müttern vorgestellt werden. Ohne Ergebnis. Dann werden eine Reihe unpassender Kindervorschläge gemacht (in einem Fall sind es vier Geschwisterkinder auf einmal), gefolgt von einer zweiten Agentur, die am Tag der Vertragsunterschrift die Gebühren einfach so um 6000 Dollar erhöht, woraufhin das Paar nur mit Müh und Not das schon bezahlte Geld zurückbekommt und den Vertrag rückgängig macht. Nach dieser erschreckenden Erfahrung heißt es wieder einen Schlussstrich ziehen und sich neu zu orientieren und zu öffnen. »Mit allem, was da passiert ist, hat sich der innere Impuls immer weiter verändert«, erzählt Judith. »Mit der Zeit habe ich kein Begehren mehr gespürt nach einem Baby. Das war irgendwie vorbei. Früher hatte ich wahnsinnige Lust darauf und jetzt überhaupt nicht mehr. Das Wunschkind in mir ist in den Jahren einfach auch immer älter geworden. Ich sage das nicht mit Trauer. Wenn ich jetzt mit Kindern zusammen bin, fühle ich mich viel mehr von Kindern ab drei Jahren angesprochen. Ich habe überhaupt nicht mehr dieses Babydings, wo man drauf zufliegt und nur noch knuddeln will. Das ist einfach nicht mehr da. Ich kann ein Baby schon noch entzückend finden, aber ich denke nicht, so eins würde ich jetzt auch gern haben.« Was bleibt, oder was geworden ist, ist der Wunsch nach einem Leben mit einem Kind – den Judith mit unverminderter Intensität spürt. »Wir haben Kontakt aufgenommen mit dem Sozialamt und einen Brief geschrieben, um Pflegeeltern zu werden«, erzählt sie. »In der Zwischenzeit haben wir uns so weit geöffnet, dass wir uns auch das vorstellen können. Uns geht's tatsächlich darum, mit Kindern zu leben, und wenn's dann nicht unsere eigenen sind – zumindest für die Zeit, in der sie mit uns gelebt haben, konnte etwas stattfinden, und wir konnten ihnen was mitgeben, und die konnten uns was mitgeben.« Allerdings kommt überraschend eine weitere, bisher nicht für möglich gehaltene Option einer Adoption (eines älteren Kindes) über eine andere Stelle und aus einem anderen Land, und Judith und Bianca ziehen ihren Pflegeelternantrag vorerst zurück. Die Möglichkeit, sich ein Leben lang auf ein Kind einlassen zu können, zieht weiterhin und Judith ist von neuer Hoffnung beflügelt.

Wenn diese aber wieder enttäuscht werden sollte, würden sie sich wieder beim Sozialamt melden, sagt sie. »Dann wäre erst mal Trauer angesagt, aber dann würden wir das tun. Ich denke schon, dass wir das Wesentliche für uns an diesem ganzen Kinderwunsch herausbekommen haben, und das ist tatsächlich die Lust am Leben mit einem Kind. Und das lässt sich realisieren.« Insgesamt, fasst sie zusammen, hat die ganze Erfahrung sie dahin gebracht, sich weiterzuentwickeln. »Ich empfinde das als positiv und nicht als Zwang. Es ist die Erfahrung, mich grundsätzlich geöffnet zu haben für einen neuen fremden Menschen.«

Ob diese Öffnung und Transformation des Wunsches sich parallel zu der Suche nach einem eigenen Kind (ob über Partnersuche, Reproduktionsmedizin oder Adoption) oder in einem Prozess der Ablösung davon vollzieht – auch Studien belegen, dass sich hier das Geheimnis des Glücks findet. Eine 1987 in der Fachzeitschrift *Developmental Psychology* veröffentlichte amerikanische Langzeitstudie zum Beispiel, begleitete über 40 Jahre lang Männer, die in jungen Jahren ungewollt kinderlos waren. Diejenigen, die ihren Wunsch in die Sorge um andere Menschen oder Tiere umleiten konnten, anstatt ihn mit selbstzentrierten Aktivitäten wie Sport zu kompensieren, hatten eine höhere Wahrscheinlichkeit, eine glückliche Beziehung zu führen und später ein Kind zu adoptieren. Auch Almut Dorn beobachtet bei ihren Patientinnen, dass »die Frauen, die sich um Nichten und Neffen kümmern, um Nachbarskinder und Freundeskinder und Patenkinder, und zwar intensiv, also wirklich in eine enge Beziehung gehen, entlasteter sind als die, die sich total zurückziehen aus Kontakten mit Kindern und Schwangeren, um dem eigenen Schmerz nicht zu begegnen. Wenn man sich zurückzieht, nimmt man sich tatsächlich auch die Möglichkeit, diesen Wunsch auch irgendwo umzusetzen.« Daphne de Marneffe zitiert die Erkenntnis einer nach vielen reproduktionsmedizinischen Versuchen kinderlos gebliebenen Frau: »Es geht nicht nur darum, ein Baby zu *haben*. Der Impuls, so zu denken, ist sehr stark. Mir wurde klar, dass es letztlich eher darum ging, für ein Baby oder ein Kind zu *sorgen*.«

Immer wieder muss betont werden, dass eine solche Umwandlung nicht von einem Tag auf den anderen vollzogen werden kann, und dass der Wunsch, ein Kind zu haben, eine definitive Berechtigung hat. Auch schließen sich haben und versorgen so wenig aus wie haben und lieben – in unserem Fall werden wir aber manchmal über einen längeren Leidensweg auch zu der Einsicht gebracht, dass wir vor der Wahl stehen, entweder sowohl auf haben und auf lieben / versorgen verzichten zu müssen, oder uns dafür zu öffnen, »nur« zu lieben und zu versorgen. Ohne eine eindringliche Beschäftigung mit dem ursprünglichen Wunsch werden wir aber kaum die Kurve kriegen – der Versuch, ihn zu verdrängen, um sich so vor dem Schmerz zu schützen, kann nur scheitern. Mag der Kinderwunsch Anfang 30 noch wie ein leiser Ton klingen, mag man sich die nächsten zehn, fünfzehn Jahre mehr oder weniger erfolgreich mit allen möglichen Abenteuern abgelenkt haben: Spätestens wenn sich abzeichnet, dass es definitiv nichts mehr wird, sind viele entsetzt über die plötzliche und abgrundtiefe Trauer, die sich dann auftut. Wann und wie auch immer die Erkenntnis einsetzt, dass es nicht ohne Weiteres (oder überhaupt) zu einem eigenen Kind kommen wird – dieser Fratze muss man erst einmal in die Augen schauen, bevor man den Wunsch, das Bedürfnis, erfolgreich umleiten kann. Mag bei jedem Menschen irgendwann der Zeitpunkt gekommen sein, an dem es für die Erfüllung zu spät ist – es ist nie zu spät, den Wunsch wahrzunehmen, zuzulassen und zu verwandeln.

Der Wunsch, um den es hier geht, ist so stark in mir und in vielen, mit denen ich gesprochen habe und in all denen, die er über Jahre nicht loslässt, dass es schade wäre, ihn nicht als produktive Kraft zu nutzen. Begehren, wie der französische Philosoph Gilles Deleuze argumentiert, ist immer ein Herstellen. Es ist nicht passiv, es schafft Welten. In einem ganz banalen Sinn schafft es täglich auch Hunderttausende Kinder weltweit. Der Mangel, der entsteht, wenn trotz inständigem Begehren kein Kind geschaffen wird, kann aber auch umgestülpt und zu einem Überschuss gemacht werden. Oft habe ich mich erschlagen gefühlt von der Trauer, dem Bangen, kleingemahlen von ihrer

Wucht. Aber ich kann auch die ungebändigte Liebe, das erschütternde Verlangen, sogar die Heidenangst, die mich umtreibt, als Kraft begreifen. Als Berge versetzende Gewalt.

Es gab Zeiten, da erschien mir mein Begehren wie ein hässlicher, kleiner Affe, für den ich mich schämte. Ich wollte ihn lieber nicht rauslassen, niemanden wissen lassen, wohin er mich führt. In Wahrheit aber ist mein Begehren ein Bison, ein Elch, eine Königstigerin. Stolz verkündet es: Ich wünsche mir ein Kind, das mich braucht. Es wird mich nirgends hinführen, wo ich lieber nicht hin sollte, denn sein Gebrüll ist eindeutig: Es geht darum, lieben und schützen und schenken zu wollen, in einer Art und Weise, die mir und einem anderen Menschen gerecht wird. Die Tigerin weiß, was sie will und geht keine üblen Kompromisse ein. Sie führt mich womöglich in gänzlich unerwartete Richtungen, aber nicht weg von mir selbst und dem, was in meinem Wunsch und meiner Liebe lebendig ist.

Und so passieren wundersame Dinge, wie die Verwandlung eines gehetzten Ich-halte-es-keinen-Tag-länger-ohne-Kind-aus-Gefühls in die Entdeckung der Liebe im Warten und in der Abwesenheit der Geliebten. »Ich sprach zu meiner Seele, sei still und warte, ohne zu hoffen / Denn Hoffen wäre auf Falsches gerichtet«, schreibt T. S. Eliot in seinem Gedicht »East Coker«. Anstatt mich festzunageln an ein Kind mit bestimmten Eigenschaften, an Bilder der Nähe und des Familienglücks, versuche ich, die Leerstelle eine Leerstelle sein zu lassen, die Zukunft offen zu lassen, mit offenen Armen zu warten auf das, was kommen wird, was oder wer immer es sein mag.

Elternsein bedeutet, Geduld und Selbstlosigkeit zu lernen, heißt es immer. Mit einem unerfüllten Kinderwunsch zu leben, kann die gleichen Lektionen auf einer vielleicht herberen, aber nicht weniger tiefgehenden Art und Weise transportieren. Ich behaupte nicht, dass ich sie verinnerlicht hätte. Aber ich ahne manchmal, was sie bedeuten. Zwar gibt es jetzt, nach neun Jahren des Wartens, wenn man vom ersten Kinderwunsch an rechnet, oder nach sieben, wenn man von der Diagnose an rechnet, oder nach fünfeinhalb, wenn man von den Adoptionsbemühungen an rechnet, oder nach zwei, wenn man vom Anfang des aktuellen Verfahrens an rechnet – sehr wohl noch Tage der zehrenden Ungeduld. Aber es ist selten noch ein Nicht-Aushalten-Können und meistens eher ein energisches Scharren mit den Hufen. Dass es endlich losgehen kann, dass ich diesen Menschen kennenlernen darf, den ich schon liebe, ohne zu wissen, wer er ist. Um den ich schon sehr viel gekämpft habe und auf den ich jetzt warte, ohne in diesem Warten zu erstarren. Ich bewege mich immer weiter, entdecke neue Dimensionen meines Lebens, die teilweise nichts mit dem Kinderwunsch zu tun haben, aber auch neue Dimensionen des Wunsches.

Zum Beispiel, dass es dort, wo ich lange einen Widerspruch befürchtete, im Kern gar keinen gibt. In der Frage, die Jacob und ich uns immer wieder auf unserem Weg gestellt haben – Ist diese Option (Leihmutter, Eizellspende, Inlandsadoption, Auslandsadoption aus diesem oder jenem Land) sowohl für uns als auch für das künftige Kind zu verantworten? – lag implizit immer auch die Sorge, der Kinderwunsch könnte in eine Unbedingtheit ausarten, die moralische Hemmschwellen zunichte machen würde. Dass ich gegen eigene Prinzipien handeln würde, nur, weil ich mir so sehr ein Kind wünsche. Ein Adoptionsland auswählen, zum Beispiel, weil es dort angeblich schnell geht, obwohl es Gründe gibt, dem Verfahren dort zu misstrauen. Das oder Ähnliches haben wir nicht gemacht, aber es gab Momente des inneren Widerstreits, über die ich in den vorhergehenden Kapiteln berichtet habe. Irgendwann wurde mir aber klar: Es geht nicht um einen Konflikt zwischen meinem Wunsch und meinen moralischen und politischen Vorstellungen. Was ich mir mittlerweile wünsche und was schon immer der Kern meines Wunsches gewesen ist, ist ein Kind, das mich wirklich braucht und für das ich und Jacob die beste Option sind. Ich wünsche mir kein Kind, das von seiner leiblichen Mutter getrennt wurde, nur damit ich meinen Wunsch erfüllen kann. Eine solche Situation könnte meinen Wunsch gar nicht erfüllen. Es gibt keinen Widerspruch. Und es geht gar nicht in erster Linie um Moral, sondern um das, was dieser Wunsch tatsächlich ist. Das hätte ich vor neun, vor sieben, vor fünfeinhalb Jahren nicht so klar sagen können, wie ich es jetzt kann. Es sind auch das Warten und die Transformationen auf diesem langen Weg, die mich dem nahe gebracht haben, was ich wirklich will.

Die Chance, die wir ungewollt Kinderlosen also haben, ist, dass wir tief in uns und in unseren Wunsch hineingehen können, auf eine Art und Weise, wie wir es sonst nie getan hätten. Dabei kommen wir zu unterschiedlichen Schlüssen: Manche sagen, ein Kind aus einem anderen Land zu adoptieren, kann ich, bei näherer Betrachtung, nicht vereinbaren mit meinem Wunsch. Auch wenn das bedeutet, kinderlos zu bleiben. Andere gehen in sich und finden heraus, dass eine anonyme Samen- oder Eizellspende den eigenen Vorstellungen und der eigenen Liebe keinen Schaden zufügt. Wo auch immer man endet – man wünscht sich nie einfach nur ein Kind, irgendwie, von irgendwoher. Es mag sich zwar so anfühlen, sogar über Jahre hinweg. Hier hilft es nur, die Flucht nach vorn anzutreten, und sich noch tiefer in die Grube hineinzuwagen, die der verwehrte Kinderwunsch auftut. In dieser Grube ist es erst einmal finster und beängstigend. In dieser Grube wohnen der Schmerz und der Schrecken. Aber man kann dort auch erstaunliche Dinge über sich selbst entdecken wie: Ich wünsche mir ein Kind, aber nicht um jeden Preis. Oder: Mir ist die Blutsverwandtschaft weniger wichtig, als ich dachte. Oder: Eigentlich ist es meine Mutter, die mir ein Kind wünscht, und nicht ich. Dort kann man irgendwann dann auch entdecken: Ich kann, auch wenn dem eine große Trauer vorausgehen würde, ohne eigenes Kind glücklich sein.

Über die letzten sieben Jahre wurde ich oft eher von außen in meinem Erfüllungseifer gebremst als aus einer inneren Überzeugung heraus. Oft ernteten diejenigen in meinem Umfeld, die vorsichtig andeuteten, vielleicht wäre ein Innehalten mal ganz gut (allen voran mein armer Mann), nicht viel mehr als ein wütendes Fauchen. Manchmal sagte aber doch jemand genau zur richtigen Zeit das Richtige, wie dieser Bekannte damals in der Bibliothek, oder der Prozess selbst bremste mich – die vielen Rückschläge sowie die Wartezeiten, die den Adoptionsprozess bestimmen – und in diesen mehr oder weniger von außen aufgezwungenen Pausen konnte ich die Entdeckungen machen, die mich letztlich bis hierher geführt haben.

Hierher heißt: Ich hoffe immer noch, dass ich mit einem Kind aus »unserem« Adoptionsland zusammenleben, es großziehen kann, ein Kind, für das ich den Rest meines Lebens eine Mutter sein kann. Das zu mir kommt, weil es mich wirklich braucht und in seinem Heimatland keine andere Möglichkeit gehabt hätte. Dem ich zusammen mit Jacob ein Zuhause, geprägt von Geborgenheit und Liebe und Freude, schaffen kann, in dem es sich entfalten und zu dem Menschen heranwachsen kann, das es ist. Ich habe andere Dimensionen meines Kinderwunsches aufgeben müssen, und es hat mich zerrissen. Aber ich bin wieder zusammengewachsen und bin stärker geworden und weiß besser als vor neun, sieben, fünfeinhalb Jahren, wer ich bin, was ich will und warum. Ich weiß auch, dass ich es überleben würde, wenn noch eine Enttäuschung käme. Und weitersehen würde. Und weiterlieben, vielleicht auch ein Kind.

Hierher heißt auch, dass ich wieder den Kontakt suche und finde zu der ursprünglichen Großzügigkeit, die dem allerersten Kinderwunsch zugrunde lag. Denn obwohl ich in den vorhergehenden Kapiteln diesen ersten Wunsch immer wieder als ein Ich-bezogenes, im Körper zentriertes Bedürfnis gedeutet habe, das sich über die Zeit weg von mir und auf das Kind verschoben hat, gab es am Anfang auch die Dimension einer unschuldigen, verschwenderischen Großzügigkeit. Es war das Gefühl, mir geht es so gut, ich habe so viel zu geben, mit vollen Händen habe ich Gutes zu verschenken, ich will mein Leben mit einem Kind teilen und mit ihm zusammen die Welt neu entdecken. Es war ein Ja zum Leben, zu meinem Partner, zu mir selbst. Während der letzten Jahre ist diese ursprüngliche Freude oft erstickt an den vielen Strapazen und Verlusten. In den dunkelsten Stunden ging es manchmal eher darum, diesem Druck zu entkommen, als überschwänglich mein Glück teilen zu wollen. Aber darum geht es immer noch, und wenn ich es schaffe, die Tigerin aus dem Käfig der Angst zu befreien und sie wild und frei sein zu lassen, dann bin ich wieder bei der Freude angelangt, die sich verschenken will, und die, egal was passiert, jemanden dafür finden wird.

Sich einen Menschen wünschen. Darum geht es. Keine Puppe, die ich mit meinem Begehren füllen, in meinem Ebenbilde formen, über die ich verfügen kann. Sondern einen Menschen mit einer wie auch immer gearteten Entstehungsgeschichte, mit Würde, mit einer Identität, mit einer Zukunft, mit einer Herkunft, die höchstens zur Hälfte und manchmal gar nichts mit mir zu tun hat. Einem Menschen, dem ich die Welt eröffnen will, der mich aber auch in ganz neue Welten einführen wird. Jedes Kind, das auf die Welt kommt, ob gewünscht oder nicht oder ob im Reagenzglas oder im Eileiter gezeugt, ist ein solcher Mensch.

Wir, die wir warten müssen, die wir trauern und wüten und kämpfen müssen, die wir uns öffnen und unseren Wunsch erforschen und transformieren müssen, um ein Kind in die Arme oder den Frieden mit einem Leben ohne eigenes Kind zu schließen: Wir haben die Möglichkeit, diesem derartig wundersamen wie alltäglichen Wunsch ins Gesicht zu sehen. Ein großes Abenteuer.

Anhang

Literaturverzeichnis

Badinter, Élisabeth: Mütter, seid mittelmäßig!, Interview in: Philosophie Magazin, Nr. 1, Dez. 2011/Jan. 2012.

Becker, Gay: Healing the Infertile Family, Berkeley 1990.

The Bertarelli Foundation Scientific Board: Public Perception on Infertility and its Treatment. An International Survey, in: Human Reproduction, Volume 15, Number 2, S. 330–334, Oxford 2000.

Beyer, Carla: Ungewollte Kinderlosigkeit. Betroffene Frauen und ihre Bewältigung im mittleren Erwachsenenalter, Dissertation, Jena 2005.

Black, Eric; Sandig, Frauke: Frozen Angels, Dokumentarfilm, 2005.

Boivin, Jacky u. a.: International Estimates of Infertility Prevalence and Treatment-Seeking. Potential Need and Demand for Infertility Medical Care, in: Human Reproduction, Volume 22, Number 6, S. 1506–1512, Oxford 2007.

Breitinger, Eric: Vertraute Fremdheit. Adoptierte erzählen, Berlin 2011.

Bundesministerium für Bildung und Forschung: Kinder – Wunsch und Wirklichkeit in der Wissenschaft, Bonn, Berlin 2010.

Cantwell, Nigel: Intercountry Adoption. A Comment on the Number of »Adoptable« Children and the Number of Persons Seeking to Adopt Internationally, in: The Judges' Newsletter on International Child Protection, Volume 5, S. 70–72, Den Haag 2003.

Chase, Susan E.; Rogers, Mary F. (Hg.): Mothers and Children. Feminist Analyses and Personal Narratives, Piscataway 2001.

Deutsches IVF Register. Jahrbuch 2010, Gablitz 2011.

Diedrich, Klaus u. a.: Reproduktionsmedizin im europäischen Vergleich. Gutachten im Auftrag der Friedrich-Ebert-Stiftung, Berlin 2008.

Didion, Joan: Das Jahr magischen Denkens. Aus dem Amerikanischen von Antje Rávic Strubel, Berlin 2006.

Eliot, T. S.: Die vier Quartette. Aus dem Amerikanischen von Nora Wydenbruck, Wien 1948.

European Society of Human Reproduction and Embryology: Comparative Analysis of Medically Assisted Reproduction in the EU. Regulation and Technologies, Bericht, Grimbergen 2008.

Flaßpöhler, Svenja: Die unbefleckte Empfängnis. Profitieren Frauen von der modernen Reproduktionsmedizin? Hörfunkfeature, Deutschlandradio Kultur 2011.

Franzen, Jonathan: Freiheit. Aus dem Englischen von Bettina Abarbanell und Eike Schönfeld, Reinbek 2010.

Freud, Sigmund: Trauer und Melancholie, in: Gesammelte Werke, Band X, London 1946.

Frick-Bruder, Viola; Schuett, Edda: Zur Psychologie des männlichen und weiblichen Kinderwunsches, in: Psychotherapie, Psychosomatik, Medizinische Psychologie, 42(7), S. 221–227, Nürnberg 1992.

Frost, Melanie: The Value of Children and Theories of Fertility Transition, Beitrag zu Social Statistics and Demography Seminar Series, Southampton 19.05.2011.

Gammerl, Benno: Same-Sex Love between Homophilia and Gay Pride, Beitrag zur Konferenz Learning to Feel, Jerusalem 10.–14.04.2011.

Hanig, Florian: Der gekaufte Bauch, in: Geo, Nr. 12, Hamburg 2011.

Heidegger, Martin: Zur Erörterung der Gelassenheit, in: Gesamtausgabe, Band 13, Frankfurt a. M. 1983.

Ingstad, Benedicte; Whyte, Susan Reynolds: Disability in Localand Global Worlds, Berkeley 2007.

Institut für Demoskopie Allensbach: Unfreiwillige Kinderlosigkeit, Umfrage, Allensbach 2007.

Juul, Jesper: Mehr oder weniger furchtbar, Interview in: Der Freitag, Nr. 11, 15.03.2012.
Jones, Howard W. Jr. u.a.: IFFS Surveillance 2010, in: Fertility and Sterility, Volume 8, Number 11, Birmingham 2010.
Jordan, Caren; Revenson, Tracey A.: Gender Differences in Coping with Infertility. A Meta-Analysis, in: Journal of Behavioral Medecine, Volume 22, Number 4, S. 341–358, Milwaukee 1999.

Kedem, Peri u.a.: Psychological Aspects of Male Infertility, in: British Journal of Medical Psychology, Volume 63, Issue 1, S. 73–80, Leicester 1990.
Kessler, Laura T.: Transgressive Caregiving, in: Florida State University Law Review, Volume 33, Number 1, Tallahassee 2005.
Kindler, Heinz u.a. (Hg.): Handbuch Pflegekinderhilfe, München 2010.
Klein, Thomas; Kopp, Johannes (Hg.): Scheidungsursachen aus soziologischer Sicht, Würzburg 1999.
Kloman, Annette; Nyssen, Friedhelm: Der Kinderwunsch. Gegenwart und Geschichte, Frankfurt a.M. 1994.
Knoop, Susanne: Recht auf Fortpflanzung und medizinischer Fortschritt, Dissertation, Konstanz 2004.
Könnecke, Regina: Bewältigungsmuster ungewollt kinderloser Männer, Frankfurt a.M. 2000.

Landesjugendämter Berlin und Brandenburg: Adoption – ein Weg?! Informationen für Adoptivbewerber, Broschüre, Berlin 2010.
Lewis, C.S.: Über die Trauer. Aus dem Englischen von Alfred Kuoni, Düsseldorf 2006.
Lorca, Federico Garcia: Yerma. Aus dem Spanischen von Susanne Lange, Frankfurt a.M. 2001.

Marneffe, Daphne de: Die Lust Mutter zu sein. Aus dem Amerikanischen von Juliane Gräbener-Müller, München 2005.

Maskew, Trish: Our Own. Adopting and Parenting the Older Child, Morton Grove 1999.

Merz, Bettina: Die medizinische, ethische und juristische Problematik artifizieller menschlicher Fortpflanzung, Frankfurt a. M. 1991.

Morgan, Robin: Going Too Far. The Personal Chronicle of a Feminist, New York 1978.

Onnen-Isemann, Corinna: Wenn der Familienbildungsprozess stockt ..., Berlin, Heidelberg 2000.

Orlean, Susan: Fertile Ground, in: The New Yorker, June 7, 1999.

Princeton Survey Research Associates (for The Evan B. Donaldson Adoption Institute): Benchmark Adoption Survey. Report on Findings, Washington D.C. 1997.

Quin, Élisabeth: Tu n'es pas la fille de ta mère, Paris 2004.

Repokari, Leena u. a.: Infertility Treatment and Marital Relationships: A 1-Year Prospective Study among Successfully Treated ART Couples and Their Controls, in Human Reproduction, Volume 22, Number 5, S. 1481–1491, Oxford 2007.

Savage, Dan: The Kid, New York 1999.

Sawicki, Jana: Disciplining Mothers: Feminism and the New Reproductive Technologies, in: Price, Janet; Shildrick, Margrit (Hg.): Feminist Theory and the Body. A Reader, Edinburgh 1999.

Simon, Rita J.; Roorda, Rhonda M.: In Their Own Voices. Transracial Adoptees Tell Their Stories, New York 2000.

Smith, Susan Livingston (Evan B. Donaldson Adoption Institute): Safeguarding the Rights and Well-Being of Birthparents in the Adoption Process, New York 2007.

Smolin, David M.: Child Laundering and the Hague Convention

On Intercountry Adoption, in: University of Louisville Law Review, Volume 48, S. 441–498, Louisville 2010.

Snarey, John u a.: The Role of Parenting in Men's Psychosocial Development. A Longitudinal Study of Early Adulthood Infertility and Midlife Generativity, in: Developmental Psychology, Volume 23, Number 4, S. 593–603, Washington D. C. 1987.

Spiewak, Martin: Wie weit gehen wir für ein Kind?, Frankfurt a. M. 2005.

Statistisches Bundesamt: Alleinerziehende in Deutschland. Ergebnisse des Mikrozensus 2009, Wiesbaden 2010.

Statistisches Bundesamt: Statistiken der Kinder- und Jugendhilfe. Adoptionen, Wiesbaden 2011.

Stein, Wiebke; Sproll, Elke: Vom unwiderstehlichen Drang, Mutter zu werden, Freiburg 1998.

Stöbel-Richter, Yve u. a.: Umfrageergebnisse zum Stellenwert psychosozialer Beratung in reproduktionsmedizinischen Zentren in Deutschland – eine Pilotstudie, in: Journal für Reproduktionsmedizin und Endokrinologie, Jg. 8, Nr. 6, S. 416–423, Gablitz 2011.

Sydsjö, Gunilla: Relationships and Parenthood in Couples After Assisted Reproduction and in Spontaneous Primiparous Couples: A Prospective Long-Term Follow-Up Study, in: Human Reproduction, Volume 17, Number 12, S. 3242–3250, Oxford 2002.

Thorn, Petra: Männliche Unfruchtbarkeit und Kinderwunsch, Stuttgart 2010.

Tretjakow, Sergej: Ich will ein Kind haben! Aus dem Russischen von Fritz Mierau, Berlin 1976.

Van Balen, Frank u. a.: Age, Desire for Children and Probability of Pregnancy in The Netherlands, in: Ned Tijdschr Geneeskd, 139 (15), S. 792–796, Amsterdam 1995.

Hilfreiche Internetseiten

Kinderwunsch

www.ungewolltkinderlos.de
Von Kinderlosigkeit Betroffene berichten über ihre Erfahrungen, tauschen sich aus und geben praktische Hinweise für den Umgang mit dem unerfüllten Kinderwunsch.

www.wunschkinder.net
Von einem Reproduktionsmediziner betriebene Seite rund um Unfruchtbarkeit und Kinderwunsch, mit medizinischen und politischen Informationen sowie einigen Foren.

www.familienplanung.de/kinderwunsch/
Seite der Bundeszentrale für gesundheitliche Aufklärung (BZgA) bietet Informationen rund um das Thema, weiterführende Links zu Aufklärungsbroschüren und Beratungsstellen.

www.spenderkinder.de
Internetpräsenz eines Vereins von durch Samenspenden gezeugten Erwachsenen, mit ihren persönlichen Erfahrungsberichten.

www.queerkids.de
Eine Webseite für und von Lesben und Schwulen mit Kindern bzw. Kinderwunsch.

Adoption

www.adoptionsinfo.de
Ständig aktualisiertes Portal mit Nachrichten aus aller Welt zum Thema Adoption.

www.familien-wegweiser.de/wegweiser/stichwortverzeichnis
Die Seite des Bundesministeriums für Familie, Senioren, Frauen und Jugend enthält wichtige rechtliche Informationen zum Thema Adoption.

www.pfad-bv.de
Die Webseite des Bundesverbands der Pflege- und Adoptivfamilien e. V., mit vielen Informationen u. a. für Bewerberinnen.

www.ethischeadoptionen.org
Diese Seite wird von Adoptiveltern von Kindern aus Äthiopien betrieben und setzt sich für ethische Auslandsadoptionen ein.

Zur Autorin

Millay Hyatt

Jahrgang 1973, in Dallas/USA geboren; Dr. phil., studierte Philosophie, Politikwissenschaften und Allgemeine und Vergleichende Literaturwissenschaft in Ohio, Los Angeles, Paris und Berlin; 2006 promovierte sie mit einer Dissertation über das Utopische und Utopiekritische bei Hegel und Deleuze an der University of Southern California.

Millay Hyatt lebt als freie Übersetzerin und Autorin in Berlin.

Maja Roedenbeck

Und wer küsst mich?

Absolute Beginners – Wenn die Liebe auf sich warten lässt

ca. 200 Seiten
Broschur
ISBN 978-3-86153-688-8
16,90 € (D); 17,40 € (A)
Erscheint im September 2012

Wer kennt sie nicht? Den Kumpel, der mit 35 noch bei seiner Mutter lebt und mit Frauen nichts anfangen kann, die Cousine, die noch nie einen Freund zur Familienfeier mitgebracht hat, die Endzwanzigerin aus dem Bekanntenkreis, die so sehr mit ihrer Dauersingle-Frauen-Clique beschäftigt ist, dass Männer gar keine Chance haben … Sie nennen sich Absolute Beginners: Es sind Menschen, die nicht nur allein durchs Leben gehen, sondern auch ohne Liebe und ohne Sex. Dabei wünschen sie sich nichts sehnlicher als Zweisamkeit. Und je länger die Unerfahrenheit anhält, desto größer wird die Bindungsangst, und der erste Schritt wächst sich zu einer Lebensaufgabe aus.

Maja Roedenbeck beleuchtet dieses gesellschaftliche Phänomen, taucht in die vielfältigen Lebenswelten der Absolute Beginners ein und trägt wertvolle Tipps und Ratschläge von Ehemaligen zusammen.

www.christoph-links-verlag.de

Ch.Links

Bettina von Kleist
Das Jahr danach
Wenn Paare sich trennen

256 Seiten
Broschur
ISBN 978-3-86153-628-4
16,90 € (D); 17,40 € (A)

Alles auf Anfang – für das schwierige erste Jahr nach der Trennung, in dem nichts mehr gilt und das viele Entscheidungen verlangt, gibt Bettina von Kleist den Betroffenen einen klugen Begleiter an die Hand.

Adelheid Müller-Lissner
Verzeihen können – sich selbst und anderen

184 Seiten
Broschur
ISBN 978-3-86153-629-1
14,90 € (D); 15,40 € (A)

Wer noch nie erfahren hat, wie gut verzeihen tut, hat mit dem Buch von Adelheid Müller-Lissner die Chance dazu. Diese nicht zu nutzen, wäre unverzeihlich!

www.christoph-links-verlag.de

Eric Breitinger

Vertraute Fremdheit

Adoptierte erzählen

208 Seiten
Broschur
ISBN 978-3-86153-642-0
14,90 € (D); 15,40 € (A)

Was tun, wenn die leiblichen Eltern fremd bleiben? Eric Breitinger gibt Adoptierten, deren Suche nach ihrer Herkunft oft in einer Enttäuschung endet, eine Stimme.

Helga Boschitz

Es fühlt sich endlich richtig an!

Erfahrungen mit dem
späten Coming-out

200 Seiten
Broschur
ISBN 978-3-86153-596-6
14,90 € (D); 15,40 € (A)

Helga Boschitz' Gespräche mit Frauen und Männern zwischen 38 und 86 machen Mut, den eigenen Weg zum »richtigen« Lebensgefühl zu suchen.

www.christoph-links-verlag.de